"十二五"职业教育国家规划教材
经全国职业教育教材审定委员会审定

学前教育专业

学前教育简史

Xueqian Jiaoyu Jianshi

（第二版）

主　编　李国祥　王　宁
副主编　马　季

中国教育出版传媒集团
高等教育出版社·北京

内容提要

本书是五年制高职学前教育专业"十二五"职业教育国家规划教材，依据教育部《高等职业学校学前教育专业教学标准》，结合五年制高职学生实际和教学需求，在2014年第一版的基础上修订而成。

本书分为上、下两卷，上卷为中国学前教育史，下卷为外国学前教育史。上卷包括中国古代学前教育、中国近代学前教育、中国现当代学前教育三编，下卷包括外国古代学前教育、外国近代学前教育、外国现当代学前教育三编。

本书简要介绍了中外学前教育发生、发展的历史；总结了中外学前教育思想和经验，阐明了各个时期中外著名教育家的学前教育思想，为学习者展现了学前教育发展的历史，以及学前教育发展的趋势和规律。

本书配有数字化教学资源，可通过书后学习卡登录学习网站获取相关资源。

本书可供五年制高职学前教育专业的学生使用，也可作为职业学校学前教育专业3+2学制学生的教材及幼儿教师在职培训教材。

图书在版编目(CIP)数据

学前教育简史 / 李国祥，王宁主编. --2版. --北京：高等教育出版社，2023.6

学前教育专业

ISBN 978-7-04-060102-2

Ⅰ. ①学… Ⅱ. ①李… ②王… Ⅲ. ①学前教育-教育史-世界-高等职业教育-教材 Ⅳ. ①G619.1

中国国家版本馆CIP数据核字(2023)第035315号

策划编辑 于 腾　　责任编辑 张文若　　封面设计 姜 磊　　版式设计 李彩丽

责任校对 商红彦 刘娟娟　　责任印制 刁 毅

出版发行	高等教育出版社	网　　址	http://www.hep.edu.cn
社　　址	北京市西城区德外大街4号		http://www.hep.com.cn
邮政编码	100120	网上订购	http://www.hepmall.com.cn
印　　刷	天津嘉恒印务有限公司		http://www.hepmall.com
开　　本	889mm×1194mm 1/16		http://www.hepmall.cn
印　　张	13.75	版　　次	2014年8月第1版
字　　数	340千字		2023年6月第2版
购书热线	010-58581118	印　　次	2023年6月第1次印刷
咨询电话	400-810-0598	定　　价	34.80元

本书如有缺页、倒页、脱页等质量问题，请到所购图书销售部门联系调换

物 料 号 60102-00

出版说明

教材是教学过程的重要载体，加强教材建设是深化职业教育教学改革的有效途径，推进人才培养模式改革的重要条件，也是推动中高职协调发展的基础性工程，对促进现代职业教育体系建设，切实提高职业教育人才培养质量具有十分重要的作用。

为了认真贯彻《教育部关于"十二五"职业教育教材建设的若干意见》(教职成〔2012〕9号)，2012年12月，教育部职业教育与成人教育司启动了"十二五"职业教育国家规划教材(高等职业教育部分)的选题立项工作。作为全国最大的职业教育教材出版基地，高等教育出版社整合全国的优质出版资源，积极参与了该项工作，通过立项的选题品种最多、规模最大，充分发挥了教材建设主力军和国家队的作用。目前，已获立项的建筑工程技术、医药卫生、学前教育等专业的高等职业教育教材相继完成了编写工作，通过全国职业教育教材审定委员会审定并公示后，陆续出版。

高等教育出版社国家规划教材的作者中有参与制定高等职业教育新专业教学标准的专家，有高等职业教育国家专业教学资源库建设项目的主持人，有学科领域的领军人物，有企业的专业人员，他们是保证教材编写质量的基础。

高等教育出版社国家规划教材主要突出以下五个特点：

1. 执行新标准。以《高等职业学校专业教学标准(试行)》为依据，服务经济社会发展和人的全面发展。教材内容与职业标准对接，突出综合职业能力培养。

2. 构建新体系。教材整体规划、统筹安排，注重系统培养，兼顾多样成才。遵循技术技能人才培养规律，构建服务于中职高职衔接、职业教育与普通教育相互沟通的现代职业教育教材体系。

3. 找准新起点。教材编写遵循易用、易学、易教的原则，强调以学生为中心，符合职业教育的培养目标与学生认知规律。

4. 推进新模式。在高等职业教育工学结合、知行合一的人才培养模式下，改革教材编写体例，创新内容呈现形式，推进"任务驱动""项目化""工作过程导向""理实一体化"等教学模式的实施，突显了"做中学、做中教"的职业教育特色。

5. 配套新资源。秉承高等教育出版社打造数字化教学资源的传统与优势，教材内容与高等职业教育国家专业教学资源库紧密结合，纸质教材配套多媒体、网络教学资源，形成数字化、立体化的教学资源体系，为促进职业教育教学信息化提供有力支持。

为了更好地为教学服务，高等教育出版社将以国家规划教材为基础，组织教师培训和教学研讨活动，通过与教师互动以及滚动建设立体化教学资源，把教材建设提高到一个新的水平。

高等教育出版社

2014年7月

第二版前言

本书为“十二五”职业教育国家规划教材，该教材自2014年出版以来，在一线教师中普遍获得好评。本次修订，力求反映学前教育领域的新动向，从多维度展示其科学性、思想性、系统性以及前沿性，以《高等职业学校学前教育专业教学标准》《幼儿园教师专业标准（试行）》为依据，认真贯彻落实《学前教育专业师范生教师职业能力标准（试行）》中的基本精神，倡导以学生为本、实践取向、终身学习的理念，以培养学生能力为目标，突出解决学前教育史教学中实际问题。本次修订主要体现如下特色：

1. 注重教材内容的思想性，为后期教学中的课程思政提供保障

教材修订过程中，坚持马克思主义唯物史观和方法论的正确观点，坚持全面、客观、历史地表述和评价历史上的教育家。对学前教育家的教育思想运用辩证法，进行客观、全面、系统的分析，梳理出符合社会进步要求的思想脉络与线索。为全方位打造有理想信念、道德情操、扎实知识和仁爱之心的未来教师队伍提供保障。

2. 注重学前教育思想和主张形成与发展的轨迹，为学生学习提供学科逻辑线索

古今中外的学前教育在发展的过程中，先贤们提供了丰厚的学前教育思想，这些教育思想之间既有继承又有发展，既有百家争鸣又有相互完善。本次修订时力图理清这些教育思想产生、传承与革新的基本内在逻辑关系，引起学生的学习兴趣，促进学生思考，培养学生主动构建知识的能力。

3. 注重教材内容的学术前沿性，为学生探索学科领域内的最新研究动态提供理论引领

在教材修订过程中，补充学前教育史领域的最新研究成果，以及学前教育领域内呈现出的新特征、新问题和新趋势。引领学生关注学前教育领域的学术前沿，培养学生积极探索的能力与习惯。

4. 为使用者提供完善的配套资料，方便使用者教学与自主学习

丰富课程资源，尤其是完善线上教学资源。录制微课，完善教学大纲和教案等资源，为学生提升专业能力和取得幼儿园教师资格证打好基础。

学前教育史是教育科学领域一个重要的学科分支，主要研究和总结过往的学前教育发展历程、存在的问题和经验，揭示中外社会历史发展各阶段学前教育的一般规律和特殊规律，为今天的学前教育理论和实践发展提供借鉴。学习学前教育史，有利于提高学习者的专业素养及提高学习者对学前教育在社会发展中作用的认识；有利于提高学习者行动的自觉性，并在继承前人思想智慧的基础上，开阔视野；有利于提高思想水平，激发责任感和工作热情，落实立德树人根本任务，培养学生成为德智体美劳全面发展的社会主义建设者和接班人。

全书运用辩证法，全面、客观、辩证、发展地研究和阐述中外学前教育发展的历程，展示了各种学前教育思想和主张形成、发展的轨迹。坚持唯物史观，坚持用联系的、辩证的、发展的观

点看待各个历史时期的学前教育问题，力求客观、真实地反映学前教育领域的新动向、新趋势。

本教材拟授课36学时，具体分配如下：

编	内　容	学　时
第一编	中国古代学前教育	4
第二编	中国近代学前教育	8
第三编	中国现当代学前教育	4
第四编	外国古代学前教育	4
第五编	外国近代学前教育	8
第六编	外国现当代学前教育	8
总计		36

本教材由泰山学院李国祥、马季，青岛市教育科学研究院辛明、张翠凤，青岛幼儿师范学校张景美，徐州幼儿师范高等专科学校王宁共同合作完成。中国学前教育史部分由王宁统稿，外国学前教育史部分由李国祥统稿，全书由李国祥负责统稿。

由于编者自身知识水平和能力的局限，书中难免存在不妥之处，恳请同行、专家和广大读者批评指正。读者反馈邮箱：zz_dzyj@pub.hep.cn。

编　者

2022年12月

第一版前言

本书是五年制高职学前教育专业"十二五"职业教育国家规划教材，依据教育部《高等职业学校学前教育专业教学标准》，结合五年制高职学生实际和教学需求编写而成。

学前教育史是教育科学领域的一个重要的学科分支，主要是研究和总结过往的学前教育问题和经验，揭示中外社会历史发展各阶段学前教育的一般规律和特殊规律，为今天的学前教育理论和实践发展提供借鉴。

学习学前教育史，有益于提高学习者的专业素养及提高学习者对学前教育在社会发展中作用的认识。通过学习，历史地看待问题，将提高学习者行动的自觉性，并在继承前人思想智慧的基础上，开阔视野，提高思维水平，激发责任感和工作热情。

本教材所梳理的中外学前教育史起始于远古时期，迄于21世纪初。全书简洁、系统地展示了中外学前教育发展的历程，突出各个时期代表人物的学前教育思想的论述，展示了各种学前教育思想和主张形成、发展的轨迹。20世纪末期以来，学前教育日益受到人们的关注，书中特别增添了20世纪90年代以后中国学前教育发展的史料，力求反映学前教育领域的新动向、新趋势。

本教材拟授课32学时，具体分配如下：

编	内　容	学　时
第一编	中国古代学前教育	4
第二编	中国近代学前教育	8
第三编	中国现代学前教育	4
第四编	外国古代学前教育	4
第五编	外国近代学前教育	4
第六编	外国现代学前教育	8
总计		32

本教材由青岛幼儿师范学校的李国祥、李学军、辛明、张翠凤、张景美、常璐，青岛市教科所张家选、徐州幼儿师范高等专科学校王宁、苏州高等幼儿师范学校任慧娟共同合作完成。中国学前教育史部分由王宁统稿，外国学前教育史部分由任慧娟统稿，全书由王宁、李国祥负责统稿。

由于编者自身知识水平和能力的局限，书中难免存在错误或不妥之处，恳请同行、专家和广大读者批评指正。

编　者

2014年1月

目　录

上卷　中国学前教育史

下卷　外国学前教育史

上卷

中国学前教育史

第一编

中国古代学前教育

第一章　古代学前教育的实施

学习目标

1. 了解我国古代胎教的产生、发展。
2. 掌握古代家庭教育的基本内容。
3. 了解古代的宫廷教育制度。

关键词

胎教　家庭教育　宫廷教育

中国是一个历史悠久的文明古国，古代学前教育是我国古代教育体系中的重要组成部分。

第一节　古代的胎教

胎教，是指母亲怀孕期间所采取的一系列自我调节和外部措施，用以对胎儿施加特定影响。我国是世界上最早提出并实施胎教的国家。

一、胎教的产生

据史料记载，西周时期我国就出现了胎教。据《列女传》记载，西周文王的母亲自妊娠后，“目不视恶色，耳不听淫声，口不出恶言，能以胎教”。

汉代学者贾谊在《新书·胎教》中记载了文王之孙成王的母亲在怀孕时也实施胎教，成王母“立而不跛，坐而不差，笑而不喧，独处不倨，虽怒不骂，胎教之谓也”。

显然，胎教的目的就是要用礼教来规范母亲的言行，使其心态平和，从而保持对胎儿的良好影响。

西周是我国胎教理论与实践发展的初始阶段，胎教主要实施于帝王之家、宫廷之内。到了春秋战国时期，因为官学废而私学兴，学术下移成为时代潮流，所以学前教育才为更多家庭所认识和重视。“胎教之道”也逐渐被民间所知，世人所行。《韩诗外传》记载，战国时的儒学大家孟轲的母亲在怀孟轲时，“席不正不坐，割不正不食”，以对胎儿实施良好的胎教。

二、胎教的发展

秦汉之后，胎教得到了进一步发展，中医学理论的介入使得人们对胎教的认识与实施更加科学。

《黄帝内经》是我国古代最早的中医学著作，成书于秦汉时期。该书结合“气一元”论与“阴阳五行”学说，对生命的成因、疾病的起源等作了唯物主义的解释，指出人的某些疾病起因在胎儿时期，称为“胎病”。为避免“胎病”发生，保证胎儿健康发育，以提高新生儿的天然素质，有必要对孕妇的日常生活进行指导，通过母教实施胎教。这是我国最早从医学角度探讨胎教问题的论述。

隋唐时期，中医学处于迅速发展时期，与胎教有关的儿科、妇科逐渐分化出来成为独立科目，大批医家介入胎教研究并提倡胎教。他们一方面继承和总结了前人实施胎教的经验，另一方面从医学角度进行阐明和论证，进一步提出养胎与胎教相结合的主张，不仅丰富了古代胎教实施的内涵，也增强了古代胎教学说的科学性。

唐代医学家孙思邈在总结前人胎教理论与自己临床经验的基础上，明确提出了古代胎教学说的基本观点——“外象内感”，意思是说，母亲所接触的外界物象会直接感应到体内胎儿。他在《千金方·养胎》中说：“旧说凡受胎三月，逐物变化，禀质未定。”即认为 3 月的胎儿还未完全成形，很容易受到外界环境的影响而变化。他强调的孕妇必须注意外界环境对胎儿的影响这一基本思想比前人要深刻得多。

重视孕妇精神状态的调节一向是古代胎教的重要内容之一。在这一方面，明代医学家万全也曾从医学角度对情绪给胎儿的影响做了较为科学的解释。他在《妇人秘科·养胎》中说：“受胎之后，喜怒哀乐，莫敢不慎。盖过喜则伤心而气散，怒则伤肝而气上，思则伤脾而气郁，忧则伤肺而气结，恐则伤肾而气下。母气既伤，子气应之，未有不伤者也。其母伤则胎易堕，其子伤则脏气不和，病斯多矣。盲、聋、喑哑、痴呆、癫痫，皆禀受不正之故也。”因此，他认为孕妇加强自我心理调节，注意控制情绪的波动是非常必要的。只有孕妇心绪和顺，胎儿才能健康成长。

在要求孕妇注意自我心理调节、保持心绪和顺的同时，唐宋以后的医家还十分重视孕妇饮食的调摄。如宋代妇科名医陈自明在妇产科专著《妇人良方》中说：“一受孕之后，不可食之物，切宜忌食。非唯有感动胎气之戒，然于物理，切宜忌亦有厌忌。”元代医师朱震亨也在《格致余论·慈幼论》中指出：“儿之在胎，与母同体。得热则俱热，得寒则俱寒，病则俱病，安则俱安。母之饮食起居，尤当缜密。”北齐医师徐之才则依照胎儿每个月的不同发育状态，为孕妇制订了一个相应的食谱。他在《逐月养胎法》中提出：“妊娠一月名始胚，饮食精熟，酸美受御，宜食大麦。无食腥辛，是谓才正。……妊娠六月，始受金精，以成其筋……食宜鸷鸟猛兽之肉，是谓变腠理纫筋，以养其力，以坚背膂。”此外，他们还要求孕妇饮食应“饥饱适中”，因为过饥或过饱均会损伤母体和胎儿，同时在生活起居的其他方面也必须注意节制。

总之，中国古代的许多医学家在论述胎教之道时多持胎养与胎教相结合的观点。在他们看来，只有重视饮食起居中的避忌，善于调节自己的情绪，并辅之以知识、音乐、道德的陶冶与教育，所生子女才能容貌俊美，气禀超群，道德良善。这种胎教的养教一体化观点，不仅发展了前人的胎教思想，丰富了古代胎教的内容，而且也揭示了胎教发展的方向，并与现代胎教理论颇相一致。

第二节　古代学前儿童家庭教育

家庭是以婚姻和血缘关系为基础的一种社会生活组织形式，在原始社会自然产生。中国古代学前教育的基本形式，是家庭教育。

学前家庭教育的内容，在不同的家庭、不同的时代是有差异的，内容也很多，但在我国古代，最普遍、最重要的不外乎初步的道德教育、生活常规教育和早期的知识教育等，对于稚嫩的婴孩更注重身体的养护。

一、初步的道德教育

中国古代一向以思想品德为教育内容的主体。以品德为先不仅是数千年封建社会学校教育、社会教育的主旨，而且也是学前家庭教育的“纲领”。在家庭中对幼儿进行思想品德教育，主要是使儿童形成初步的道德观念，养成良好的行为习惯。这种道德教育内容主要包括以下四个方面。

1. 孝悌之道

对幼儿进行“孝”的教育，第一是要求幼儿从小养成不违父母意志、服从父母绝对权威的习惯。清代学者李毓秀在其所著《弟子规》中曾说：“父母呼，应勿缓；父母命，行勿懒；父母教，须敬听；父母责，须顺承。”第二要求幼儿自小养成敬奉双亲的习惯。《孝经・纪孝行》中说：“孝子之事亲也，居则致其敬，养则致其乐。”《礼记・曲礼》中也要求儿子对父母应做到“冬温而夏凊，昏定而晨省”。东汉时的黄香可以说是实行这种孝行的典范，因此他被列为古代二十四孝之一，成了封建社会儿童学习的榜样。

注重从小培养儿童孝顺双亲的品德，是我国古代尊老孝亲传统道德意识的体现，同时，以此作为儿童道德意识形成的起步，亦符合儿童道德形成的规律。

对幼儿进行“悌”的教育，主要是要求儿童自幼兄弟友爱，为兄者爱护弟弟，为弟者敬爱兄长。家庭教育中强调悌德的培养，目的是为了使兄弟和睦，家族兴旺，个人日后能在社会上立身。《魏书・吐谷浑列传》中记载了一则故事：吐谷浑国的国王阿豺有 20 个儿子，他在病危时把儿子们叫到面前，说道：“你们各拿我一支箭，折断。”他的儿子都把箭折断了。随后他又对其母弟说：“你取 19 支箭来，合在一起把它折断。”他的母弟怎么也折不断。阿豺便说：“你们明白吗？单独一支箭容易折断，把多支箭并在一起就很难折断了。只有你们同心协力，国家才能够巩固。”这则故事正是寓意着兄弟团结才有力量的道理。

2. 崇尚俭朴

我国古代以农业为主，农村的稳定决定着朝廷的安危。农业生产艰辛，丰收得之不易，正如古诗曰：“谁知盘中餐，粒粒皆辛苦。”故珍惜粮食、崇尚俭朴就成为中华民族的传统美德和家庭教育的重要内容。

在封建社会中，父辈创下的家业，小辈坐享其成，则难知其中的艰辛。司马光在《训俭示康》中指出：“由俭入奢易，由奢入俭难。”如果不使自己的子弟养成俭朴的生活习惯，他们就有可能成为败家之子，这也是许多家庭重视对儿童进行崇俭教育的一个重要原因。

为了培养儿童的俭朴生活习惯，对于幼儿的饮食与衣着，古人主张不能过于讲究，如《礼记·曲礼》中曾规定："童子不衣裘裳。"这不仅是因其过暖不利于儿童发育，更主要的是因其华贵不利于儿童养成崇俭的习性。清代的唐彪在《人生必读书》中对此说得很明白："童子幼年，不可衣之罗绮裘裳，恐启其奢侈之心，长大不能改也。"

3. 讲究诚信

诚信就是诚实无欺。明人李贽在《焚书·童心说》中说："夫童心者，真心也。"儿童的天性纯洁美好，"绝假纯真"，然而由于不正确的影响或儿童自身因自夸或惧过之故，有时也会说谎，这是日后欺诈之心生长的萌芽，长此以往，其"童心"将逐渐失却。李贽在书中说："若失却童心，便失却真心；失却真心，便失却真人；人而非真，全不复有初矣。"要卫护此诚实无欺的"童心"，使之不失，长辈首先应该从正面进行教育。而由于幼儿年幼无知，难辨是非，长辈又应以自身诚实的行为来引导儿童。假如小孩由于某种原因说了谎，父母则应该及时训诫，予以纠正，以杜绝此类事情再度发生。

4. 行善积德

行善，在封建社会主要是指做合乎道义、合乎礼仪的事。古代学前家庭教育中非常注意使儿童养成行善的观念，经常教育儿童除在家孝顺父母、敬爱兄长外，在外要做合乎道义的利人之事。由于孩童年幼，不可能做出惊天动地的大善事，所以许多家长都非常重视教育儿童积小善以成大德。清人张履祥在《训子语》中也说："善不积，不足以成名；恶不积，不足以灭身。"古人重视教育幼儿行善积德，积小德成大德，这是很可取的。

二、生活常规教育

生活常规教育是培养儿童良好行为习惯的重要措施，主要包括幼仪教育和卫生习惯的养成。

幼仪教育，首先是合乎礼仪的姿态训练，《礼记·曲礼》中要求儿童"立必正方，不倾听"。不但"站相"要正，行走坐卧的姿态同样也要求保持端正，符合幼仪的规定。

其次，对儿童进行尊老敬长的礼仪常规训练，是幼仪教育的一项重要内容，这实际上也是一种礼貌知识教育。按照幼仪的规定，儿童路遇长辈，必须快步上前正立拱手，长者有问则答，无话则退；长辈牵着儿童走路时，儿童应以双手握着长辈的手；长者抱着或挟着儿童，并偏着头与儿童讲话时，儿童应掩口而对，以免气触长者；长者召唤儿童，儿童须疾步前往；听长者教训，须谦恭起座、低头听受，不可顶嘴抗辩；在长者面前，不要卖弄才华。总之，儿童对长者必须谦恭、礼让，不可恣意妄行。

此外，进行初步的待人接物的礼仪常规训练，也是幼仪教育的重要内容之一。古时家长们经常教育儿童与别人同坐时，不应将双臂横撑在席上，以免妨碍邻座的人；遇父亲的朋友来访，进退要听从其吩咐，以示恭敬；与客人同进屋时，进门要让客人先行；别人在吃东西时，不要吐唾沫等。

封建社会学前家庭教育中的幼仪训练，实质上是"礼教"的启蒙，具有浓厚的封建色彩。但我们也应看到，某些传统的礼仪要求如尊老敬长、礼让客人等仍是今天所提倡的。此外，以具体的操行指导为礼仪常规训练的主体，也是符合儿童的认识发展规律的，至今仍有参考价值。

养成日常生活中的卫生习惯，也是儿童家庭生活常规训练的一项重要内容。南宋朱熹在《童蒙须知》中就要求儿童每日鸡鸣起床后，应自己完成洗脸、漱口、梳头等事务，并且规定“自冠巾、衣服、鞋袜，皆须收拾、爱护，常令洁净、整齐”。清人李毓秀也在《弟子规》中要求儿童“冠必正，纽必结，袜与履，俱紧切。置冠服，有定位，勿乱顿，致污秽”。除了穿戴要整洁外，饮食卫生也必须讲究。当儿童能独立饮食的时候，就教儿童用右手拿筷子和汤匙；大小便回来，要求儿童把手洗干净；吃饭的时候，教育儿童不能贪多，喝汤不要流出嘴角，不要把吃过的鱼肉再放回菜盘中去等。

儿童不仅要注意个人卫生习惯的养成，还要为家庭的环境卫生做一些力所能及的“洒扫”小事，如朱熹要求儿童应经常把住所的地面打扫干净，擦几案上的灰尘，使其时时保持洁净。这不仅能培养儿童爱清洁的习惯，对于养成儿童勤劳的习性也不无裨益。

三、早期的知识教育

古代家庭普遍重视儿童早期的知识教育，内容主要有识字、学书、听解“四书”，以及学习一些名诗、名赋、格言等。

识字教育是文化知识教育的起步与重点。在有条件的家庭中，儿童的识字教育一般在3—4岁时便已开始，并且有的家庭还很注意研究识字教学的方法。

古代家庭教育中，由于人们普遍认为儿童因手骨没有发育完全，执笔有一定困难，故识字教学与习字教学常常是分开进行的。一般的家庭在儿童6—7岁时才开始教他用毛笔在纸上练习写字。不过，古时也有出于种种原因，在儿童4—5岁时即以芦荻或木棒代笔在地上教其习字的，如北宋文学家欧阳修4岁时丧父，母亲郑氏督教很严，因家贫买不起纸笔，便以芦荻画地教子习字，后成为称颂母教的典故。

教幼儿识字、习字是为了使儿童能及早阅读儒家典籍。在某些家庭中，或出于父母“望子成龙”心切，或由于儿童特别聪慧，当儿童四五岁已能识得一些字后，便开始教授《四书》《孝经》等，当时的士大夫家庭对儿童进行儒家经典的教学很普遍。

由于诗赋是科举考试中的一项重要内容，故在家庭中亦极为重视对儿童进行诗赋启蒙。当时在家庭中主要是选择汉赋中的某些名篇、唐宋诗中的某些名家作品让儿童背诵。最为常用的教材有《唐诗三百首》《千家诗》和北宋的《神童诗》等。

在学前家庭教育中，当时除重视对儿童进行文化知识的传授外，还着意于使儿童养成乐学、勤学的学风。为此他们常常鼓励儿童要从小立下大志，以此作为勤学苦读的目标和动力。如三国时的诸葛亮在《诫子书》中曾说：“非学无以广才，非志无以成学。”视志向为成才的前提与保障。颜之推在《颜氏家训》中也指出：“有志尚者，遂能磨砺，以就素业；无履立者，自兹堕慢，便为凡人。”同时他们还经常用许多古今学者珍惜光阴、勤勉学习的范例激励儿童勤学、苦学，如颜之推在家训中就曾引古时苏秦刺股苦读、孙康映雪读书、车武子囊萤照书等事迹教育子孙后代勤奋学习，从小养成踏实勤奋的求学作风。

四、幼儿身体保健

我国古代十分重视婴幼儿身体的养护，并且在实践中积累了丰富的婴幼儿养育的经验，如穿勿过暖、食勿过饱、避免惊吓、安全避险等。

明代医师万全在《育婴家秘·鞠养以慎其疾》中认为："（小儿）能坐、能行，则扶持之，勿使倾跌也。"明人徐春甫在《古今医说·婴幼论》中要求僮仆、婢妾"不可训其手舞足蹈，无礼骂人，高举放倒，猛推闪避"。为了提高婴幼儿抗御疾病的能力，许多中医学者反对婴幼儿过饱过暖。明时《许云邨贻谋》一书中说："婴孩怀抱，毋太饱暖，宁稍饥寒，则肋骨坚凝，气岸精爽。"民间也有"若要小儿安，常带三分饥与寒"的谚语。元代的张从政在《儒门事亲·过爱小儿反害小儿说》中甚至主张："儿未坐时，卧以赤地，及天寒时，不与厚衣，布而不绵。"

游戏是学前儿童喜爱的活动，也是古代家庭中加强儿童身体锻炼的一种重要方法。早期的儿童游戏简单、原始，经常是儿童在参与生产、生活和宗教活动中进行的。春秋战国时期，儿童游戏逐渐从生产、宗教等活动中分化出来。古时能起到锻炼身体作用的儿童游戏主要有拔河、跳绳、放风筝、踢毽子、蹋球、棋弹、投射等多种类型，许多游戏至今仍为儿童们所喜爱。汉唐时期各种游戏的发展生机勃勃。

纵观封建社会学前家庭教育的内容，是非常丰富的，它涵盖了德、智、体等诸方面，与学校教育和社会教育的内容在本质上是一致的，体现了教育的连贯性。但古代学前家庭教育过于突出德育与智育，而且许多繁杂的教育内容过于成人化与教条化，使儿童难以承受，在很大程度上扼杀了儿童的天性。

第三节　古代宫廷学前教育

宫廷学前教育是家庭教育的一种特殊形式，它是以处于学前年龄的世子为教养对象，由朝廷委任德高望重的官员担任教师，在宫廷内实施的教育。从广义上讲，它包括实施于天子的宫廷内学前教育和实施于各诸侯的王宫内学前教育。不过通常所言的宫廷学前教育，是指针对太子实施于天子的宫廷内学前教育。

（一）"师保傅"制

所谓"师保傅"制是指在宫廷内，为了对统治者及其继承者实施积极的影响和有效的教育，设置专门的太师、太保、太傅，以对其进行辅导和教育的制度。

据史料记载，早在殷商时期宫廷里就有了师保傅官。西周师保傅制进一步完善。贾谊《新书·保傅》一书中记载了师保傅官对太子实施教育的明确分工，"师，道之教训"，即进行文化知识及统治经验的传授；"保，保其身体"，即负责身体的保育；"傅，傅之德义"，即负责培养道德。其中，设置的太师、太保、太傅官职合称"三公"，他们的副职分别为少师、少保、少傅，合称"三少"。

奴隶社会的师保傅制，对培养未来的统治者十分有利，常被后人视为殷商、西周社稷长久的重要原因，并为封建社会的统治者所继承，把它作为君主教育的有效制度。

（二）"备三母"制

据《礼记·内则》记载，太子、世子出生后不久，就要在后宫中挑选宽裕、慈惠、温良、恭敬、慎而寡言的女子，担任子师、慈母和保姆的职责。因为她们各自分担母后的部分职责，所以统称为"三母"，这就是"备三母"制。其中，"子师，教示以善道"，即负责行为规范的教育；"慈母，知其嗜欲"，即负责提供衣食及其他生活的需要；"保姆，安其居处"，即负责居室的安置料理。

除"三母"外，当时的宫廷内还设有乳母，名义上是以乳汁哺育幼小的太子、世子，但实际上由于乳母与幼儿朝夕相伴，无形中其自身的道德、知识等素养对幼小的太子、世子们也具有很大的影响，故当时对乳母的选择也非常慎重，均择于大夫之妾或士之妻中。

西周时期行于宫廷内的“三母”及“乳母”，也影响到当时一般大夫的家庭教育，《礼记·内则》中记载，一般大夫的家里也有乳母。此后的封建社会时期，一些富贵人家也大都为儿童雇有乳母。

本章小结

自有人类，就有教育，也就有学前教育。中国古代虽然没有专门化的社会学前教育机构，但对学前教育却是十分重视的。

我国是世界上最早提出并实施胎教的国家。

古代社会各阶层家庭，秉持光宗耀祖的教育目的和“先入为主”的教育观念，极为关注幼小子女的教育。虽然不同阶层的家庭教育内容不尽相同，但大致而言，以待人接物为核心的思想教育，以识字、习字和基本经书学习为中心的知识教育，以及基本生活技能的养成，成为古代学前家庭教育的主要内容。

宫廷学前教育是采用一种特殊的教育制度，从胎教开始的有计划的学前教育模式，成为古代唯一的一种有组织的学前教育制度。

思考题

1. 什么是“师保傅”教育制度？什么是“备三母”制？这些制度在当时起到了什么样的作用？

2. 古代学前家庭教育注重培养幼儿的哪些良好品质？对现代的学前教育有什么启示？

拓展阅读

熊秉真. 童年忆往：中国孩子的历史[M]. 桂林：广西师范大学出版社，2008.

本书共分八章：前两章侧重研究史的回顾和方法论的检讨；第三、四章探讨中国明清时期的幼儿教育；第五章主要分析宋代之后儒家思想家在儿童问题上的主张；第六章运用大量的传记资料剖析儿童的人事环境和情感世界；第七章综合论述儿童生存的外在环境及其自我意识；第八章是全书的总结。本书收集了大量相关资料，并配有大量反映幼儿生活的图片、图画。

第二章 古代学前教育思想

学习目标

1. 了解贾谊的早期教育思想。
2. 掌握颜之推的儿童学前家庭教育思想。
3. 了解朱熹的儿童教育思想。

关键词

贾谊　颜之推　朱熹　学前教育

第一节 贾谊的早期教育思想

贾谊(公元前200—公元前168年),西汉初年政论家、文学家,洛阳人。18岁时即以能诵诗书、善于文笔而著称于郡中。20余岁被推荐给汉文帝,召为博士,不久提拔为太中大夫。后因遭谗言被贬为长沙王太傅,后转任梁王太傅。梁王不慎坠马身亡,贾谊因自咎忧郁而死,年仅33岁。

《新书》是贾谊文著汇集,由西汉后期刘向整理编辑而成。贾谊关于早期教育的论述,主要见之于《新书》的《傅职》《保傅》《劝学》《胎教》诸篇中。贾谊有关早期教育的论述是以探讨封建王朝长治久安的国策为出发点,针对皇太子的教育而言的。

一、论“早谕教”

贾谊从历史的角度分析了太子教育的成败会关系到国家的兴亡。他还从教育可以改变民性的观点进一步阐明了对幼年太子教育的意义。贾谊认为,人的早期人格培养是非常重要的,是人格品行陶冶的最重要的时期,这个时期儿童思想单纯,受外界影响小,容易进行教育,容易接受正确思想的熏陶。

贾谊在《新书·保傅》中指出:“太子之善,在于早谕教与选左右。”他强调一个“早”字。“早”,一是要行胎教,二是要施学前教育。

贾谊是我国古代胎教学说的奠基人之一,对古代胎教做了较为全面的论述。他认为人们的天性本无很大差别,有道之君与无道之君的差别是由后天环境和教育影响不同而造成的,而这种影响可以说在生命诞生之初就开始了。开头失之毫厘,最终则可差以千里,因此必须“慎始”,这就是《胎教》篇中所说的“素成胎教之道”。贾谊认为首先要选择配偶,胎儿的状况并不单由母亲决定。其次,要对孕妇进行“正礼”教育。最后,安排适当的环境及人员对孕妇予以影响。《胎教》篇记载:古代皇后怀孕时要住在专门的“蒌室”中,由太师等官员各司其职侍卫于左右,保证皇后所听到的都是合乎礼乐的声音,所吃的都是合乎正味的食品。

如果说胎教尚属通过母体施于胎儿的间接影响的话,那么孩子出生后,直接的教育当即开始。贾谊认为学前教育要从婴儿初生就开始。宫廷中，太子初生时，尚未受到外界的影响，就要先入为主，对其实施良好的教育和影响，创造一个良好的生活和教育环境，聘请专职教师，负责教诲幼小太子。

二、论"师保傅"

贾谊在《保傅》篇中强调，设置"三公""三少"，就是为太子创造良好的生活和教育环境，使太子自幼即见正事、闻正言、行正道，左右前后均是正人，这样太子也就不可能不正了。在《傅职》篇中还详细论述了三公、三少的保傅职责。"师，道之教训；保，保其身体；傅，傅之德义。"师、保、傅是太子最早、最重要的教育者，他们的品行直接影响着太子德行的形成，最终关系到国运能否长久。为此，贾谊要求统治者必须慎择师、保、傅官。

等太子到了入学年龄则要入学学习。直到太子及冠成人，方可免于保傅之严格管教，但左右官员仍需经常予以劝诫，以进善止恶。

三、论早教内容

贾谊认为，应该按儒家的理想人格来塑造太子，以儒家学说作为太子早期教育的主要内容。对太子的文化知识教育，他主张应注重《春秋》《礼》《诗》《乐》等儒家经典的传授。在贾谊看来，儒家经典不仅是古代文化的记载，而且含有丰富的道德涵养价值，应使太子自幼形成儒家倡导的忠、信、义、礼、孝、仁等道德观念。在学习儒家经典之外，贾谊还提倡加强历史知识的学习，认为治国要提倡效法古圣先王之道，太子只有接受了古代历史知识的教育，才能通晓上古先王以德治国的方法，明了历代兴亡的史实，从而产生警诫、畏惧重蹈覆辙的心理。

贾谊作为西汉初期的政论家，他关于早期教育的论述虽然只是针对太子的特殊教育提出来的，但他较为全面地论述了早期教育的问题，他关于太子教育的思想在一定程度上也适用于一般教育。他的思想对封建社会早期教育理论的发展起着一定的促进作用。

第二节　颜之推的儿童教育思想

颜之推（公元 531—约 595 年），字介，梁朝建康（今江苏南京）人，原籍琅琊临沂，出身于士族家庭，是南北朝时期的文学家和教育家。早年受到良好的家庭教育。梁元帝萧绎时，官至散骑侍郎。梁亡后，投奔北齐，官至黄门侍郎。北齐灭亡后，他归附北周，为御史上士。隋文帝统一全国，诏为学士，著有《颜氏家训》。该书是他对自己一生有关立身、处世、为学经验的总结，被后人誉为家教规范，影响很大。

家庭教育和幼儿教育是《颜氏家训》的主要内容之一。在《颜氏家训》中，其第一卷的《序致》《教子》《兄弟》《后娶》《治家》等五篇，论述的全都是家庭教育和儿童教育问题。

一、家庭教育和儿童教育的重要性

颜之推认为，家庭教育和儿童教育在人的成长中占有非常重要的地位，原因在于：

第一，幼童时期学习效果较好，得益较大。《颜氏家训・勉学》指出："人生小幼，精神专利，长成以后，思虑散逸。固需早教，勿失机也。"儿童年幼，心理单纯，精神集中，记忆力强，而成年之后，思想复杂，多有牵扯，精神反不如幼童阶段集中，所以，学习效果也会差些。颜之推还现身说法："吾七岁时，诵《灵光殿赋》，至于今日，十年一理，犹不遗忘。二十之外，所诵经书，一月废置，便至荒芜矣。"所以，"幼而学者，如日出之光；老而学者，如秉烛夜行"。

第二，幼童可塑性大，易于潜移默化。颜之推指出："人在少年，神情未定，所与款狎，熏渍陶染，言笑举动，无心于学。潜移暗化，自然似之，何况操履艺能，较明易习者也。""是以与善人居，如入芝兰之室，久而自芳也；与恶人居，如入鲍鱼之肆，久而自臭也"。一方面，幼童"神情未定"，所以很容易受到外界不良环境或坏朋友的影响而误入歧途，一旦幼童"骄慢已习，方复制之，捶挞至死而无威，忿怒日隆而增怨，逮于成长，终成败德"；另一方面，正是由于幼童"神情未定"，因而也很容易接受好的教育，成为一个有道德的人。

基于以上思想，颜之推主张家庭教育和儿童教育应及早进行，甚至越早越好："当及婴稚，识人颜色，知人喜怒。便加教诲，使为则为，使止则止。比及数岁，可省笞罚。"《颜氏家训》还提出了胎教的主张："古者圣王，有'胎教'之法：怀子三月，出居别宫，目不邪视，耳不妄听，音声滋味，以礼节之。书之玉版，藏诸金匮。生子咳𠴸，师保固明孝仁礼义，导习之矣。"

二、在家庭教育和儿童教育中，必须将爱子和教子紧密结合起来

颜之推指出，爱是人之常情，本亦无可厚非，但如果只爱子不教子，或将爱发展到溺爱娇惯的地步，则是非常错误的。子女"一言之是，遍于行路，终年誉之；一行之非，掩藏文饰，冀其自改"的做法，只能使之成年之后"暴慢日滋""吾见世间，无教而有爱，每不能然；饮食运为，恣其所欲，宜诫翻奖，应诃反笑。至有识知，谓法当尔"，如此养子教子，终会铸成大错，悔之莫及。

颜之推主张，在孩子面前，父母应当既有爱心，又要庄重严肃。对于子女，父母不能偏爱，不应厚此薄彼。值得注意的是，《颜氏家训》还认为在不得已的情况下，棍棒式的强制性惩罚措施也是必要的。在儿童不听教诲和犯了大错之后，必须对其"苛虐于骨肉""楚挞惨其肌肤"。

三、学前家庭教育的内容，以培养治国实用人才的教育目标为依据

为了培养务实的人才，颜之推提出家庭教育要"德艺同厚"，既要进行德行的教育，又要进行"修以学艺"的教育。

颜之推重视道德理想、道德情操的教育。他认为孩子虽小，也要以儒家的"五经"规范他们的言行，自幼应知道以恭敬的态度对待圣人之书，要教育孩子崇敬贤达，要爱惜写有经书词义和贤达姓名的"故纸"，借人书当爱护，有坏则补等。要从小就对孩子施以"忠孝仁义"礼节的教育。他认为，幼童如果在家孝敬父母，长大出外做官必为忠臣。这套德行教育是以儒家思想为核心的，但他的道德教育主张又具有某些宗教色彩。

"学艺"的内容是指除广习经史百家等书本知识外，还要熟习士大夫职司、交往和生活所必需的各种杂艺，即诗赋、文章、书法、算术、绘画、卜筮、医方、琴瑟、投壶、游戏等各种技艺。这些技艺在生活中有实用意义，也有保健和娱乐价值。

对于德行与学艺两者的关系，他认为两者互为联系，德行是根本，艺教也不是可有可无。他认为知识是道德教育的基础，并为道德教育服务。他能教育幼童向劳动者中的"先达"者学习，很是难得。

四、注重环境熏陶

颜之推继承孔子、孟子等儒家学者“慎择友”的教育思想，十分重视让儿童置身于比较优良的社会交往环境中。他认为家庭教育要注意选邻择友，因为儿童的心理处于发展阶段，尚未定型，而儿童的好奇心和模仿性又很强，总在观察并模仿别人的一举一动，无形之中，周围人的为人处世给儿童以“熏渍陶”“潜移暗化”。因此，邻友对于儿童的影响，有时甚至可能比父母的作用还要大。

《颜氏家训》在中国教育史上占有重要地位，是中国封建社会最早、最完整的家庭教育著作，也是最早、最完整的家庭教育教科书。书中所反映的儿童早期教育思想，儿童家庭教育的意义、内容、原则和方法等，至今仍有一定的理论价值和实践意义。

第三节 朱熹的儿童教育思想

朱熹(1130—1200 年)，字元晦，号晦庵，徽州婺源(今江西婺源县)人，南宋时期著名的理学家、思想家、哲学家、教育家、诗人。

朱熹出身于书香门第，自幼接受儒学教育与理学启蒙，奠定了学术和思想基础。18 岁“举建州乡贡”，次年考中进士，被授泉州同安县主簿，开始其政治与教育生涯。

朱熹一生热衷于教育事业，从政仅十四年，而专门从事教育活动时间达四十年之久。即使在为官期间，他也重视文教，锐意办学，未曾间断教育工作。如为南康知军时，修复白鹿洞书院，并在其中讲学，制定学规，对后世影响很大；为潭州知州时，倡导州学、县学，亲自主持修复岳麓书院，处理政务之余，仍教诲诸生不倦。

朱熹曾师事程颐、程颢的三传弟子李侗，他的理学思想直接继承了二程(特别是程颐)的学术思想，同时吸收了周敦颐、张载的主张，成为宋代理学思想的集大成者。朱熹的教育理论是其理学思想体系的一部分。

朱熹著作颇丰，主要有《诗集传》《四书集注》《周易本义》《近思录》等，后人编有《晦庵先生朱文公文集》《朱子语类》等。他的儿童教育思想除散见于一些诗文中，还见之于他为儿童编写的教材《小学》与《童蒙须知》中。

一、重视蒙养教育

朱熹依据古代的教育经验，把整个学校教育的过程划分为小学与大学两个阶段，其中 8—15 岁为小学教育阶段，即蒙养教育阶段；15 岁以后为大学教育阶段。他认为这是两个相互独立又相互联系的阶段，小学教育是大学教育的基础，大学教育则是小学教育的扩充和深化。

朱熹特别重视蒙养阶段的基础教育作用。他说：“古人之学，因以致知为先，然其始也，必养之于小学。”又说：“古人由小学而进于大学，其于洒扫、应对、进退之间，持守坚定，涵养纯熟，固已久矣。大学之序，特因小学已成之功。”由此他认为如果儿童在幼时“不习之于小学，则无以收其放心，养其德性，而为大学之基本”。

同时他从儿童的心理特点和教学的要求出发，指出只有使儿童“讲而习之于幼稚之时”，才能使其“习与智长，化与心成”，收到理想的教学效果。

为了说明蒙养教育的重要性，他还把小学阶段的教育形象地比喻为“打坯模”阶段。他说：“古者，小学已自暗养成了，到长来，已自有圣贤坯模，只就上面加光饰。”并指出倘若自幼失了小学，或坯模没打好，大了要补填就十分困难。总之，在他看来，蒙养阶段的教育非常重要，必须抓紧抓好。

二、要求慎择师友

由于幼儿模仿性强，是非辨别能力弱，周围的环境对他们的影响很大，“习与正则正，习与邪则邪”。因此朱熹也与古代许多教育家一样，强调在幼儿教育中应注意慎择师友。

朱熹认为，对于普通的士大夫家庭，慎择幼儿的教师应自慎择乳母开始。因为乳母与婴幼儿接触的时间较长，对婴幼儿的影响也较大，作为婴幼儿的最初教育者，“乳母之教，所系尤切”。如何选择乳母呢？朱熹提出的条件是：必选求宽裕慈惠、温良恭敬、慎而寡言者为子师。这是对乳母的要求，实质上亦是朱熹期望儿童所应具有的品行。

儿童稍长，除须慎择教师外，还应开始注意培养儿童辨别是非、交游益友的能力。朱熹曾在《与长子受之》这封家信中教育儿子：“交游之间，尤当审择，虽是同学，亦不可无亲疏之辨。”至于如何决定交游的亲疏，他指出：“大凡敦厚忠信，能攻吾过者，益友也；其谄谀轻薄，傲慢亵狎，导人为恶者，损友也。”“益友”应近之，“损友”则应远之。

普通人家的子弟要善择师友，对太子、皇孙来说，师友的选择就更为重要。作为晚年曾做过焕章阁等制并兼皇帝老师的朱熹，对这个问题十分重视。针对当时皇太子、皇孙师友选择不当的情形，他大胆地指出太子、皇孙左右的宫僚之选，不仅罕有称其职者，而且多有“邪佞、儇薄、阘冗、庸妄之辈”厕身其间，认为如此疏略“辅养之具”的择取，“是犹家有明月之珠、夜光之璧，而委之衢路之侧、盗贼之冲也，岂不危哉”。同时他劝告统治者，应效仿古之圣王教世子法，选拔端方正直、道术博闻之士为太子师友。

三、强调学“眼前事”

朱熹认为：“圣贤之学，虽不可以浅意量，然学之者，必自其近而易者始。”同时他还说：“据某看，学问之道只在眼前日用底便是，初无深远幽妙。”因此他规定小学的主要任务应当是“学其事”，学习眼前日用的事。他指出：“小学之事，知之浅而行之小者也。”具体言之，它包括“洒扫应对进退之节”“礼乐射御书数之文”和“爱亲敬长隆师亲友之道”这样一些内容。朱熹认为儿童学习这类“眼前事”不仅符合儿童认识的发展水平，而且能够为大学“学其理”打下基础，因为“理在其中”，事事物物之中都存有一个理，“学之大小，固有不同，然其为道，则一而已”。

为使儿童对“眼前之事”的学习有章可循，朱熹亲自为儿童编写了《小学》与《童蒙须知》两部教材。《小学》系将古代童蒙读物加以选择、扩充，加上古今圣贤名流的嘉言善行汇集成书。全书共分内外两篇，内篇有四：《立教》《明伦》《敬身》《稽古》；外篇有二：《嘉言》《善行》。《小学》一书对后世所产生的影响极其深远，其地位相当于《四书》。《童蒙须知》则是朱熹为儿童制定的学习“眼前事”的具体标准与要求，虽然比较琐屑，却也有不少合理成分。

朱熹强调学习“眼前事”，注重道德行为操作的训练，要求儿童的学习由浅入深、自近及远，这不仅符合儿童认识发展与道德形成的规律，易为儿童掌握，而且也有助于培养儿童良好的道德习惯，养成践履笃实的作风。

四、提倡正面教育为主

朱熹在教育工作中一贯重视和提倡以正面教育为主，认为应对儿童多积极诱导，少消极限制，要求“多说那恭敬处，少说那防禁处”。因此在他编写的《小学》一书中，他非常重视榜样的教育作用，收录了大量古今圣贤的“嘉言懿行”，供儿童模仿学习，力求使儿童能从中“学到做人的样子”。同时在他编写的《童蒙须知》中，对儿童的日常生活行为的规定也主要着眼于进行正面的具体的指导，如他教育儿童“凡著衣服，必先提整衿领，结两衽、纽带，不可令有缺落”“凡写文字，须高执墨锭，端正研磨，勿使墨汁污手”等。

根据正面教育为主的原则，朱熹还对教师提出了指导、示范和适时启发的要求。

朱熹的儿童教育思想是他多年教育实践经验的总结，在某种程度上反映了他对儿童身心发展规律的直观理解，包含了不少有积极意义的内容，在学前教育理论发展史上占有重要的地位。

本章小结

儿童教育思想是古代教育思想体系的重要组成部分。贾谊、颜之推、朱熹是我国古代著名的教育思想家。

贾谊从培养统治者的角度，对胎教等早教思想进行宣传，使我国的胎教理论得以延续。

颜之推的《颜氏家训》根据自身及耳闻目睹的经验教训所提出的早期教育的价值，以及家庭教育的内容等，不仅读来可亲可信，发人深省，而且其价值也早已超越了颜氏家族的范围，被历代奉为教育宝典。

朱熹作为一名理学大师，深知“蒙以养正”的道理，将幼儿阶段作为理学教育的起点和人生教育的基础。他提出的儿童教育应主要学“眼前事”、以行为训练为主、重视正面教育等教育主张，十分符合教育的规律。

思考题

1. 如何理解贾谊“早谕教”的主张？
2. 颜之推家庭教育和儿童教育思想有何现实意义？
3. 如何评价朱熹提出的儿童主要学“眼前事”的主张？
4. 阅读《童蒙须知》和《颜氏家训·教子篇》，小组交流读后感想。

拓展阅读

1. 阎振益，钟夏. 新书校注[M]. 北京：中华书局，2000.

本书是对汉代文学家贾谊的《新书》所进行的点校著作，不仅收录了《新书》全文，同时收集了历代可信的注释。

2. 王利器. 颜氏家训集解(增补本)[M]. 北京：中华书局，1993.

这是一部校勘较好的《颜氏家训》读本。书中除根据一个底本收录了《颜氏家训》全文外，还以注释的形式，将收集的历代不同版本的《颜氏家训》在字词句以及某些解释方面的不同之处进行汇集，并间有作者自己的判断。

3. 张伯行. 小学集解[M]. 上海：商务印书馆，1936.

本书是清代学者张伯行对南宋教育家朱熹《小学》一书所作的集解。《小学》共6卷，分内外两篇。内篇有立教、明伦、敬身、稽古四个纲目。外篇分两部分：一是嘉言，二是善行。

第二编

中国近代学前教育

第三章　中国近代学前教育的产生与演进

学习目标

1. 了解我国清末蒙养院制度的产生与确立。
2. 了解中华民国时期学前教育的发展。
3. 了解苏区和边区学前教育的发展。

关键词

蒙养院　蒙养园　幼稚园

中国近代指的是从1840年至1949年，其间存在清末、中华民国、苏区和边区三个时期，历时109年。在不同的历史背景下，中国学前教育发生了三次大的变革：从清末建立的蒙养院制度到中华民国时期的蒙养园制度，再到后来的幼稚园制度，经过一个多世纪的摸索和研究，逐步建立了比较完整的学前教育体系，为中国现代学前教育理论和实践奠定了良好的基础。

第一节　清末学前教育机构的产生与发展

一、学前教育社会机构产生的背景

(一) 经济背景

社会化的学前教育，是经济发展到工业生产以后的产物。

我国自明末就孕育着资本主义萌芽，到清代，沿海手工业、商业也有发展，但中国的资本主义萌芽始终受到封建政治、经济的压制，没有得到正常发展。到19世纪60、70年代，中国本土的民族资本主义工业初步有了相当程度的发展。由于工业、手工业、商业的迅速发展，中国社会经济发生了重大变化，自给自足的自然经济逐渐开始瓦解，农民失去土地，手工业者纷纷破产。大工业生产产生了中国无产阶级，其中最早的一批是通商口岸的码头工人和外国轮船上

的海员。不少妇女为生活所迫，开始走出家门、走进工厂、走向社会，在这种情况下，学前教育只由家庭承担已经不适应社会发展了，这便从客观上提出了建立学前教育社会机构的迫切要求。

（二）文化背景

中国沦为半殖民地半封建社会以后，民族危机和社会危机进一步加深，社会政治制度和经济制度受到了极大冲击，文化思想领域也掀起了一次又一次的改革浪潮。特别是中国在甲午中日战争中惨败于日本之后，更是暴露了中国的落后和清王朝封建统治的腐朽。许多进步人士纷纷对当时学术界、教育界盛行的“宋学”和“汉学”提出严肃批评，强烈要求变革，他们提倡“经世致用”的新风，提出变通科举，学习西学，设立新式学堂，学习西方科学技术，甚至提出改变封建专制制度，向西方寻求救国真理，企图找到一条救国救民的道路。启蒙者提出的变法思想为后来的学前教育机构的产生奠定了良好的思想基础。

（三）政治背景

1840 年第一次鸦片战争后，列强的入侵破坏了中国长期以来自给自足的自然经济基础，中国开始由独立自主的封建社会逐步变为半殖民地半封建的社会，中国传统的封建教育也开始发生根本的变化。一方面，由于政治经济的衰落，清朝政府的文化教育理念、教育制度、教育内容和方式方法都显得陈旧，特别是在当时外国势力加紧侵略中国和中国国内资本主义经济已经开始萌芽的时期，旧的教育体制远不能满足当时的时代需求，所谓的“旧学”已经成了强弩之末，非变不可，所以，改革旧有的封建教育制度势在必行。另一方面，随着外国势力对我国政治、经济、文化等领域的侵略不断加深，中国文化教育烙上浓厚的殖民色彩，尤其是第二次鸦片战争后，帝国主义侵略势力以不平等条约为护身符，在中国各地大办教堂、医院、学校、报馆等机构，以此为途径，大肆传播西方文化，于是，各种各样的教育机构也就应运而生了。

二、蒙养院制度的确立与实施

（一）癸卯学制的颁行

由于清末新式学校的大量创办，原有以科举选才为中心、儒家经典为内容的古代学制框架已无法适应新形势，建立新学制被提上了议事日程。1902 年，由管学大臣张百熙拟定的《钦定学堂章程》正式公布，这是中国近代颁布的第一个学校系统文件，时称“壬寅学制”。这一学制虽经公布却未实施，但它成了新学制的先声。1903 年，张之洞奉命入京主持制定新学制。1904 年 1 月，清廷批准《奏定学堂章程》，时称“癸卯学制”。这是中国教育史上第一个正式颁布且在全国普遍实行的学制，它的颁行结束了中国几千年来办教育无章程、学校无体系的状态，确立了中国现代学制的基本模式和框架，奠定了我国现代学制的第一块基石。癸卯学制规定自蒙养院至通儒院共有三段七级学堂。第一阶段为初等教育，包括蒙养院、初等小学堂、高等小学堂，第二阶段为中等教育；第三阶段为高等教育。癸卯学制对蒙养院的规定，是中国学前教育制度正式建立的开始（图 3－1）[①]。

---

① 唐淑，钟昭华. 中国学前教育史[M]. 北京：人民教育出版社，2002：72.

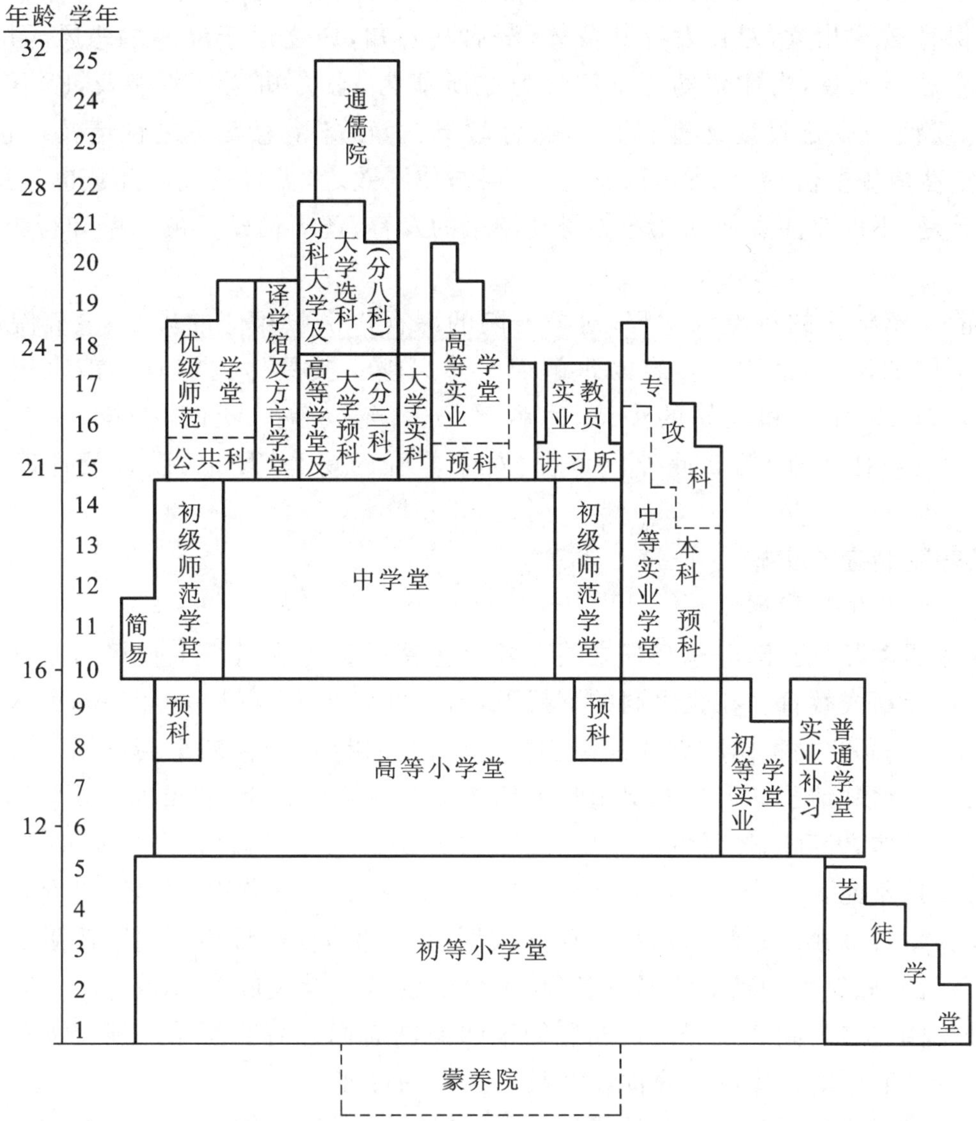

图 3-1 癸卯学制的基本框架

（二）蒙养院制度的确立

癸卯学制中的《奏定蒙养院章程及家庭教育法章程》（下面简称《章程》）是专门为学前教育制定的一个章程，这也是我国近代学前教育的第一个法规。它的颁布和实施确立了蒙养院在教育体系中的地位，标志着我国的学前教育已经开始进入一个新的发展阶段。

《章程》中对蒙养院的设置、教育目标、内容、方法、特点、师资及管理都做了相应的规定。《章程》明确指出“蒙养通乎圣功，实为国民教育之第一基址”[①]，充分肯定了学前教育的重要作用和在国民教育体系中的基础地位。同时规定设置蒙养院作为教育学前儿童的专门机构。蒙养院招收“三岁以上至七岁之儿童”；收托时间要求“每日不得过四点钟”；院址可设在“各省府厅州县以及极大市镇”的育婴堂和敬节堂内；招收范围是“本地附近幼儿，其父母愿送入其中受院内之

① 中国学前教育史编写组．中国学前教育史资料选[M]．北京：人民教育出版社，2002：96.

教育者”。《章程》依照3—7岁幼儿的年龄特点，提出了体、智、德、美等方面的保育教育的主要目标：第一，保育教导儿童，专在发育其身体，渐启其心知，使之远于浇薄之恶风、习于善良之轨范；第二，保育教导儿童，当体察幼儿身体气力之所能为，心力知觉之所能及，断不可强授以难记难解之事，或使为疲乏过度之业；第三，保育教导儿童，务留意儿童之性情及行止仪容，使趋端；第四，儿童性情好模仿，务专意示以善良之事物，使则效之，孟母三迁即此意也。总之，保育教导的主要宗旨是，不仅要注意使幼儿身心得到健康的发育，还要使幼儿的情感和行为得到良好的培养。

针对学前儿童学习的特点，《章程》对蒙养院的课程作出了相应的规定：蒙养院应设立与初等小学迥然不同的课程，这样儿童容易理解而又感兴趣。其具体内容有：游戏(包括自由游戏和集体游戏)，歌谣(如平和浅易的小诗、短歌谣、五言绝句等)，谈话，手技(如木工、竹工、纸工、泥工、豆工及栽种花卉)等。此外，《章程》对蒙养院的房舍、场地、设备及管理等也都作了具体规定。

(三) 蒙养院制度的实施

1. 蒙养院的产生与发展

清朝“洋务运动”后期，湖广总督张之洞在湖北主持政务。在教育上他极力主张“中学为体”“西学为用”，倡导新式教育。在张之洞的支持下，清光绪二十九年(1903年)秋，我国第一所学前儿童教育机构——湖北幼稚园在湖北武昌创办了。创办伊始，幼稚园全套办园方针和方法均采用日本模式，还特地聘请了3名日本保姆教习任教并参与管理。该园“重养不重学”，其教育任务有三：一是保全身体之健旺，体育发达基此；二是培养天赋之美材，智育发达基此；三是习惯善良之言行，德育发达基此。[①] 同时规定招收对象是5—6岁儿童，名额为80名(男女均收)，学制一年；收托时间为每日3小时；保育课目设有行仪、训话、幼稚园语、日语、手技、唱歌、游戏7项；并规定一切服装、图书、保育物品等均属官备(唯不供伙食)，以及免收学费等。1904年癸卯学制颁布后，湖北幼稚园更名为湖北蒙养院。湖北幼稚园的创立标志着我国第一所公办幼儿教育机构的诞生，也开始了我国幼儿家庭教育向幼儿社会教育的过渡。

为了进一步推行《章程》，在湖北幼稚园之后，清政府在湖南、苏浙、京沪、福建等地相继开办了一些公立学前教育机构，不少地方还出现了私立蒙养院和幼稚园。按袁希涛在《五十年来中国之初等教育》中的统计，清末全国幼稚生的数目见表3-1。

表3-1 清末全国蒙养院及幼稚生数目统计

时　　间	蒙养院所/所	蒙养院幼儿人数/人
光绪三十三年(1907年)	428	4 893
光绪三十四年(1908年)	114	2 610
宣统元年(1909年)	92	2 664

清末创建的一些学前教育机构可参见表3-2。

① 中国学前教育史编写组. 中国学前教育史资料选[M]. 北京：人民教育出版社，2002：94.

表 3-2 清末创建的学前教育机构

幼儿教育机构名称	所在省市	创建时间	机构性质
湖北武昌幼稚园	湖北	1903 年	公立
京师第一蒙养院	北京	1903 年	公立
上海务本女塾附设幼稚舍	上海	1904 年	私立
湖南官立蒙养院	湖南	1905 年	公立
严氏蒙养院	天津	1905 年	私立
福建公立幼稚园	福建	1907 年	公立
上海公立幼稚舍	上海	1907 年	公立
上海私立爱国女学社附设蒙养院	上海	1907 年	私立
怀仁幼稚舍	江苏	1907 年	私立

清末出现的我国第一批自办学前教育机构的名称和设置办法各不相同：有的名为蒙养院，有的叫幼稚舍或幼稚园；从蒙养院的承办性质看，有公立官办的，也有私人经办的；有达官富绅办的，也有乡间节妇捐款办的；有独立设置的，也有附设于育婴堂、女塾、女学、女师的。在办理过程中，这些学前教育机构也取得了一定的成绩，积累了一些办学和教育工作的经验，尽管办学质量参差不齐、数量不多、基础薄弱，从教材设备到师资都依赖日本，然而毕竟有了第一批学前教育机构。

2. 蒙养院师资的培训

蒙养院师资经历了一个从无到有的发展过程。早期的蒙养院并没有专门的师资，这正是清末半殖民地半封建社会制度下出现的奇怪现象，就是有了专门的学前教育机构也无法培养专门的学前教育的师资。古今中外，学前教育的师资绝大多数是由女性充当的，但按照中国封建社会的传统，女子从来没有受教育的权利，自古以来就没有设立专门的女子学堂，幼儿师范也就无法设立。

蒙养院师资培训最早是在保姆班或讲习所中进行的。我国最早出现的各种保姆班、保姆科、保姆传习所、讲习所，一般均设于蒙养院或女塾、女师内，单独设立的少，譬如 1903 年湖北幼稚园内附设的女子学堂，1902 年严修设立的严氏女塾和他在 1905 年办起的保姆传习所，1902 年吴馨在上海设立的务本女塾。早在蒙养院章程颁布以前，即 1903 年秋开办的湖北幼稚园内，也曾经附设了女子学堂，招收 15—35 岁的女子专门学习幼儿师范课程，这可能就是我国幼儿师范最初的萌芽。但在当时，女子去学堂上课被视为不合时宜的事情。于是，张之洞责令湖北学务处将省城宾阳门内的敬节分堂扩充屋宇，添建讲堂，改建为敬节学堂，挑选粗通文理之节妇 100 名作保姆科正额，以刘德馨为监督，延聘日本女教习讲家庭教育；另地建育婴学堂挑选略能识字之乳媪（为人哺乳育儿的妇女）100 名作保育科正额，以高凌爵为监督，延聘日本女教习，讲习幼儿保育教导之事。可见，蒙养院的师资是由育婴堂的乳媪和敬节院的节妇充任，蒙养院的教师统称为“保姆”。也就是说，中国第一代学前教育师资是由敬节堂和育婴堂培养出来的。

训练保姆的方法，是在育婴堂或敬节堂中请一个识字的妇女当教师，或请一个识字的老妇人入堂任教，所教授的绝大多数为来源于封建文化中的理学和伦理道德之类的内容。按照这些规定训练出来的教师，本身就是封建文化的模范和宣传者，而且文化水平不高，由这些人去培养孩子，必然不会有什么好的教育效果。可见，清朝末年，我国培养学前教育师资的机构寥寥无几，各地所建立的保姆传习所大多是模仿日本培养幼稚园教师的办法，没有统一的教学计划。

1907 年，清政府颁发了《奏定女子小学堂章程》和《奏定女子师范章程》，后者第一节便开宗明义规定女子师范“以养成女子小学堂教习，并讲习保育幼儿方法，期于裨补家计，有益家庭教育为宗旨”，提出“教授女师范生，须副女子小学堂教科，蒙养院保育科之旨趣，使适合将来充当教习、保姆之用”，并规定女师教育学科教课程度，应当“先教以教育原理，次教以家庭教育方法，次教以蒙养院保育之法”。从此，女子教育在学制中取得了一定的地位。两个章程的颁行，有效地促进了女子师范教育的发展。

此章程颁布以后，在一些地方出现了专门培训保姆的机构，如：浙江省女子师范学堂保姆科，1907 年在上海公立幼稚舍创设了保姆传习所，1910 年上海贫儿院设保姆科，1911 年湖南开办全省女子师范学堂，广东、北京、天津等地也有保姆传习所设立。这些师训机构的出现，虽零星且不稳定，但却是我国第一批训练学前教育师资的机构。女子师范学校从此担负起培养女子小学堂教员和蒙养院教员的职责。由女子师范学堂培养的蒙养院师资，形式上已属于新式学堂。它要求学生学习保育法、儿童心理学、教育学、修身学、谈话、乐歌、图画、手工、文法、习字法、理化、博物等课程，保教理论课程已确定为学前教育师资的重要内容。由女子师范学堂培养出来的保姆与从前相比已大有变化。

女子师范教育的发展也促进了学前教育理论研究的发展。1909 年由中国图书发行公司发行的《保姆传习所讲义初集》含保育法和儿童心理学两种。“保育法”共 16 章：绪论、幼稚园之主旨、幼稚园之必要、幼稚园之教育、幼稚园与家庭之联络、保姆之资格、保育事项、论游戏、论唱歌、谈话、手技、恩物之种类、恩物之理、保育时间、入园年龄与分组法、看护术。“儿童心理学”分 6 章：引言、原气质之分类、快豁儿之特色、刚愎儿之特色、忧郁儿之特色、沉钝儿之特色。该书经学部审定，认为简明适用，可以作为蒙养院保姆讲习用书。这是我国出版最早的幼儿师范教科书之一，尽管它源于日本，却不失其开创意义。此外，1907 年 5 月由中国图书公司印行、顾倬编辑的《幼儿保育法》也是一本参考了日本、德国等地的幼教书籍，内容包括总论、养护身体、传授知识、陶冶性情、保育事项、结论共 6 章。虽然女子师范培养的保姆有了新知识、新方法，但毕竟受限于当时的时代，仍然保留着浓厚的封建色彩。

3. 蒙养院制度的评价

由于蒙养院制度产生于清末半殖民地半封建的时代，在制度设计上存在许多不太完善的地方，有些地方还烙有半封建半殖民地的色彩：

第一，蒙养院没有独立的地位。《章程》规定：“蒙养家教合一之宗旨，在于以蒙养院辅助家庭教育。”因为“保育教导儿童，专在发育其身体，渐启其心知，使之远于浇薄之恶习，习于善良之轨范”。① 可见，教育幼儿的责任仍然主要依赖于家庭。

① 朱家雄. 中国视野下的学前教育[M]. 上海：华东师范大学出版社，2007：14.

第二，蒙养院的师资得不到保障。《章程》指出，各国幼稚园的师资都是由“女师范生为保姆以教之”。① 但“中国此时情形，若设女学，其间流弊甚多，断不相宜”。因此，《章程》规定将蒙养院设置在育婴堂和敬节堂内，利用两堂的乳媪和节妇以及谋生之贫妇权充蒙养院的师资。所以，无论是在数量还是质量上，蒙养院的师资都得不到保障。

第三，蒙养院的教育形式与内容自相矛盾。《章程》对蒙养院的保育教导要旨、条目、设备、管理等方面的规定基本上是借鉴于日本1900年出版的《幼稚园保育及设备规程》。这样，从形式上看，它已经具备了近代学前教育机构的条件，但《章程》的制定者却要把蒙养院的设立纳入为封建统治服务的轨道，规定保姆的训练须以充满封建思想内容的官编女教科书为主要传习材料，这样就使资产阶级的教育形式与封建主义的教育内容形成了尖锐的矛盾。

所以说，《章程》中有不少地方借用了资产阶级教育的形式，却仍然保留着封建主义的实质。这正是半殖民地半封建社会本质特点的反映。然而，蒙养院制度的确立，顺应了我国当时工业化大生产的需求，实现了我国学前社会教育零的突破，这标志着中国学前教育向社会化的发展迈出关键的一步。由于当时历史条件的制约，蒙养院的办院纲领必须以“中学为体，西学为用”，在具体实施过程中，一方面，抄袭照搬日本1900年的《幼稚园保育及设备规程》，聘任日本的教员，对照日本的课程、玩具和教法；另一方面，又不可能放弃传统的封建伦理道德的灌输和行为习惯的训练，使得蒙养院制度在很大程度上也显现出半殖民地半封建的教育特色。

（四）教会学前教育机构

1840年鸦片战争以后，帝国主义列强凭借不平等条约取得了在我国传教、办学等特权，肆无忌惮地进行文化侵略，先后在我国设立了许多教会学校，其中也包括幼稚园和幼教师资培训机构。

1. 教会创办的幼稚园

据美国林乐知所著《五大洲女塾通考》第十集记载：光绪二十八年（1902年），基督教各会在华建立的学校中有小孩察物学堂（幼稚园）6所，学生194人，其中女生97人。1913年基督教全国大会在大会决议案中进一步明确规定：各地教堂都要附设幼稚园。据中国基督教调查会1921年的调查报告中记载：全国教会所设的幼稚园已达139所，幼儿4 324人。另据1924年南京第一女师附设的幼师科对全国幼稚园调查后的报道：在当时全国190所幼稚园中，教会办的竟达156所，占总数的80%以上。可见，外国教会在中国创办的幼稚园不但在创办时间上早于中国所办的幼稚园，而且在数量上相当长一段时间内也大大超过中国自办的幼稚园。

外国侵略者通过传教士们积极宣传并设立幼稚园，妄图消灭我国儿童的民族自信心和爱国心，造就帝国主义所需要的恭顺奴仆，以实现其和平征服整个中国的目的。所以，教会幼稚园都具有这样两个鲜明的特点：第一是强烈的宗教性。幼稚园就是传教士向幼儿灌输宗教思想，引导幼儿信仰上帝、迷信来世的重要场所。第二是全盘西化。为了奴化中国儿童，使其从小养成崇洋媚外的心理，教会幼稚园的环境全部都是按照西洋的方式设置，包括房舍建筑款式、活动室的布置、玩具的配备等。教学内容和方式也是外国的一套，说外国话，行外国礼，学外国习惯，讲外国故事，唱外国歌曲，做外国游戏，玩外国玩具。

① 中国学前教育史编写组．中国学前教育史资料选[M]．北京：人民教育出版社，2002：86．

2. 教会创办的幼稚师范

在中国最早开办幼教师资训练班及幼稚师范的也是外国教会。1889 年，美国卫理公会在苏州创办的英华女中，在创办初期就曾兼办过妇女工作、幼教师资等培训班。1892 年，美国监理公会在上海也创办了一个幼稚园教师训练班；1902 年，该教会在苏州办的女学正式开学，取名为景海女学，以培养幼稚园教师为主。1898 年，英国长老会在厦门创办幼稚园师资班。

此外，一些教会大学在当时也开始培养幼教师资。如基督教教会于 1905 年在北京开办了华北教育会协和女书院，内设两年制的幼师科，1911 年并入燕京大学，成为教育学系的幼稚师范专修科，专门培养高层次学前教育人才。

3. 教会慈幼机构的兴办

在设立幼稚园和幼稚师范的同时，帝国主义还以兴办"慈善"事业为名，到处设立孤儿院、慈幼院、育婴堂之类慈幼机构。在这些"慈善"机构中，儿童们长年被关在高楼深院里，与世隔绝，生死大权完全掌握在"慈善家"手里，由于饥饿、疾病、体罚不知夺去了多少无辜的小生命。帝国主义除从肉体上摧残儿童外，还从精神上腐蚀、毒害中国儿童，这种卑劣行径激起了中国人民的愤慨，许多爱国有识之士严正指出育婴堂是杀婴堂，并愤起抗议。

总之，教会在中国创办的学前教育机构均早于我国自办的同类机构。西方列强在进行文化侵略的同时，又为近代中国建立学前教育机构和师资训练机构提供了重要的借鉴，给封闭的中国带来了西方学前教育的模式，从这个意义上说，教会在中国近代学前教育的产生发展过程中还是起了一定的积极作用的。

第二节　中华民国时期的学前教育

1912 年中华民国南京临时政府成立，标志着旧王朝的覆灭和新时代的到来。社会制度的变化，必然导致学前教育制度也将发生根本性改变。

一、蒙养园制度的确立与实施

(一) 壬子・癸丑学制的颁行

中华民国建立以后，蔡元培出任第一任教育部长。在对教育实行初步改革的同时，蔡元培着手于教育的基本政策和制度的确立。1912 年 9 月，当时的教育部颁布了新的教育宗旨："注重道德教育，以实利教育、公民道德教育、军国民教育辅之，更以美感教育完成其道德。"这是一个新的资产阶级的教育方针，它否定了清朝政府 1906 年公布的"忠君""尊孔""尚公""尚武"的旧宗旨，宣传资产阶级民主、平等的思想，以资产阶级的自由、平等、博爱的思想为先导，重视儿童的德、智、体、美和谐发展，对原有的课程设置、教育原则和方法进行了大胆的改革，强调教育教学要适应儿童的身心发展特点和水平。为了对原有的教育体制进行改革，1912 年，在蔡元培的主持下，制定并颁行了壬子学制，次年修订并重新颁行后称为壬子・癸丑学制(图 3-2)。①

与癸卯学制相比，壬子・癸丑学制具有三个优点：一是将总修年限缩短了三年；二是确立了

① 唐淑、钟昭华. 中国学前教育史[M]. 北京：人民教育出版社，2002:91.

女子受教育的权利，在相当程度上废除了男女两性受教育的差别，女子不但可进小学和师范，而且可进中学、高等师范学校和各类职业学校，至此，从制度上保证了设立女子学校和女子有权接受教育的合法性；三是废除读经、讲经，取消了清朝政府专为贵族设立的贵胄学堂，学制在形式上实现了平等。也就是在这个学制中，将学堂更名为学校，原体制中学前教育的专门机构——蒙养院改称蒙养园，并建立与新的教育宗旨下的新学制相一致的蒙养园制度。

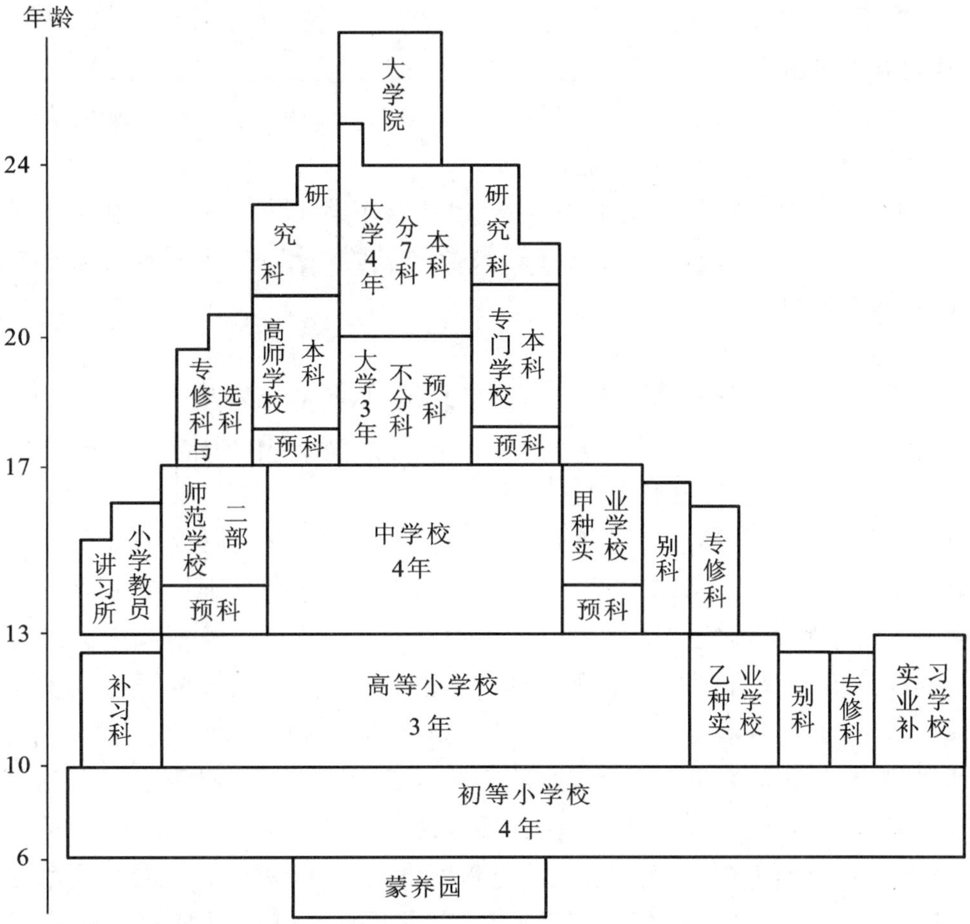

图 3-2 壬子·癸丑学制的基本框架

（二）蒙养园制度的确立

蒙养园是新学制体系上的教育机构，收未满 6 岁的儿童。在壬子·癸丑学制体系中，蒙养园与大学院一样，单独成为学制系统中的一级。它是其他教育机构的附属部分，附设在小学和女子师范学校内。《师范学校令》和《师范学校规程》中规定，女子师范学校和女子高等师范学校应附设蒙养园，并设立保姆讲习所，以造就蒙养园保姆为目的。可见，民国初年的蒙养园仍没有摆脱附属的地位。

此外，在蒙养园师资培养方面也发生了变化。清末的女子师范学堂总章程并未把蒙养园保姆与培养女子小学堂教习作为两项并列的培养目标，而在壬子·癸丑学制中则把培养小学教员与蒙养园保姆并列为女子师范学校的培养目标，明确规定了蒙养园的师资训练在师范教育中的地位。这表明，学前教育的地位与以前相比有所提高。

在对蒙养园制度的规定中又出现了与清末《奏定蒙养院章程及家庭教育法章程》中相同的办园宗旨和课程设置，仍然强调辅助家庭教育，以封建道德教育为内容，在形式上又开始沿袭清末效法日本的模式，唯有关于师资的规定，略有进步，它规定了蒙养园保姆的资格和薪俸应相当于国民学校教员的资格和薪俸。

辛亥革命后不久，北洋军阀政府在教育上掀起了一股复辟封建主义教育的逆流。1915 年，袁世凯成立了“中华帝国”，改变了辛亥革命时期资产阶级性质的教育宗旨，教育领域出现严重倒退。

（三）蒙养园制度的实施

据江苏教育会幼稚教育研究会调查，1918 年，仅上海一地新建的幼稚园就有 12 所（其中教会幼稚园 6 所），幼儿数 439 人，教师 42 名。

另据有关材料记载：黑龙江私立奎垣中学曾于 1913 年附设蒙养园，北京女子师范学校曾于 1914 年附设蒙养院，张雪门于 1917 年在浙江鄞县倡办星荫幼稚园，江苏省立第一女子师范学校则于 1918 年设附属蒙养园。

（四）蒙养园的师资培训

民国成立以后，按照当时颁布的壬子·癸丑学制规定，幼教师资培训正式作为师范学校的培养目标。在 1912 年 9 月公布、1916 年 1 月修正的《师范教育令》中规定：专教女子之师范学校称女子师范学校，以造就小学教员及蒙养园保姆为目的。

民国初期学前师资的培训逐步向正规化、严格化、标准化转变，对女子师范生的培养也日趋规范。在新学制中大力提倡女子教育，设立女子学校，并规定在女子师范学校内，设保姆讲习科，培养蒙养园保姆。女子师范学校分预科、本科、讲习科三个层次，女子师范生的培养目标和学科设置也反映了资产阶级教育的方向和内容，但同时也吸收了儒家道统的思想。女子师范学校以资产阶级德、智、体、美和谐发展为方针，对学生进行专门的教师职业训练。对女子师范的学科设置也有了明确的规定，学科内容非常广泛，涉及自然科学、社会科学、体育、美育、道德情操培养等内容。所有这些教育内容，既吸收了儒家道统，又吸纳了资产阶级自由、平等、博爱的思想。尽管如此，由于中国资产阶级诞生在半殖民地半封建制度下，资产阶级的思想观念仍然很难摆脱封建道德的影响，特别是后来“复古”“读经”掀起以后，女子学校又开始增加封建性的教育内容。但是，与清末女子学堂相比较，蒙养园培养的保姆素质还是有了明显的进步。

各地在办蒙养园的同时，还陆续出现了一批保姆养成所和幼稚师范，学制为两年。1917 年，张謇在南通新育婴堂设立幼稚园传习所。1916 年，北京女子师范学校附设保姆讲习所。1917 年，江苏省立第一女子师范学校开设保姆传习所。张雪门则于 1920 年 4 月在宁波市创办了一所两年制的幼稚师范学校。可见，在蒙养园制度推行时期，学前教育的师资培训已经取得了比较显著的成绩。

（五）外国学前教育思想的引进

随着西方资产阶级生产方式的确立和资产阶级文化意识的渗透，资产阶级的教育思想也自然而然地被人们所认同并接受，引进和学习西方资产阶级学前教育的思想已成为必然。

早在清朝末年，就有人开始翻译和介绍西方有关学前教育、儿童教育方面的教育专著，如裴斯泰洛齐的《蒙养正规》，卢梭的《爱弥儿》等。到了民国初年，福禄贝尔、蒙台梭利的学前教育思想和教育实践开始得到广泛的传播。1903 年起，日本保姆、教习相继来我国蒙养院及保姆科任教，他们所拟的“开办章程”“教课说略”都体现了福禄贝尔的思想，他们所开设的游戏、手技等课程，所教授的歌曲及所用的恩物，都是福禄贝尔的一套。民国成立以后，在一些教育杂志、报纸、书籍上大量登载有关福禄贝尔的教育思想，介绍福禄贝尔的自然教育原则、恩物、游戏理论、儿童教育的教材教法。此后，蒙台梭利的教育原理与方法也相继传入我国，并迅速得到推广。1914年江苏省教育会曾专门成立了蒙台梭利教育法研究会，商务印书馆也特意仿制发行了蒙台梭利教具，北京女子高等师范学校也曾举办过蒙台梭利教学法实验班，《中华教育界》杂志则连续发表顾树森、王维尹合译的《蒙台梭利教育之儿童》。这样，蒙台梭利教学法遂成为当时幼教界的注意中心。

外国学前教育思想的引进不仅丰富了我国原有的学前教育思想，为我国当时的学前教育的理论研究奠定了一个良好的基础，也为后来的学前教育实践积累了宝贵的资料。

二、幼稚园制度的确立与实施

（一）幼稚园制度产生的文化背景

在“五四”新文化运动的推动下，在教育领域里掀起了一场空前深入的批评传统封建教育运动，形成了宣传、介绍西方教育理论、教育学说与马克思主义基本教育观点的热潮。

在众多的西方教育思想中，杜威的教育思想对我国学前教育的影响最大。早在1912年，蔡元培在《对于教育方针之意见》中就介绍了杜威的主张。1919年5月1日，杜威来华讲学，亲自宣传自己的教育主张。他先后到达11个省、市，并出版了自己的演讲集，使实用主义在中国产生极大的反响。由杜威提出的“教育即生活”“学校即社会”“从做中学”“从活动中学”“从经验中学”“以儿童为中心”的思想观点，成为我国早期学前教育理论建立的基石。在他的理论指导下，陶行知提出了生活教育理论，张雪门提出了行为课程，陈鹤琴提出了活教育理论；尤其是他的儿童中心论的思想，在“五四”以后就成为我国小学教育和幼儿教育的指导思想，以此为导向，从儿童的本能、兴趣和需要出发，以儿童自身的活动为教育过程的中心，在教学法的设计上也是尽量体现这种思想。

与此同时，在国内，广泛掀起了一股批判封建教育、反对封建儿童观、提倡个性解放的教育思潮。蔡元培、鲁迅、恽代英等人提出的儿童教育思想就是这方面的代表。伟大的文学家、思想家、革命家鲁迅曾在1918年5月发表的《狂人日记》中发出“救救孩子”的强烈呼声，强烈呼吁人们把孩子从封建礼教的桎梏中解放出来。在他的影响下，越来越多的学前教育者，比如陶行知、张雪门、陈鹤琴也积极投身到学前教育思想的革新运动中，他们呼吁并敦促当局政府重视学前教育的改革与发展，重视学前教育师资培养，反对照搬外国学前教育，主张学前教育中国化，并开始着手进行学前教育中国化和科学化的实验研究。

正是在“五四”新文化运动的影响下，中国的教育有了新思想、新方法。教育部又重新恢复民国初年的教育宗旨，废除“尊孔”“读经”，提倡民主科学；提倡个性解放，争取男女平等的教育权；采用国语和白话文；对旧的学制进行改革。中国学前教育不再只是效仿日本的做法，而是广泛学习欧美各国的学前教育理论，结合我国国情，开始探索中国化的学前教育，学前教育也在这次文化浪潮中前进了一大步，进入了一个新的发展时期。

（二）幼稚园制度的确立

1922年11月公布《学校系统改革草案》，这就是新颁布的壬戌学制（图3-3）。

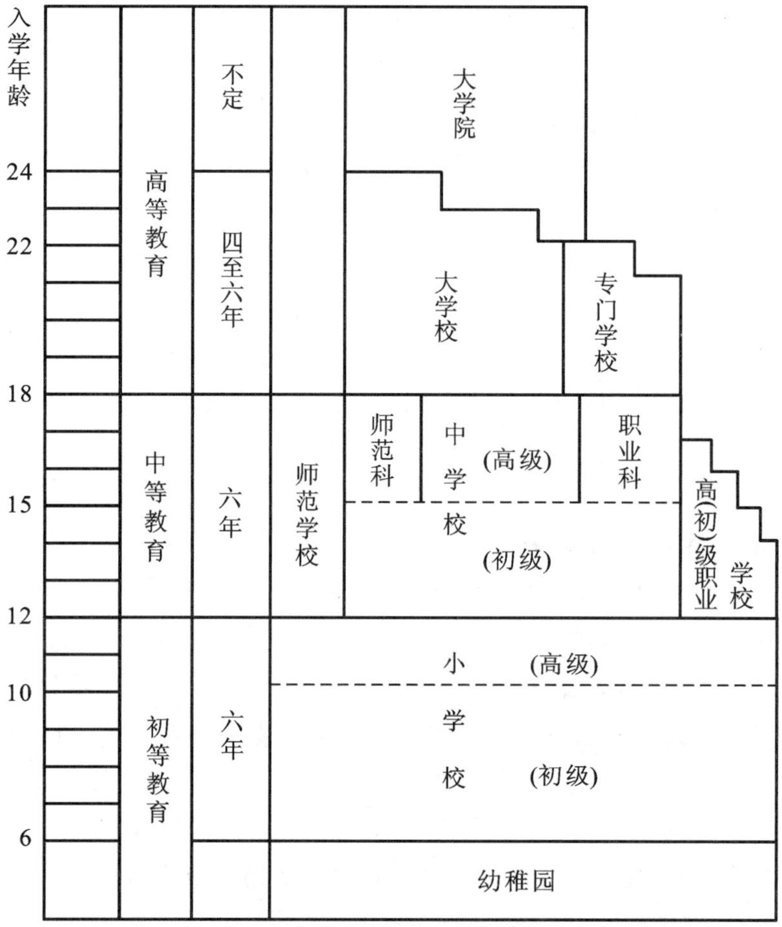

图 3-3 壬戌学制的基本框架

(三) 幼稚园制度的实施

1.《幼稚园课程标准》的制定

在新文化运动和西方教育思潮的推动下，中国学前教育进入了一个非常活跃的时期，许多学前教育研究者，如陶行知、陈鹤琴等都纷纷开展了幼儿教育实验活动，其中也包括幼稚园课程实验，目的就是为了通过幼稚园课程实验，寻求一种真正意义上的中国式幼稚园课程。在各界教育人士的共同努力下，政府也开始重视学前教育的发展。特别是在新学制颁行以后，学前教育事业得到了迅速发展，人们在幼稚园课程设置、审查、乡村幼稚教育及幼稚师资培养等方面的研究也日益频繁。为了进一步推进学前教育中国化的进程，1932 年 10 月，国民政府教育部正式颁发了《幼稚园课程标准》，我国从此有了自己统一的幼稚园课程标准。《幼稚园课程标准》主要包括三方面的内容①：

第一，幼稚教育总目标。① 增进幼稚儿童的身心健康；② 力谋幼稚儿童应有的快乐和幸福；③ 培养人生基本的优良习惯；④ 协助家庭教养幼稚儿童，并谋求家庭教育的改进。

第二，幼稚园的课程范围。课程设有音乐、故事和儿歌、游戏、社会和自然、工作、静息、餐点。

① 孙爱月. 当代中国幼儿教育[M]. 福州：福建人民出版社，1991：5.

第三，幼稚园的教育方法要点。共规定 17 条，主要内容有：

(1) 课程实施时，应以一种需要的材料作为一日或两日内作业的中心。一切活动都不离开这个中心范围。各种活动都不要呆板分节规定，但教师应该在繁重作业之后，引导儿童做轻便的活动；在桌间作业之后，引导儿童做户外活动，或安排几分钟休息，以调节儿童的身心。

(2) 各种作业可由儿童各从所好、自由活动，每日有一次团体作业。当团体作业时，如有少数儿童不愿参加，不必强迫。故事、游戏、音乐、社会和自然等课程，大部分都可由教师引导，施行团体作业。而对于“工作”这一课程，大部分由儿童个别活动，教师给予个别指导，由儿童分组合作，分工活动，可将全部作业分为若干项目。

(3) 教师设计的题材，应从儿童自由活动中发现，提出的活动是儿童所能及的，所用的材料是儿童日常可见、可接触、可想象的实物和实事。活动的材料和指导方法要切合儿童心理和经验，以易达到目的和取得效果为最好。

(4) 教师是儿童活动中的舵手，要使儿童随着教师的意向而进行，在未达到目的前，不要改变宗旨。儿童的问题应由儿童自己解决，待儿童的确不能解决时，教师才可以从旁启发引导。

(5) 幼儿园中的事务，凡儿童能做的应充分让儿童自己去做。

这就是由我国专家学者在总结自己实践经验的基础上、根据我国的国情编订的第一个由国家颁布的《幼稚园课程标准》。它一方面吸收和借鉴了西方资产阶级的幼教思想，充分体现了洋为中用的精神，具有很强的民族性；另一方面它又是以心理学、教育学、卫生学等学科的理论为指导，对教育内容和方法所作的各项规定都比较符合儿童的年龄特点和教育的要求，具有较强的科学性，曾对推动我国幼儿教育向中国化、科学化的方向发展起到重要作用。

2.《幼稚园规程》的颁布

为了加强对幼稚园的管理，1939 年 12 月 24 日，南京国民政府教育部颁布了《幼稚园规程》，这是我国学前教育史上又一重要法规。1943 年修正《幼稚园规程》，改为《幼稚园设置办法》。其中规定：幼稚园收受 4 至 6 足岁之儿童，必要时，得呈准主管教育行政机关收受未满 3 足岁之婴儿予以保育。幼稚园应视地方情形分别为半日制，上、下午制或全日制度。幼稚园由市、县、政府视地方需要及经济能力设置，但各级师资训练机关亦得设置。幼稚园附设在国民学校或小学，并得单独设置。单独设立之幼稚园主任，以幼稚师范学校毕业或具有小学教师资格，办理幼稚教育二年以上有显著成绩者为合格，并应以女子为原则。幼稚园教员，以幼稚师范毕业或具有小学教员资格一年以上之女子为合格，幼稚园教员无此资格者，受省、市以上教育行政机关所组织的小学教员检定委员会之检定方可担任。

从《幼稚园课程标准》和《幼稚园设置办法》可以看出，民国时期，政府对幼稚园的办理已经有了明确的目标、内容和方法，并相对于前一时期，提高了对幼稚园和教师质量的要求。

3. 各类幼稚园的兴办

新学制颁行以后，幼稚园教育有了很大的发展，全国各地先后创办了一大批各种类型的幼稚园。有公立的，有私立的；有学校机关附属的，也有单独设立的；有普通性质的，也有实验性质的；有城市的，也有乡村设立的幼稚园；还有少数外国教会及慈善机构性质的幼稚园。公立幼稚园大都附设于机关、大学或各省立的师范学校，而民办私立的幼稚园明显多于公立的幼稚园。我们可以通过下面两个表格对当时幼稚园发展的情况有一个更全面的了解（表 3－3、

表 3－4)。

表 3－3　民国时期几所著名的独立建制的幼稚园

名　称	所在省(市)	创建时间	机构性质	创办者
厦门集美幼稚园	福建	1919 年	私立	陈嘉庚
南京高等师范附属小学幼稚园	江苏	1919 年	公立	南京高师
北京香山慈幼院	北京	1919 年	慈善	熊希龄
南京鼓楼幼稚园	江苏	1923 年	私立	陈鹤琴
南京燕子矶幼稚园	江苏	1927 年	乡村	陶行知、张宗麟
上海大同幼稚园	上海	1930 年	慈善	中国济难会
鼓浪屿怀德幼稚园	福建	1933 年	教会	英国殖民统治者
浙江大学教育学系幼稚园	浙江	1935 年	公立	浙江大学

表 3－4　七个城市幼稚园概况①

市　名	幼稚园数			儿　童			教职员		
	公	私	小计	公	私	小计	公	私	小计
上海市	23	96	119	1 449	4 066	5 515	55	201	256
南京市	16	5	21	883	240	1 123	32	11	43
杭州市	5	6	11	251	196	447	10	13	23
天津市	5	9	14	294	285	579	12	12	24
北平市	2	10	12	—	—	—	—	—	—
青岛市	7	1	8	—	403	403	—	—	
汉口市	3	1	4	202	—	202	6	2	8
总计	61	128	189	3 079	5 190	8 269	115	239	354

4. 抗战时期的幼稚园教育

幼稚园制度确立以后,中国学前教育质量较以前有了很大的提高,但从全国范围来看,民国时期学前教育的发展还是很缓慢的,特别是抗日战争时期(表 3－5),与周边的国家(如苏联、日本)相比,已经表现出相当的差距。日本在 1911—1928 年间每年平均增设 100 所幼稚园,至 1936 年,已达 1 922 所;苏联的学前教育发展更为迅速,到 1940 年,苏联已经在全国范围内建立了学前公共教育体系,全国常设的学前教育机构已达 46 031 所。民国时期幼稚园教育发展缓慢的原因是多方面的:政府不够重视,国内政治环境不稳定,经济发展程度低,教育发展水平又不高,再加上战争的侵袭等,致使幼稚园发展程度极不平衡,好的幼稚园多半集中在沿海大城市,而广大的乡村是很难普及的,只有极少数的儿童上得了幼稚园。

① 张克勤. 国内七市幼稚园教育今昔比较观[J]. 中华教育界,1935,23(1):190.

表 3-5 民国时期幼稚园发展情况

时　间	幼儿园/所	幼儿入园人数/人
1924 年	41	1 591(新学制颁行不久)
1930 年	630	26 675
1931 年	829	36 770
1933 年	1 079	47 512
1934 年	1 124	59 498
1935 年	1 225	86 657
1936 年	1 283	79 827
1937 年	839	46 299(抗日战争爆发)
1938 年	857	41 324
1939 年	574	40 479
1940 年	302	28 517
1941 年	367	58 339
1942 年	592	51 749
1943 年	441	46 202
1944 年	428	50 491
1945 年	1 028	106 248(抗日战争结束)
1946 年	1 263	112 792
1947 年	1 301	130 213

5. 幼稚园的师资要求及培养

(1) 颁布相关的政策与法规。从清末的女子师范学堂到民国初年的女子师范学校再到后来的幼稚师范学校，学前教育的师资培训已经有了长足的发展。尤其是在幼稚师范课程规程制定以后，对学前师资培训的要求就更加严格。1932 年 12 月颁布的《师范教育法》和 1933 年颁布的《师范学校规程》对师范学校及其师范科、幼稚师范科的教育科目、课程标准、实习规程作出了明确的规定。按照这些规程，三年制幼稚师范科教学科目为公民、卫生、军事看护、国文、算学、历史、地理、生物、化学、物理、著作、美术、音乐、伦理学、教育概论、儿童心理、幼稚园教材及教学法、保育法、幼稚园行政、教育测验及统计、实习。二年制的幼稚师范科目为公民、体育及游戏、卫生、国文、算学、历史、地理、生物、劳作、美术、音乐、教育概论、儿童心理、幼稚园教材及教学法、保育法、幼稚园行政及实习。与此同时，规程中还制定了对幼稚师范科学生入学、转学、休学、复学、退学及毕业的办法。

1935 年，教育部还颁发了二年和三年制幼稚师范科的教学计划，计划中所作的各种规定，既是对幼稚师范科提出的要求，也大体上反映了当时师范学校附设幼稚师范科的教学基本情况。1944 年 8 月，南京国民政府教育部修正公布二年制和三年制幼稚师范科教学科目及各科教学时数表(表 3-6),并通令实施。至此,我国幼稚师范教育才有了比较统一的教学计划。

表 3-6　三年制幼稚师范科教学科目及各学期每周各科教学时数(1944 年 8 月修正公布)

科目＼周课时＼学年	第一学年		第二学年		第三学年		备　注
	第一学期	第二学期	第一学期	第二学期	第一学期	第二学期	
国文	5	5	4	4	4	4	包括儿童文学理论及写作
数学	3	3	2	2			
地理	2	2	2	2			
历史	2	2	3	3			
博物	3	3					
理化			3	3			
公民	1	1	1	1	1	1	包括地方自治常识
美术	2	2	2	2	2		
音乐	3	3	3	3	3	3	包括键盘乐与简单作曲法及习作
体育	3	3	3	3	3	3	包括游戏及韵律活动教材教法
卫生	2	2					包括公共卫生及学校卫生
看护	2	2					包括军事救护
实用技艺	3	3	2	2	2		包括儿童玩具制作、小学劳作教材
教育通论					3	2	
教育行政			2	2			
教育心理	3	3					包括学习心理及儿童心理卫生
儿童保育			2	2			
幼稚教育			2	2			包括幼稚教育发展史及幼稚教育状况与社教行政
儿童福利					2	2	
实验及统计					2	2	
教学及实习			3	3	12	17	包括教材教法及实习
每周教学总时数	34	34	34	34	34	34	

从表 3-6 看出，当时的幼稚师范科的教学计划有三个特点：其一，课程设置是重文轻理，在所开设的 22 门课程中，理科仅两门，且理化合并，学生自然科学知识学得比较少。其二，各科课时安排是重教育课轻文化课。文化课、教育课和艺体课各占总课时的比例为 36 ∶ 41 ∶ 23，学生学习的重点是教育理论和保育技能。

（2）实行幼稚师范生会考制度。为了严格培养幼稚园的师资，保证幼稚师范毕业生的合格率，从 1932 年 12 月开始，对幼稚师范生实行会考制度，也就是在幼稚师范生毕业之前，由国家统一设置考试科目。统一考试的科目有：公民、国文、算学、历史、地理、生物、化学、物理、教育概论、儿童心理、幼稚园教材及教学法、保育法。毕业会考由国家统一命题，会考成绩占毕业成绩的 50%。会考三科不及格者，令其留级，一科或二科不及格者，不予颁发毕业证书，必须参加下次毕业会考通过后方可毕业。实行会考制度，也就意味着从源头上控制了幼稚师范生的素质。

（3）确定幼稚师范及幼稚园教员的任用标准。20 世纪 40 年代，对幼稚师范教员和幼稚园教员的任用就有了明确的规定。按“中学及师范学校教员检定办法”的规定，幼稚师范科的教员，必须具备下列条件之一才可任教：国内外师范学院或师范大学毕业生；国内外大学研究院期满得有硕士或博士学位者；国内外大学教育学院或其他院系毕业曾修习教育学科 20 分以上有证明书者；国内外大学各院系高等师范本科或专科毕业有一年以上教学经验者。如所规定的条件不够，便要参加并通过儿童心理学、保育法、教育测绘与统计、幼稚园行政、幼稚园教材及教学法的考试方可任用。对幼稚师范教员的严格任用，也就意味着提高了对幼稚师资培养者素质的要求。

幼稚园教员的标准有三种：幼稚师范学校毕业或幼稚师范科毕业者；经过幼稚园教员的笔试、口试和实习等项检定的合格者；具有以下各项资格之一者：师范学校各科系、旧制师范学校本科、高级中学师范科、特别师范科或乡村师范学校科毕业者，高等师范学校、专科学校、师范专科学校或大学专修毕业者，国内大学教育学院教育科系、师范大学或师范学院毕业者，体育学院毕业者，乡村师范学校本科、简易师范学校或简易师范科毕业者。

1946 年 11 月，南京国民政府教育部公布国民学校教员（包括幼稚园教员）检定办法。规定试验检定分笔试、口试或实习各项，各省、市行政机关必要时得举行体格检查。笔试科目如下：公民、国语、算术、本国史地、教育论、有关的各科教材教法。试验检定成绩以满 60 分为及格，笔试占 70%，口试或实习占 30%。检定合格期为四年，3 次以上有成绩及格证明者发给长期合格证书。

（4）发展幼稚师范教育。由于新学制中对中等教育实行综合中学制度，师范学校很多都被并入高中，成为高中的一个科，幼稚师范教育更不受重视。为此，陶行知和陈鹤琴等大力呼吁，敦促政府重视学前教育，加强幼稚师资的培养。在这种情形下，政府才逐渐重视幼稚师范教育，开始着手创办幼稚师范，并陆续出台与幼稚师范教育相关的政策法规，幼稚师范教育又开始缓慢地发展起来了。江苏省立第一女子师范学校在校长张默君的主持下，设立了幼稚师范科。1927 年以省立各中学、师范改行合校制，该校改称南京女子中学。幼稚师范仍在女子中学办理，幼师学制为两年。

1940 年 10 月，我国第一所独立的公立幼稚师范学校——省立实验幼稚师范学校，诞生于江西泰和县的文江村，校长是陈鹤琴。该校于 1943 年定为国立幼稚师范学校，为当时全国 10 所国立师范之一。1943 年，国立江西幼稚师范学校增设专修科，并于 1946 年迁往上海独立设校。其培养目标为：第一，培养学生能和谐地生活，有创造的朝气；第二，培养学生有办理幼儿教育阶段各部门的能力;第三,培养学生有办理幼稚师范的能力;第四,培养学生能任教幼稚师范专业科目及普通师范教育科目的能力。其课程既注重专业修养,又注重人生活动,并将教学与研究相结合,开展关于幼儿生理的发育、心理的发展、营养、衣服、健康和幼儿园的设施教导、行政组织、玩具设备、师资培养及父母与兄姊教育等项目的研究。该校于中华人民共和国成立后并入南京大学师范学院,成为全国高等师范学校内唯一独立设置的幼儿教育系,1952 年院系调整时,又并入南京师范学院,仍为幼儿教育系。

与此同时,一些由私人设立的幼稚师范也不断出现。如厦门集美幼稚师范学校(1927)、南京晓庄幼稚师范院(1929)、北平幼稚师范学校(1930)、上海幼稚师范学校(1930)等。这些幼稚师范在办学方面各具特色,在我国学前教育发展史上占有比较重要的地位。

根据上述民国时期幼稚园的师资要求及培养政策,以及一些具体的实施办法,我们不难发现:民国时期对幼稚园师资的选拔、训练、聘用、检定、管理都有着严格而明确的要求,使得中国幼稚园师资培养向严格化、标准化迈进了一大步,这在当时的历史条件下实施起来的确是一件相当困难的事情。一个国家要提高国民素质,促进教育事业的发展,必须首先提高师资的水平,严格把好这一关。从这个角度看,民国时期在幼稚师资要求与培养政策等方面是正确的,而且,对当前学前教育事业的发展仍然具有借鉴的价值。

第三节　苏区和边区的学前教育

苏区和边区的学前教育,指的是在中国共产党领导下,从 1927 年大革命失败以后,至 1949 年中华人民共和国成立以前的学前教育,先后经历了第二次国内革命战争时期、抗日战争时期和解放战争时期三个阶段,历时 20 余年。中国共产党历来非常关心儿童,重视学前教育,从建党初期到国内革命战争,从抗日战争到解放战争,先后建立了井冈山农村革命根据地,湘鄂赣、陕甘宁、晋察冀、晋冀鲁豫等抗日根据地以及山东解放区、华中解放区等边区革命根据地,根据不同时期不同的政治、经济制度制定了不同的教育方针、政策,举办了各种类型的学前教育机构,满足了不同历史条件下的社会需求,培养了一支特殊的保教队伍,为新中国学前教育事业的发展积累了宝贵的经验。从时间上看,解放区的学前教育与民国后期国统区的学前教育是在同一个时间段,却与国统区的学前教育有着根本的区别,所以有必要把苏区和边区的学前教育作为一种特殊的学前教育来加以介绍。

一、学前教育的方针与政策

(一)从建党初期到第二次国内革命战争时期的学前教育

1. 解放妇女,建立学前教育机构

1922 年 7 月,中国共产党在第二次全国代表大会宣言中制定了关于妇女的法律:保护女工和童工;废除一切束缚女子的法律,女子在政治上、经济上、社会上、教育上一律享受平等的权利。1927 年大革命失败以后,中国共产党在中华民族生死存亡的危急关头,高举革命旗帜,领导人民建立了井冈山农村革命根据地。在中国共产党的领导下,根据地的妇女摆脱了千百年来的束缚,精神抖擞地投身到革命战争和生产第一线。妇女的解放迫切要求建立专门的学前教育机构。为此,中国共产党在制定一系列解放妇女的法律的基础之上,又制定了一系列发展学前教育事业的方针政策。1927 年 9 月,中国共产党在《江西省革命委员会行动纲领》中已将建立学前教育机构作为解放妇女的措施提了出来。此纲领明文规定:"建立一般未达入学年龄的机关(如儿童养育院、幼稚园等),以利增进社会教育和为解放妇女的目的。"

2. 保护妇女权益,促进儿童发展

为了保护妇女的合法权益,中国共产党又相继出台了一系列的政策与法律。1931 年,中华苏维埃共和国劳动法中规定:哺乳的女工除享受本劳动法第二十三条所规定的休息外,每隔三点钟,可休息半点钟来哺小孩,并不得克扣工资;在工厂内设立哺乳室及托儿所,由工厂负责请人看护。随后,党多次在不同的文件中提到组织儿童院、幼稚院,设立哺乳室及托儿所、保育院等多种形式的学前教育机构。1932 年,湘鄂赣省苏维埃政府颁布了一个普通教育学制,将幼稚园列入学制体系,规定 3—7 岁儿童入幼稚园。为使 3 岁前婴儿在有专门知识的保姆保育下适当生活,让保姆白天为劳动妇女看护婴儿,应适应实际情形设立保育院。1933 年,全苏区教育大会上提出了目前苏维埃的教育政策,其中第四条规定:建立一般未达入学年龄的机关托儿所、幼稚园等,以达到增进社会教育和解放妇女的目的。1934 年,梁柏台起草的《托儿所组织条例》指出:组织托儿所的目的是为了改善家庭生活、替妇女担负婴儿一部分教养的责任,使每个劳动妇女可以尽可能参加生产及苏维埃各方面的工作,使儿童能够得到更好的教育和照顾。《托儿所组织条例》的文件精神,明确地表达了这一时期开办托幼机构的社会职能和根本任务,即解放妇女,解放生产力,培养革命后代,促进儿童发展。

(二) 从抗日战争至解放战争时期的学前教育

1. 为战争服务,抚育烈士遗孤,解决后顾之忧

抗日战争爆发后,随着战火的蔓延,不少儿童成为失去父母的孤儿。这就使抚育烈士遗孤、收养难童成为当时的迫切需要。同时,由于革命根据地不断壮大,为支援前线、开展生产,参战参干的女干部越来越多。为了解决干部和将士的后顾之忧,学前教育机构又承担起了抚育烈士遗孤、培养革命后代的责任。为此党明确提出"重视保育事业,抚养革命后代"的学前教育方针,并在政府机构中专门建立了负责儿童保育工作的机构。1938 年,为抢救儿童,支援抗日战争,在武汉成立了中国战时儿童保育会。同年 8 月,在陕甘宁边区成立了分会并设立了第一所儿童保育院,收托抗战将士的子女。

到了解放战争时期,中国革命已从局部胜利逐渐走向全国胜利。为了使教育工作更好地为解放战争和土改工作服务,边区政府于 1946 年 12 月 10 日颁布了《战时教育方案》,号召"各级学校及一切社教组织,亦应立即动员起来,发挥教育上的有生力量,直接或间接地为自卫战争服务"。这一总的教育方针,也是学前教育发展的方针。

新中国成立前夕,党对儿童保育工作又及时作出新的指示。1949 年 3 月 24 日,在中国妇女第一次全国代表大会上,康克清同志做了《关于儿童保育工作》的报告。她指出:"对于我们妇女来说,保育儿童的工作,更是我们迫切而重要的任务。在我们新解放区和即将解放的地区,那里有成千上万的孤儿、难童需要救济与安置。城市中女工和职业妇女也要求给孩子适当的保育和教育,以便使她们能专心地参加国家的各种建设事业。在农村中,需要我们扫除迷信,推广妇婴卫生。这个任务是伟大的、艰巨的。"新的指示不仅符合当时形势的需要,同时也为不久即将成立的中华人民共和国发展保育事业指明了方向。

所以,为战争服务、抚育烈士遗孤、解决后顾之忧,是战争时期学前教育的特殊任务。

2. 建立教育机构,实行儿童公育制度

1941年,陕甘宁边区政府制定了《陕甘宁边区政府关于保育儿童的决定》(下面简称《决定》),《决定》中指出:建立管理(保育行政)组织,在区民政厅设保育科,添设保育科员一人,区乡政府内添设保育员一人,专司孕母、产妇、儿童的调查、登记、统计、卫生奖励、保护等工作。

《决定》中要求在边区实行儿童公育制度,要求将学前教育进一步推向民间,对托幼机构的建立与管理也作出了具体而明确的规定:在民政厅设保育科,以加强对保育工作的管理,并为保育院、托儿所优先提供较适宜的住房、食品、医药等物质条件。随着形势的发展,抗日战争后期,儿童公育的制度更加明确起来。1945年,边区保育工作方针明确提出:① 建立儿童公育制度,凡抗战将士及一切机关工作人员的子女,一概由政府抚育,以便使家长都能专心致力于抗战建国事业;② 全面推进保育工作,使这个工作能普遍深入到民间去,为全边区儿童谋福利。

在中国共产党的正确领导和大力支持下,抗日根据地及华北、东北解放区的学前教育迅速发展起来,各地纷纷设立各种不同类型的托幼机构,一些比较正规的托幼机构也相继落成,如陕甘宁边区第一保育院、延安第二保育院、胶东育儿院、华东第一保育院等。据1945年的统计,陕甘宁边区有托幼组织90多个,在幼稚园中享受公育的儿童有1 180余名。

3. 重视保育事业,抚养革命后代

在那个战火纷飞的年代,尽管物质条件十分匮乏,边区政府依然提出了“孩子第一”的口号,党和政府领导人也对托儿所、保育院给予了极大的关怀和支持。毛主席曾亲自题词:“好好保育儿童。”周恩来多次亲自批阅保育院给全国保育总会申请拨款的报告。1946年,国民党大举进攻延安,党中央暂时撤离延安时,首先让儿童转移。正是有了党和政府的高度重视和有力扶持,解放区的学前教育才得以不断发展。

总之,中国共产党针对不同历史时期政治、经济、文化形势的具体情况,结合儿童的需要,制定了正确的学前教育事业发展的方针政策。党和政府的正确领导不仅使得学前儿童受到良好教育,同时,还出色地完成了为革命战争服务、为生产服务、培养革命后代的光荣任务,取得了令人瞩目的成绩,为新中国学前教育的改造和发展奠定了基础。

二、边区托幼机构的主要形式

在解放区,为了适应革命战争和生产的需要,党和政府在为学前教育制定正确方针政策的同时,还因地制宜地创建了各种类型的托幼机构。

1. 寄宿制的保育院、托儿所

寄宿制的保育院、托儿所大都设立于环境比较安全、条件比较优越的后方,收托前方的军政干部子女、烈士子女及后方的机关干部子女。这类托幼机构在各个解放区都有建立,如:延安第一保育院、延安第二保育院、洛杉矶托儿所、延安机关托儿所、晋察冀边区和平保育院、冀鲁豫保育院、兰家坪托儿所等。

2. 全日制托儿所

全日制托儿所是由机关、工厂、学校等自办的托幼机构,通常设在单位内部,收托本单位职工子女,规模小,设备简单。如中国女子大学、中央党校、中央医院、中央组织部、统战部、边区银行、印刷厂、被服厂、晋绥机关等都办了托儿所。在这类托儿所,每天母亲们上班时将孩子送到婴儿室,由保育员看管,晚上孩子由母亲自己照管。

3. 日托变工托儿所、哺育室

设立日托变工托儿所、哺育室主要是为了满足生产和工作需要，它是根据劳动妇女的要求，由母亲们自己组织起来，母亲轮流值班，或由老年妇女照看幼儿的一种托幼形式。因为妇女都要参加劳动生产，又缺乏专门的保教人员，便采取了变工形式，组织部分母亲专门进行管理孩子的工作，她们的生产任务则由送托孩子的母亲分担，如被服厂女工变工带小孩。晋绥机关托儿所等均是由母亲变工互助办起来的。

4. 小学附设幼稚班(园)

小学附设幼稚班(园)是为那些不满入学年龄的儿童举办的，一般属于半年至一年的学前教育。因为其哥哥姐姐上学，就将他们带着上学校设的幼稚班，这样可以不影响父母的生产劳动。这些附设于小学的幼稚班，虽然附设于小学里，但其课程和管理方法与小学生有所不同，增加了唱游的时间，还采用图画和游戏的教学方法，所以深受儿童和家长的欢迎。

5. 化整为零的托幼组织

化整为零的托幼组织主要存在于战争环境、形势不稳定的地区：局势较稳定时，就将孩子集中在一起，局势紧张时，保教人员和孩子便三三两两化装隐蔽在老百姓家中。这种形式的托幼组织在晋、鲁、冀、豫根据地最多。如晋察冀豫托儿所、冀南保育院、山东托儿所等，在敌情严重时，就把孩子分成几个小组，分散到老百姓或干部家中，由群众保护起来，以免敌人迫害。在这种组织中，负责人经常化装成货郎或亲戚去检查工作、探望孩子，把保育费和伙食费交给老百姓。

6. 私人设立的托儿所

解放战争时期，在党和政府鼓励下，还出现了一些由私人出资举办的托幼机构。据东北地区统计，1947 年 6 月—1949 年 7 月，该地区先后举办了私立敏山托儿所、私立新民托儿所等 9 所托幼机构。

7. 混合类型的托幼组织

在战争期间，为了满足群众与儿童的特殊需要，还举办了一些全托和日托并存的托幼组织。如解放战争时期，延安群众报社托儿所最初是全托(寄宿制)，后来根据吃奶婴儿的需要和有一般疾病的孩子母亲的要求，同时又举办了厂日托班，收托这部分儿童。

这一时期，各种类型的学前教育机构都有了迅速发展。据陕甘宁边区 1945 年统计，已有托幼机构 90 多个，受公育儿童有 2 110 多名，其中寄宿制托儿所、保育院有 1 180 多名，全日制的机关托儿所有 930 多名。1946 年年底，延安日间托儿所发展到 22 个。1948 年仅陕甘宁边区家属队，就举办了 5 所全托的托儿所，共收儿童达 146 名。在其他解放区，也相继成立了各种托幼机构。如冀鲁豫保育院创办于 1948 年 6 月，收 2—3 岁儿童共 41 名。又如东北地区 1948 年成立了哈尔滨保育院。据 1948 年 9 月统计，东北地区以延安经验为基础的托儿园所共有 48 个，收托儿童 5 494 名。

以上所介绍的各种类型的托幼机构，虽然其形式、性质各不相同，但都承担了相同的社会功能，都对革命事业做出过特殊的贡献。它们不仅解放了成千上万的妇女干部和劳动妇女，使她们全身心地投入到革命工作、生产和学习之中，还使儿童得到了更好的养护和教育；支持了革命战争，培育了革命后代，还锻炼出一支坚强的保教队伍，为新中国学前教育事业的发展储备了宝贵的人才资源。

三、苏区和边区学前儿童的保教目标、内容与方法

苏区和边区学前儿童的保育和教育工作根据战争时期的形势和学前儿童的年龄特点提出了不同的培养目标和具体内容。不同的历史时期，教育目标也有所变化。土地革命战争时期，学前教育的目的是：改善家庭生活、替妇女担负婴儿一部分教养的责任，使每个劳动妇女可以尽可能参加生产及苏维埃各方面的工作，使儿童能够得到更好的教育和照顾。① 抗日战争时期，学前教育的目的在原有基础上增加了新的内容。如延安第一保育院在抗战时期提出的培养目标就是："增进孩子的身心健康和快乐，培养其优良的习惯和行动，使成为抗战建国中优良的小国民。"②在解放战争时期又提出了"锻炼儿童革命的观点与作风，培养儿童活泼愉快的心情、健康坚实的体格，陶冶勇敢老实的个性，增进儿童智识训练，手脑并用，使成为未来新中国健全的主人公"的培养目标。③ 可见，由于战争形势的不断变化，加上艰苦恶劣环境条件，苏区和边区的学前教育在目标、内容、原则与方法上很难有一个统一的标准，虽然如此，保育儿童身体，培养良好习惯，发展儿童智力，却一直是老解放区各个时期所力求实现的教育目标。这个目标也就成了选择教育内容和方法的基本准则。

（一）学前儿童保育的内容与方法

1. 重视学前儿童的营养

苏区和边区的物质条件是十分紧张的，尽管如此，党和政府还是提出了"一切为了孩子""孩子第一"的口号。各托幼组织都把保证儿童的营养作为儿童保育最主要的工作内容，想尽一切办法要让孩子吃饱、吃好、吃得有营养。在苏区和边区，儿童的待遇高于一般工作人员和战士，他们享受与伤病员同样的优惠待遇，平时有肉吃，有鸡汤、牛奶或豆浆喝，还能吃到白面。据《新华日报》1944 年 8 月 13 日报道：保育院的每一名儿童每月供应标准是：鸡一只、大蒜 4 斤、油 1 斤半、鸡蛋 30 个、蔬菜 30 斤，还有水果，如梨、苹果、桃子、番茄、西瓜、枣等。为了科学地保证营养，根据儿童的不同情况，制订每周食谱。

1946 年，国民党部队进犯解放区时，延安保育院、托儿所带领儿童转移。在敌机轰炸之中，保教人员尽力保护孩子们的营养品；在大生产运动中，也曾千方百计地饲养家禽和家畜，种蔬菜，开磨坊和粉房，纺线织布，力求做到使孩子们丰衣足食，坚持三餐一点，粗粮细做，科学调理儿童的饮食；解放战争时期，经济非常困难，从 1946 年 3 月起暂时停发各托幼机构的经费，但当时各保育院、托儿所一方面紧缩开支，另一方面进行各种生产，尽量保证儿童的生活供应；当国民党大举进攻延安时，几个寄宿制托儿所在撤离前都提出了行军中"保证孩子们营养"的口号，为儿童做了充分的物质准备，在行军途中，保教人员自磨豆浆代替牛奶，自产豆芽，自做豆腐，还利用休整期间开荒种菜，喂猪养羊，想方设法保证儿童能够得到比较充分的营养。

2. 制订合理的生活管理制度

为了养成儿童良好的生活及行为习惯，苏区和边区的托幼机构根据儿童的年龄特点和不同的季节制订了合理的生活作息时间表，以保证儿童身心健康成长。

---

① 中国学前教育史编写组. 中国学前教育史资料选[M]. 北京：人民教育出版社，2002：334.

② 中国学前教育史编写组. 中国学前教育史资料选[M]. 北京：人民教育出版社，2002：369.

③ 孙爱月. 当代中国幼儿教育[M]. 福州：福建人民出版社，1991：13.

此外，各托幼机构还建立了一系列有关儿童保育的规章和管理制度，如工作时间制度、早晚照料儿童制度、日班和夜班职责规定、交接班制度、各科室干部及保教人员职责的规定等。在管理上，他们还坚持教务与总务统一领导，要求保育员、教师、卫生保健人员各执其责、相互配合，推行“保教合一”“保教卫三位一体”的制度，使整个保育工作的进行既分工明确，又相互协作。

3. 加强疾病的预防与治疗

由于苏区和边区的生活条件很差，卫生条件又极艰苦，缺医少药的情况非常普遍，所以，在防病治病上，政府采取了以预防为主、治疗为辅的方针，建立严格的体检防疫和隔离消毒等卫生保健制度，尽量做到早发现、早隔离、早恢复，战胜种种疾病，保护儿童健康。在此方面，解放区托儿所建立了一套严格的体格检查、检疫、消毒、隔离、预防接种制度，积累了丰富而宝贵的经验，对我们今天的学前保育工作也是很有借鉴意义的。

4. 加强儿童的身体锻炼

在预防疾病的同时，还注意加强儿童的身体锻炼。在苏区和边区，因条件限制，锻炼器械不足，保教人员就充分利用自然环境，因地制宜地开展多种形式的身体锻炼。各托幼机构一方面经常组织孩子们到山坡、河边、沙滩进行三浴锻炼，另一方面，保教人员利用现有的资源，为儿童开辟游戏场，利废利旧，设法安装秋千、滑梯、木马、荡船，修建沙坑，提供沙口袋、小手榴弹、霸王鞭、皮球等，为儿童营造锻炼的环境。此外，保教人员坚持组织儿童出早操、上体育课，保证每名儿童都有一定的锻炼时间。

在各托幼机构领导的重视和全体保教人员的共同努力下，苏区和边区学前儿童保育工作取得了丰硕的成果。因为有了严格而规律的生活制度，坚持锻炼身体，营养也有相当的保证，儿童个个精神饱满，肤色黑红，体格强壮，发育良好，死亡率极低。

（二）学前儿童教育的内容与方法

苏区和边区的学前教育本着保教合一的教育原则，从儿童的实际年龄特点出发，对学前儿童实施德、智、体等多方面的教育，以促进儿童身心全面发展。

1. 德育

品德教育是苏区和边区学前教育的重要内容。如延安第一保育院在实验总结的基础上曾提出了以下品德教育的目标：① 教导儿童了解父母参加革命的苦心，并继承其艰苦奋斗的精神；② 教育儿童认识中国革命的敌人，并培养其对敌人仇恨的心理；③ 教育儿童热爱劳动，敬爱劳动人民，并特别关心帮助劳苦群众；④ 培养吃苦耐劳、勇于自我批评的精神；⑤ 启发儿童养成自己管理自己的能力，并关心团体的利益；⑥ 启发儿童养成团结友爱、互助互让的优良作风，使其身心均衡发育。

可见，苏区和边区的品德教育目标是多角度、多层次的，特别是对爱国主义、行为习惯、劳动教育等多方面的目标提得非常具体。为了培养儿童的集体观念，保育院让所有的儿童参与集体生活，从小就注意养成儿童有事大家做、有饭大家吃的良好习惯。为了对儿童进行爱国主义教育，树立他们革命的阶级观点，保教人员通过讲故事、看图画报等各种方式来激励儿童仇恨敌人、热爱群众的心情。为了使儿童粗浅了解抗日救国的一般道理，保教工作者对爱国主义教育提出了具体的要求：用日本侵略者残暴行为的事例，教育儿童仇恨一切侵略者；用抗日将士英勇杀敌的故事和人民团结抗战的故事，教育儿童热爱祖国，热爱抗战救国的战士和人民；用盟国反攻力量雄厚的事实，教育儿童树立抗战必胜的信心；用劳动英雄建设边区的故事，教育儿童热爱边区和边区人民;用长征中的小故事和革命先烈为革命壮烈牺牲的事迹,教育儿童热爱中国共产党和革命领袖。在劳动教育方面,主要内容有:自我服务,为集体、为同伴服务,手工劳动,观察和参加一些成人劳动。为了使儿童懂得米、麦、油、盐、布匹、棉花是哪里来的,保教人员经常带儿童到田野间去参观劳动人民辛勤耕作、管理庄稼的情形,带他们到工厂作坊去看毛驴拉磨磨面、机子织布的劳动过程,进而教育他们爱护衣服、鞋袜及用具,并让他们开展一些适合于身体特点的劳动。

在实施品德教育的过程中,保教人员从情感教育出发,与每名儿童建立了深厚的感情,把深刻、抽象的道理渗透在亲切的诱导之中,收到了良好的效果。在大量实践工作的基础上,老解放区的保教工作者还总结出很多品德教育的原则:

第一,以情感教育为基础的原则。每个保教工作者对待儿童,其态度都极其慈爱温和,怀着慈母般的心,从生活上、健康上处处关心儿童,使其感到保育院是个温暖的大家庭。保教工作者与儿童建立了深厚的感情,通过感情的启发和渐次的诱导来渗透教育内容,从而收到良好的效果。

第二,与生活教育相结合的原则。保教工作者根据儿童的实际生活体验给予启发与教育,经常带领儿童走出教室,走进大自然,贴近生活,以儿童的亲身感受与体验来激发儿童的兴趣。一旦发现儿童的不良行为习惯,就及时给予教育。

第三,尊重儿童的独立性的原则。树立正确的儿童观是进行品德教育的重要前提。儿童不同于成人,他们是独立的个体,他们有自己鲜明的个性,有自己独特的思想。在进行品德教育的时候,要尽可能地多站在儿童的角度去易位思考,才能求得正确的教育方法,收到预期的教育效果。为此,每个保教人员都特别重视观察和了解儿童,尊重儿童的心理特点,因势利导地对儿童进行教育。

第四,坚持正面教育的原则。通过暗示、表扬、鼓励、奖励等方式,对儿童的进步,哪怕是极其微小的进步都要进行及时的正面评价,以强化儿童的积极行为,并避免消极的限制,使儿童从积极方面去努力,减少儿童犯错误的机会,有效地抑制幼儿的不良行为。另外,通过培养和鼓励模范儿童的办法来影响大家,用模范儿童的模范行为来刺激全体小朋友模仿,发动模范儿童和顽童交朋友,给他们讲道理。在利用模范儿童影响儿童的同时,保教人员也特别注意成人的榜样与示范作用,他们热爱儿童、热情诚恳、勤俭节约、艰苦朴素的优良品德对每个儿童都是最真实、最生动的正面教育。

2. 智育

智育主要包括知识教育与智力开发两个方面的内容。在苏区和边区,托幼机构曾对2—6岁儿童在知识方面提出了具体的要求:① 识别农作物60种,动物40种,颜色12种,形状12种;② 会单独表演唱歌,发表心里的话,讲简单故事和担任唱歌指挥;③ 能从1数到100,并能心算"3+5=8"之类加法;④ 识字50个,并会写自己名字;⑤ 对各种常识发生兴趣,并能简单地知道太阳、月亮、雨、雪。知道谁是朋友、敌人,吃、穿、用的东西是谁创造的。

另外,在儿童的认知发展方面,也提出了要培养儿童好奇、好问、好动、爱模仿、直率而有想象力的目标。

在教育内容方面,苏区和边区的学前教育基本上是以生活为教育内容,在教育工作实施过程中,把计划教育与兴趣教育并行结合起来,一方面注意儿童个性发展,培养具有特殊爱好的天才儿童,对他们的活动爱好给予保护与发挥的机会,另一方面也注意儿童的均衡发展。

在教学模式方面基本上采用单元教育法，以大自然和大社会为中心来设计和选择课程内容。实验证明，这种教学法还是很适用的，不仅可以加深儿童对某一个问题的印象和记忆，还适合学前儿童的认知特点，有利于提高儿童的学习兴趣。比如以“模范儿童”作为一个单元时，就讲模范儿童的故事，唱模范儿童的歌曲，开展选举模范儿童、奖励模范儿童的活动。由于教材来源比较困难，既得不到外界的援助，又没有多少参考书籍，因此全靠保教人员自力更生，大家动手来编写。在保教科儿童教育研究会的组织与领导下，先后编写了 24 个中心活动，即单元教学法的单元教材。教材的内容有常识、唱歌、游戏、讲故事、剪贴、观察等(表 3-7)。

表 3-7　1946 年上半年儿童常识教育中心内容①

中心单元	教学目的	儿童活动纪要
新年	使儿童知道长了一岁，应更多地懂事情，爱学习，欢迎新年	扭秧歌、贺新年、开同乐会、演戏
春来了	让儿童知道春天的自然界为什么那样生机勃勃，再讲到春耕、秋收	春节联欢、野外观察
敬爱师长	培养儿童孝敬父母、敬爱师长、讲礼貌的优良习惯	做请客游戏，让儿童谈师长爱他的情形
手的用处	从手的卫生，讲到手的用处，启示儿童爱劳动、勤做事的习惯	每人做一个手工
羊	使儿童明了羊的生活和功用	看羊群、挤羊奶
儿童节	勉励小朋友，学做好孩子，将来都是好公民	选举模范儿童，开会纪念，举行健康比赛
苍蝇和传染病	使大家了解苍蝇的危害而讲卫生	拍灭苍蝇
蜂和蚁	用蜂和蚁团结和谐之集体生活的故事，暗示儿童互相合群的美德	观察蜂窝、蚂蚁洞
蜘蛛	拿蜘蛛百折不挠的织网精神来陶冶儿童勇敢有为、胆大果毅的个性	观察蜘蛛织网，每人种一朵花，天天浇水
奇怪的天空	研究天空的变化，了解日、月、地球、云雨、雷电、空气等知识	观察天空，教员领导做各种实验
飞机来了	使儿童了解飞机能飞的道理及防空常识	观察飞机模型，演习防空

在课程进度方面，每一个中心单元进行的时间为两到三个星期，每研究一个单元都要进行一次复习、测验，看看儿童接受了多少，提出一些什么问题。一个单元结束后，再进行第二个。这样，半年可以完成八个单元的教学计划。由于每个年龄阶段的儿童认知水平发展程度都不

① 中国学前教育史编写组.中国学前教育史资料选[M].北京：人民教育出版社，2002：376.

相同，在设计单元教学内容时，其难易程度也不尽相同。

在教学方法方面，主要采用的方法有以下三种：

一是直观教学法。这种教学方法是以实际事物来教育儿童，使儿童获得明确观念的一种教学方法，触觉、听觉、味觉、视觉、嗅觉等都是直观教学的重要部分。如在中心教材为“兔子”的主题中，可借助对兔子的观察，让儿童对其形态、特征有一个明确而全面的认识。

二是比较教学法。这种方法就是将两个或两个以上的相似的事物放在一起认识，让儿童找出它们的相同或相似的特征的一种教学方法。这种方法能使儿童对所学的东西认识得更加正确，印象特别深刻，记忆格外持久。如在某周的中心活动（“鸭子”单元）中，通过将鸡与鸭子比较，从而加深儿童对这种动物特征的认识。

三是三化教学法，即故事化、游戏化、教学歌曲化等三位一体的教学方法。故事是适合儿童学习特点的，在单元教学中通过故事形式进行教育，很容易激发儿童的情感，引起他们学习的兴趣；游戏是儿童的天性，也是其生活的重要组成部分，采用游戏的方法，不仅可以锻炼儿童的筋骨，健全其肌肉，还可以培养其自治互助、团结友爱、勇敢独创等多方面的品质；歌曲可以陶冶儿童的性情，调剂儿童的生活，将教学内容与歌曲融为一体，寓教于乐，能够收到良好的教学效果。

四、苏区和边区保教队伍的建设

苏区和边区的保教人员主要来自农村劳动妇女。她们文化水平不高，有的甚至是文盲，不了解保育工作的意义，也没有受过集体思想教育，更没有受过专门的业务训练。针对这种状况，苏区和边区十分重视师资的培养和提高，采取了多种形式，对保教人员的思想素质、文化素质和专业技术水平加强培训。

加强保教人员的思想教育，主要是使其了解保育工作的意义，真正认识到保教工作是革命工作的一个重要组成部分。为此，党政领导经常给保教人员做报告，讲保教工作的重要性，并亲自视察、指导工作。有关方面还通过多种方式提高保教人员的政治待遇和社会地位，以不断激励其工作的积极性。

提高保教人员的文化水平是苏区和边区保教队伍建设的一项重要任务。文化教育的第一步就是对不识字的人员进行扫盲，然后有计划、分层次地培训保教人员读课文、造句、写日记、写书信、写短文、写文章、学认一些英文字母和词汇等。各托幼机构建立了学习、考核、奖励等制度，有的还专门配备了文化教员，以帮助和促进保教人员文化水平的提高。

专业技术的教育就是学会管理和教育儿童的技能与方法。为了尽快改变保教人员业务状况，各托幼机构组织保教人员学习儿童心理、儿童管理、儿童卫生等知识，有的托幼机构通过短期培训、在职业务学习等方式组织对保教人员进行专门的教育方法与技能的训练。1938 年战时儿童保育会成立后，开办了保育训练班，吸收了一些能吃苦并受过相当师范教育的、有护理常识的女同志，予以特殊的培训。1941 年，陕甘宁边区民政厅就曾举办过保育训练班，为期一年。学习课程有医药卫生、接生、保育知识、文化、政治，学习形式有上课、参观、实习、见习、集体讨论、小组研讨、个人钻研等。这些短训班在一定程度上缓解了老解放区保教人员专业技能不足的压力，对提高保教人员的教育水平起到了积极的作用。此外，在有些托幼机构，如第一保育院，还成立了幼教研究小组，开展了在职保姆训练班等形式的在职培训。学员们通过边工作边学习的方式，也能使自己的专业水平有所提高。

通过以上几方面的培养与训练，苏区和边区保教人员的思想素质、文化水平、业务能力都有了明显提高，一支既有崇高的革命理想又有一定的保教专业知识的保教队伍逐渐建立起来了。

本章小结

1904年，我国颁布实施了中国第一个近代学制——癸卯学制。学制规定，学前教育实行蒙养院制度，从此，我国的学前教育开始摆脱家庭教育的基本形式，逐步向近代教育发展。随着壬戌学制的颁行，确定了幼稚园制度。苏区和边区在20余年的历程中，建立了独特的学前教育体制，培训了一支新型的保教队伍，为中华人民共和国成立后学前教育的改造和发展奠定了良好的基础。

思考题

1. 中国学前教育社会机构产生的历史背景是什么？
2. 蒙养院制度是怎样随着癸卯学制的产生而确立的？
3. 蒙养院的师资是怎样培训出来的？有哪些局限性？
4. 蒙养园制度是怎样随着壬子·癸丑学制的产生而确立的？
5.《幼稚园课程标准》的主要内容是什么？有何意义？
6. 民国时期幼稚师资的培训与检定对当前的学前教育有何借鉴意义？
7. 苏区和边区的学前教育机构的主要形式有哪些？
8. 苏区和边区学前儿童教育的内容和方法主要有哪些？有何借鉴作用？
9. 苏区和边区是怎样建设保教队伍的？对当前的学前师资培养有什么启示？

拓展阅读

1. 中国学前教育史编写组. 中国学前教育史资料选[M]. 北京：人民教育出版社，2002.

本书选编了自古代原始社会到1949年新中国成立期间的中国学前教育史资料，内容包括古代文献中有关儿童教育的记载、近现代教育家的论述、政府发布的法令规程、各种教育类型学前教育机构的教育实施情况、大事记等。

2. 陈元晖. 老解放区教育简史[M]. 北京：教育科学出版社，1981.

本书叙述了老解放区教育发展的历史。全书分为三编，依次介绍了土地革命战争时期、抗日战争时期和解放战争时期的教育。

第四章　中国近代学前教育思想

学习目标

1. 了解蔡元培的学前教育思想。
2. 掌握陶行知的生活教育、创造教育思想。
3. 了解张雪门的行为课程。
4. 掌握陈鹤琴的活教育理论和儿童心理发展理论。
5. 了解张宗麟对幼稚教育地位与作用的论述。

关键词

蔡元培　陶行知　张雪门　陈鹤琴　张宗麟　学前教育

经过近一个多世纪的摸索和研究，中国学前教育从封建家庭式的模式走向社会，并从半殖民地半封建式的学前教育逐渐发展成为一门中国化的独立的学科体系。在此期间，先后涌现了蔡元培、陶行知、张雪门、陈鹤琴、张宗麟等著名的教育思想家，他们所倡导的教育观、儿童观、学前教育方法论极大地丰富了中国学前教育的理论思想，为中国现代学前教育理论和实践奠定了良好的基础。

第一节　蔡元培的学前教育思想

一、生平及教育活动

蔡元培(1868—1940年)，字鹤卿，号孑民。浙江绍兴人。他6岁破蒙，17岁中秀才，23岁中举人，26岁中进士。甲午战争失败，激发了他的爱国主义思想，开始涉猎西书，学习日文，探求救国救民的真理。戊戌维新运动后，他深感清廷腐败，决心委身于教育，断然弃官归籍从教，改革教育，提倡新学。1901年后他历任中国教育会会长、爱国女校校长、北京译学馆教习；1907年自费赴德国留学，回国后任南京临时政府教育总长；1917年任北京大学校长，实行“思想自由，兼容并包”的办学方针，支持新文化运动；1927年任南京国民政府大学院院长，1929年任中央研究院院长。“九一八”事变后，他坚决主张抗日，与宋庆龄、杨杏佛等在上海发起组织“中国民权保障同盟”，任副主席，积极援救爱国志士。上海沦陷后，他移居香港养病，1940年病逝。毛泽东发唁电称：“孑民先生，学界泰斗，人世楷模。”

二、“五育”并举的教育思想

蔡元培在教育史上最著名的是其“五育”并举的教育观，这是对清末“忠君、尊孔、尚公、尚武、尚实”封建教育观的革新。五育是指：军国民教育、实利主义教育、公民道德教育、世界观教育和美感教育。

军国民教育,其社会意义是"强兵",从个人发展的角度说就是体育,它是养成完全人格的基础;实利主义教育,从个人发展的角度说就是智育,其社会意义是"富国",可以发展经济,提高社会生产力水平;公民道德教育对个人而言,它是构成人的道德认知、道德情感、道德意志和道德行为的关键,它是完全人格的根本,也是造就民族素质的关键。世界观教育,是培养人超乎现世观念的最高层次的教育,也是知、情、意、德、智、体诸者的统一体。由于实体世界"无以名之",所以世界观教育也不是通过一般说教可以完成的,只能是一种超越型的精神境界的修养,对这种说不出具体方法和内容的教育,最好的途径是通过美育来实施。所以五育中可以具体实施的只有德、智、体、美四育。美育,即"应用美学之理论于教育,以陶养感情为目的者也"。美育是引导人由现象世界通向实体世界的桥梁。

蔡元培将五育视为完整的有机整体。通过"五育"并举的教育,实现完全人格教育目标,这实际上就是蔡元培关于人的全面发展的理论思想。

三、"尚自然、展个性"的儿童教育观

蔡元培在反对封建旧教育对儿童的压制和摧残的同时,提倡尊重儿童、发展儿童的才能,这就是蔡元培的"尚自然、展个性"的儿童教育观。

蔡元培认为,教育是人们寻求解放、从狭隘走向广阔的过程。个性、独特性和多样性,既是教育的重要资源,也是教育追求的目标。蔡元培力倡"尚自然、展个性"的儿童教育理念,与他倡导的"五育"并举、实现完全人格教育目标的理论思想是一脉相承的,因为完全人格的个体需要靠力倡"尚自然、展个性"的教育来造就。

"尚自然、展个性"是蔡元培针对封建教育无视儿童的特点,违反自然,压抑、禁锢、束缚个性而提出的教育主张。1918 年,蔡元培发表了著名的《新教育与旧教育之歧点》讲话,表示了他对旧教育摧残儿童的身心和抹杀儿童的个性的做法深恶痛绝。他在深刻批判"以养成科名士宦之材为目的"的旧教育的基础上提出了新的教育目标,即全面发展的儿童教育思想。新的儿童教育目标是要培养儿童自立、自动的精神,使儿童德、智、体、美、劳全面发展,促进儿童身心的健康、协调和平衡。他认为新的儿童教育还要研究儿童,依据儿童的身心特点而循序渐进地实施教育。"与其守成法,毋宁尚自然;与其求划一,毋宁展个性。"所以要设立儿童实验教育研究所,借鉴托尔斯泰的自由学校、杜威的实用主义教育、蒙台梭利的儿童室等国外经验来研究中国的儿童教育。在教育方法上,新教育要摒弃注入式教学方法,强调启发式教学,特别是鼓励儿童自我探索,主动学习,学生自动、自学、自己研究的方法。在教育内容上,实施德、智、体、美、劳五方面的教育内容,促进儿童的全面发展。所以说,蔡元培这种崇尚自然、尊重儿童、让儿童自由发展的主张,也是学前教育领域内批判封建儿童观的思想武器。

四、平民教育与儿童公育的思想

蔡元培是我国最早倡导现代平民教育的代表。他所说的平民教育,就是我们所说的公民教育。

儿童教育是平民教育中的重要部分。蔡元培认为:社会要设立专门的机构由专业人士对儿童实施教育。比如说设立胎教院、育婴院、幼稚园等。1919 年,蔡元培在《贫儿院与贫儿教育的关系》这篇演说中,针对封建家庭教育的弊端,提出了他的学前儿童公育的理想。他认为"教

育是专门的事业，不是人人能担任的”[①]，他主张：不论哪个人家，要是妇女有了孕，便进胎教院。生了子女，便迁到乳儿院。一年以后，小儿断乳，就送到蒙养院受教育，不用其母亲照管。同时他还提出这些学前教育机构都要“由专门的卫生家管理”[②]，其设备如饮食、器具、花园、运动场、装饰的雕刻与图画、陈列的书报，也都要有益于孕妇或乳儿母亲的身体与精神。但是他也清楚地看到：当时还没有这种组织。依据这一事实，他便想先从贫儿院下手，认为要是贫儿院试办这种事情很有成效，那就可以推广到不贫的儿童了。可见，蔡元培是试图通过贫儿院的试验和推广，逐步以学前公共教育代替家庭教育，最终实现他的学前儿童公育的理想，这在当时无疑是办不到的。

五、蔡元培的美育思想及儿童美育的实施

蔡元培是我国美育教育的创始人。“美育”一词，最早就是由蔡元培从德文翻译过来的。他强调美育，是继承了我国礼乐教化传统，又着重汲取了西方近代教育的哲学思想的合理因素，并加以融会贯通。他认为，美育是引导人由现象世界通向实体世界的桥梁。美育的这种独特地位和作用是不可缺少的，是德育、智育、体育所难以取代的。

为什么美育能陶冶人的感情呢？这是由于美感具有普遍性和超功利性的特征。蔡元培认为，美育不但可以辅助德育的完成，而且可以促进智育的飞跃。当一个人沉浸于自然美的氛围或艺术美的意境时，就会消解占有的冲动而增进“创造的冲动”。所以他要求“知识以外兼养感情”“治科学以外兼治美术”，以体会人生的意义和价值，在科学研究中增添生动活泼的精神，激发创造的活力。

蔡元培不但从理论上倡导美育，主张“五育”并举与结合，主张“以美育代宗教”，即美育不依赖于宗教而独立地发挥作用，而且躬身实践，坚持不懈。他在北京大学亲自开设、讲授的唯一一门课程便是“美育”。蔡元培十分重视校园环境的美化，认为学校的校舍应择风景秀丽之区，因为学生求学于山明水秀之处，必定兴趣丛生，收到事半功倍之效。至于校园的建筑，他认为应取东西各国各种风格之长，以单纯雄壮为条件，与天然美相调和，并趋于实用。他也注重培植校园良好的人文环境，创办了各种学术团体和社会团体，如新闻研究会、音乐会、画法研究会、进德会、体育会、雄辩会、新潮杂志社、平民教育讲演团等，极其有利于学术的繁荣和人才的成长。他极力扶持、赞助各种与美育相关的学术研究社团，参与撰写了许多美育教育方面的文章。

在他 1922 年发表的《美育实施的方法》一文中，对儿童美育的实施提出了几个独特的思想观点，对我们当前的学前儿童教育仍有借鉴意义。一是关于把胎教作为美育起点的思想。他提出胎教要从公立的胎教院与育婴院着手，还提出了一整套关于公立胎教院的环境美育的设想，如公立胎教院要设在风景佳胜的地方，不为都市中混浊的空气、纷扰的习惯所沾染；建筑的形式要对称，要玲珑，四面都是庭院；有广场，可以散步，可以做轻便的运动；可以赏月观星；园中杂草莳花木，使四时均有雅丽之花叶，可以悦目；选毛羽秀丽、鸣声谐雅的动物，散布花木中

① 中国学前教育史编写组.中国学前教育史资料选[M].北京：人民教育出版社，2002：107.
② 中国学前教育史编写组.中国学前教育史资料选[M].北京：人民教育出版社，2002：107.

间……在院舍的墙壁上还应该陈列一些优美的雕刻和图画，一些健全体格的裸体像与裸体画，但不要使用过度刺激的色彩；孕妇每日都要选择优美的音乐来欣赏等。二是关于公共育婴院的美育设施意见。他认为：育婴院的建筑与环境布置，与胎教院大略相同，或可联合在一处。若在家庭里面，可按照上列条件进行家庭美育。三是关于幼稚园的美育实施意见。蔡元培把幼稚园视为"家庭教育与学校教育的过渡机关"。他认为在幼稚园里应该开展各种美育活动，使儿童不仅感受美，而且能表现美。幼稚园的美育，一方面通过舞蹈、唱歌、手工等"美育的专课"进行，另一方面也要充分利用其他课内含的美育因素。

总之，蔡元培的教育思想和实践充满了爱国主义的激情与民主、科学的思想，尤其是他所提倡的教育观、儿童观、儿童公育思想及对儿童美育的实施意见，对近代学前教育理论的发展产生了深远的影响，在反对帝国主义文化教育侵略、反对封建专制主义教育、寻求中国化的学前教育的斗争中起了重大的作用。他的思想在当时的社会历史条件下是超前的，当然也不免带有某些空想的色彩。但是，随着时代、历史向前推移，他的教育思想的价值和魅力却更加凸显出来。蔡元培的教育思想贯穿着对民主、科学、自由、个性的追求，充满了爱国主义激情；其教育实践中表现出不屈从压力、锐意改革、坚守信念的品质。如果说他民初改革封建教育、建立资产阶级民主教育制度反映的是当时时代对教育的要求，20 世纪 20 年代提倡教育独立是在教育面临深重危机下的一次无奈抗争，那么，他对北京大学的改革，不但包容博大、规模恢宏、影响深远，而且尤为凸显了他作为杰出教育改革家的远大理想和个性品质，塑造了他在一代学人心目中的精神表率和大学灵魂形象，至今光芒不减。

第二节 陶行知的学前教育思想

一、生平及教育活动

陶行知(1891—1946 年)，安徽歙县人，我国著名的人民教育家，原名文浚，又名知行。1910 年入金陵大学文科，1915 年赴伊利诺伊大学学习市政，后转入哥伦比亚大学研究教育，为杜威、孟禄的学生。1917 年秋季归国，先后任南京高等师范学校教授，东南大学教授、教务主任、教育科主任，兼任中华教育改进社主任干事。1923 年专任中华教育改进社主任干事，从事平民教育运动，在多处开办平民识字读书处和平民学校。1927 年后，积极提倡乡村教育运动，提出以普及乡村教育运动来改造中国乡村社会。在南京郊区晓庄创办试验乡村师范学校，培养具有改造自然、改造社会的活本领的教师，系统地提出了生活教育理论的基本观点："生活即教育，社会即学校""教学做合一"等。1930 年 4 月，当时政府以"勾结叛逆，阴谋不轨"为借口，武力封闭晓庄学校。陶行知受到通缉，被迫临时避难日本。1931 年春，他返回上海，任《申报》总管理处顾问，对当时《申报》的革新起了相当大的作用。

1931 年至 1935 年，陶行知提倡普及教育，发起"科学下嫁"运动，与丁柱中、高士其等主持编辑《儿童科学丛书》和《大众科学丛书》，并创办了《生活教育》，向人民大众介绍通俗科学知识。1932 年起，先后创办了山海工学团、晨更工学团、报童工学团、流浪儿童工学团，首创"小先生制"，成立"中国普及教育助成会"，开展"即知即传"的普及教育运动。1934 年主编《生活教育》半月刊。7 月，正式宣布自己的名字由"知行"改为"行知"。"九一八"事变后，陶行知积极从事抗日救亡运动。

1936年，陶行知当选为全国各界救国联合会执行委员和常务委员。1938年10月，参加国民参政会，致力于战时教育运动，并在重庆创办育才学校。

1938年12月，生活教育社在桂林成立，陶行知被选为理事长。1939年7月，在重庆附近的古圣寺为难童创办育才学校，培养有特殊才能的儿童。1945年加入中国民主同盟，任中央常务委员兼教育委员会主任委员。1946年1月，在重庆创办社会大学。1946年4月，在上海从事反内战、反独裁的民主运动。1946年7月25日，终因"劳累过度，健康过亏，刺激过深"，患脑出血逝世，终年55岁。

二、陶行知普及幼稚教育的思想

（一）立志创办平民教育

陶行知留学回国后就立志兴办教育，他的理想是"要用四通八达的教育，来创造一个四通八达的社会"。[①] 而实现这个理想的最好办法就是平民教育。他所倡导的平民教育运动简单地说就是"一个平民读书运动"，就是"要用最短的时间，最少的银钱，去教一般人民读好书，做好人"，[②]使中国平民人人都读书识字。

（二）积极普及幼稚教育

陶行知十分重视幼稚教育，认为幼稚教育是人生的基础教育，所以他主张，普及平民教育不仅要普及小学教育，也要普及幼稚教育；不仅是地主、贵族的子女上幼稚园，广大劳苦大众的子女也要上幼稚园。

1926年，陶行知提出让幼稚教育下乡的口号。在当时，实现幼稚园下乡是很难的事，因为当时国内的幼稚园有几种弊病："第一是仿效外国，不顾国情；第二是灌输宗教，制造成见；第三是费钱太多，非有钱的地方不能办；第四是学费太重，非富贵子弟不能进。"[③]陶行知对旧中国学前教育进行了无情揭露和猛烈抨击，并提出了一整套为劳苦大众子女服务的学前教育理论。他倡导建设中国的、省钱的、平民的幼稚园，并论述了工厂和农村是幼稚园之新大陆等。

1926年10月29日，陶行知在《新教育评论》上发表了《创办乡村幼稚园宣言书》，在批评当时幼稚园弊端的同时，提出了建立一个中国的、省钱的、平民的幼稚园的具体设想。此后，他就着手创办符合中国的、省钱的、平民精神的试验乡村幼稚园，供人参观、学习、推广。他选择燕子矶作为建立第一个乡村幼稚园的乡村，定名为"燕子矶乡村幼稚园"。开办该园的所有费用全部是由陶行知筹集的。继燕子矶幼稚园之后，陶行知又带领晓庄师范的学生，创办了晓庄幼稚园、和平门幼稚园、迈皋桥幼稚园、新安幼稚园等乡村幼稚园，广泛收托工农的子女入园，实行"来者不拒，不来者送上门去"的政策。此外，他还积极开展托儿所运动，为大众服务，解决他们的后顾之忧。

（三）提倡"科学下嫁"

陶行知认为普及教育的另一途径，就是提倡自然科学下嫁给广大的平民。他特别重视对

---

① 陶行知．陶行知全集．第5卷[M]．长沙：湖南教育出版社，1985：55.

② 陶行知．陶行知全集．第5卷[M]．长沙：湖南教育出版社，1985：55－56.

③ 陶行知．陶行知全集．第5卷[M]．长沙：湖南教育出版社，1985：133.

儿童的科学启蒙教育。他认为：中国的科学教育极其落后，要发动一场科学下嫁运动，首先就从儿童的科学启蒙教育开始。1931 年夏，陶行知在上海创办了“自然学园”，并组织编写了包括生物、化学、物理、天文、矿物、数学、农业、生理卫生等内容的《儿童科学丛书》。整套书籍通俗易懂，生动有趣，深受儿童的喜爱，目的是为了“引导小朋友把自己造成科学的孩子”。在科学下嫁运动期间，陶行知还在《申报》上发表了大量的科普文章，向人们宣传科学教育的思想，引导“儿童的母亲、儿童的老师”去支持儿童的探索活动。

（四）“小先生制”的创造与推行

“小先生制”是陶行知为了解决普及平民教育师资问题的“穷办法”。在上海他举办的“工学团”中，“小先生制”被广泛地采用，即用小先生把知识输送到不能入学校的穷孩子、穷人的队伍里去。陶行知所创造的“小先生制”在开展群众教育，特别是在师资奇缺的苏区和边区起到了很大的作用。

三、陶行知生活教育的思想

（一）生活教育的目标

陶行知在长期教育实践中得出这样的结论：“我们的实际生活，就是我们的全部课程；我们的课程，就是我们的实际生活。”什么是生活教育？陶先生对它的定义是：“生活教育是给生活以教育，用生活来教育，为生活向前向上的需要而教育。”从生活与教育的关系上说，是生活决定教育。从效力上说，教育要通过生活才能发出力量而成为真正的教育。陶行知在《晓庄三岁敬告同志书》中谈道：“生活教育的目标，分析开来，在乡村小学里，应当包含五种：一、康健的体魄；二、农人的身手；三、科学的头脑；四、艺术的兴趣；五、改造社会的精神。”①可见，他提出儿童的生活教育内容包括五个方面：康健的生活即康健的教育；劳动的生活即劳动的教育；科学的生活即科学的教育；艺术的生活即艺术的教育；改造社会的生活即改造社会的教育。

（二）生活教育的内容

陶行知认为：生活是一部活的教科书。生活中“活的人、活的问题、活的文化、活的武功、活的世界、活的宇宙、活的变化，都是活的知识之宝库，都是活的书”。陶行知创办的晓庄师范就是一所“以宇宙为教室，奉自然作宗师”的学校，“和马牛羊鸡犬豕做朋友，对稻粱菽麦黍稷下功夫”成了晓庄的重要课程。陶先生对此十分赞赏：“他头上顶着青天，脚上踏着大地，东南西北是他的围墙，大千世界是他的课堂，万物变化是他的教科书，太阳月亮照耀他的工作，一切人，老的、壮的、少的、幼的、男的、女的都是他的先生，也都是他的学生。”这种把课程融入生活、把生活引进课程的教育理念不仅符合儿童的认知特点，还能够极大地调动儿童的主动积极性。

在其生活教育理论指导下，他提出了“社会即学校”的思想。他极力主张把儿童从学校这个“鸟笼”中放飞到大自然中去自由翱翔，到生活的大风大浪中接受人生洗礼，学习人生之道，锤炼应付社会环境所必需的人格，学会适应天然环境和生活等所必需的知识技能。所以他特别强调给儿童参与实践的机会，并提出三条生活教育的建议：一是课程必须贴近儿童的生活经

① 陶行知．陶行知全集．第 2 卷[M]．长沙：湖南教育出版社，1985：444.

验，以提高他们的学习兴趣和自主、合作、探究的能力，改变课程脱离社会生活和儿童生活经验的状况和教育中的某些假大空现象。二是必须全面关注儿童的生活，给儿童生活以教育。生活中的课程随处可见，随时可遇，是全方位的，也是随机的，不确定的，有时往往是消极的，必须引导学生于一举一动前能下最明白的判断，把消极、落后的东西，转化为积极、前进的教育因素，达到以前进的生活提高落后的生活，以合理的生活替代不合理的生活，以有计划的生活克服无秩序的生活。三是必须大力挖掘和充分利用生活中丰富的、鲜活的课程资源，为综合实践活动课程、德育课程、科学课程等服务。

（三）生活教育的方法

陶行知创造性地提出了“做中学、做中教”（即“教学做合一”）的方法论。“事怎样做就怎样学，怎样学就怎样教；教的法子根据学的法子，学的法子根据做的法子”。“做中学、做中教”说明教与学都以“做”为中心。教育者必须了解生活，了解儿童的生活现状，了解生活发展的趋势、生活对人的要求的变化。所以，他极其重视实践，并提出“行是知之始，知是行之成”的口号，并改自己“知行”之名为“行知”。在教育方法论上，他特别重视儿童对知识的探索与实际运用能力的培养。

以“做”为中心的“教学做合一”理论，既是对生活的说明，又是教育的方法。陶行知对教育法演进过程中的“做中学、做中教”的地位是这样描述的：“教育法的演进大概可以分为四个阶段：第一个阶段凭先生教授，不许学生发问；第二阶段师生共同讨论，彼此质疑问难；第三个阶段，师生共同在做上学，在做上教，在做上讨论，在做上质疑问难；第四个阶段师生运用科学方法在做上追求做之所以然，并发现比现在可以做得好一些的道理。”在陶行知看来，“教学做合一”不仅是课程的教育方法，也是课程评价的重要标准。

陶行知身体力行，亲自实践，总结了一整套有关生活教育的理论思想，极大地丰富了我国学前教育的理论，他在这方面的研究符合学前教育的一般规律，在当前仍有指导意义。学前教育阶段是非正式学校阶段，强调寓教育于幼儿的生活之中，使生活无时不含教育的意义。从幼儿园一日活动来说，幼儿从来园、晨检、早操、作业、游戏、自由活动、散步、进餐、如厕、离园……每一个环节、每一项活动都是幼儿学习的过程，一日活动的内容就是幼儿学习的课程。陶行知主张的“教学做合一”的方法，也是很适合学前儿童学习的方法之一，它让儿童在活动中通过操作进行学习，教师在儿童的活动过程中进行教育、教学，能够切实有效地促进幼儿的发展。总之，生活教育的教育思想，不仅对当时学前教育的发展有着积极影响，即使是在现在，也是非常值得学习和借鉴的理论。

四、陶行知的创造教育思想

陶行知的教育思想中还有一个极其珍贵的思想就是他的创造教育观。陶行知尖锐地指出，中国旧教育“奴性”太多，它只能培养唯唯听命的奴才，而要担当起改造中国重任的新一代，必须是有主动性、自觉性、创造性的人。所以陶行知把培养人的创造精神、主动精神放在突出的地位，作为他的全部教育理论的出发点与归结点。早在《中国教育改造》的论文中他就提出：反对“沿袭陈法”，也反对“仪型他国”，他主张从中国的实际出发来办教育，从少年、儿童的不同特点来因材施教。与此同时，他还提出了六大解放的要求：一是解放儿童的头脑，让他们能够去想、去思考。把儿童的头脑，从迷信、成见、曲解、幻想中解放出来。二是解放儿童的双手，让他们去做、去干。爱动手是动脑、好奇、好学、好创造的表现。三是解放儿童的眼睛，让他们去观察，去看事实。四是解放儿童的嘴巴，使他们有足够的言论自由，特别要有问的自由，从问题的解答中可以增进他们的知识，充分发挥他们的创造力。五是解放儿童的空间，让儿童从鸟笼式的学校里走出来，去接触大自然中的花草树木、青山绿水、日月星辰，以及大社会中的士农工商、三教九流，自由地对宇宙发问，与万物为友，并向中外古今三百六十行学习，因为创造需要广博的基础。六是解放儿童的时间，使儿童做支配时间的主人。给他们一些空闲时间消化所学的，学一点儿他自己渴望要学的学问，干一点儿他自己高兴干的事情，使他们不致失去学习人生的机会，养成无意创造的意向。

为了造就富有创造才能的人才，陶行知提出了一些具体措施，比如给儿童充分的营养、建立良好的习惯、采取因材施教的教育方法等。陶行知的创造教育的思想，在那个时代是不可能完全变为现实的，但它却令人神往，即使在今天，也未尝没有可以效法之处。

五、陶行知对幼稚师范教育的改革

陶行知认为，师范教育要从中国现实生活出发，训练有生活力的教师，培养有生活力的国民，以征服自然、改造社会。师范学校应以中心学校为中心。“哪一种的中心学校，就有哪一种的师范学校：有幼稚园为中心的学校，就可以办幼稚师范；有小学为中心的学校，就可以办初级师范大学；有各种职业机关或学校做中心学校，就可以办各种职业师范。”在他看来，“师范教育段只有高等师范学校和师范学校两等”，幼稚师范教育当然也不例外。

陶行知主张要把旧的幼稚师范改造成新的幼稚师范。他说：“幼稚师范是要办的，但幼稚师范必须根本改造才能培养新幼稚园之师资。”①旧的幼稚师范培养的学生最大缺憾是理论脱离实际，而新型的幼师，既要在课堂上学习基本理论知识，又要在幼稚园中去学习如何办幼稚园。为了进一步改革幼稚教育，陶行知还设计了一系列训练幼稚教师的制度，并在由他组织创办的晓庄师范第二院——幼稚师范院进行实践。在晓庄幼稚师范里，他根据“教学做合一”的原则，给幼稚师范生规定了 24 项教学内容，并针对毕业生能胜任乡村幼稚园的“教学做合一”活动的特点，创造了“艺友制”的培训办法。

什么是“艺友制”呢？他说：“艺是艺术，也可作手艺解。友就是朋友。凡是朋友之道教人学做艺术或手艺便是艺友制……那些高谈阔论，妄自尊大，不屑与三百六十行为伍的都不是真教师。学做教师有两种途径：一是从师，二是仿友。跟朋友操练比从师来得格外自然，格外有效力。所以要想做好教师，最好和好教师做朋友。凡用朋友之道教人做教师，便是艺友制师范教育。”“艺友制”是结合当时中国的实际国情，解决幼稚师资紧缺的“穷办法”，它有几个优点：一是能让学生在幼稚园中实地学习，克服以往幼稚师范教育理论脱离实际的弊端；二是可以在不可能迅速建立大批幼稚师范学校的情况下培养有质量的师资；三是能够节省时间，仅用一年半至两年的时间即可结业。这种见效快、质量也高的幼教师资培养的办法在当时很适用，苏区和边区幼教师资培训就借鉴了这种办法。

陶行知是我国近代著名的教育家，也是最早致力于中国学前教育实验与研究的先驱，他在

---

① 陶行知. 陶行知全集. 第 2 卷[M]. 长沙：湖南教育出版社，1985：54.

长期实践研究探索的基础上，不断总结经验，提出了不少既符合学前儿童学习与发展特点，又适合中国实际情况的理论与思想，为中国学前教育中国化的发展做出了突出贡献。更可贵的是他敢于批判和不断创新的精神。他在批判旧的幼稚教育“外国病”“花钱病”“富贵病”的同时，积极创办省钱的、平民的、适合国情的幼稚园，创造性地提出了“生活即教育”“社会即学校”“教学做合一”的生活教育理论体系，从而在中国教育史上留下了光辉的一页，对后来创建中国化的学前教育课程体系产生了深远的影响。

第三节　张雪门的学前教育思想

一、生平及教育活动

张雪门(1891—1973 年)，原名显烈，字承哉，浙江鄞县(今宁波)人，我国著名学前教育专家。早年就读私塾，后毕业于浙江省立第四中学。1912 年就任鄞县私立星萌小学首任校长。1917 年，星萌小学附设星萌幼稚园，兼园长，从此开始了他毕生的学前教育事业。1924 年，他在北平大学任职员，同时在教育系学习，编译了《福禄贝尔母亲游戏辑要》和《蒙台梭利及其教育》。1926 年后，他先后创办或主持了北平幼稚教育研究会、艺文幼稚园、孔德幼稚师范和孔德幼稚园。1930 年秋，应北平香山慈幼院园长熊希龄之聘，任北平幼稚师范学校校长。从 1932 年起，应北平民间大学、中国大学、天津女子师范大学之邀，担任教授，讲授“幼稚教育”。在 20 世纪 20、30 年代，他发表了大量的幼教论著或译著，产生了很大影响，以致当时在幼教界有“南陈北张”之说。

1937 年抗日战争爆发后，张雪门将北平幼师迁至广西桂林，1938 年在桂林成立广西幼稚师范，亲任校长。1944 年，幼师迁重庆。抗战胜利后，他返回北平，为恢复北平幼稚师范学校而奔忙。1946 年 7 月，他应邀前往台湾，担任台北育幼院院长，为台湾幼教事业的发展做出了重要贡献。1952 年他因操劳过度眼疾加重离开育幼院。1973 年逝世，享年 83 岁。

张雪门一生中撰写了幼儿教育方面的论著二百多万字，后人将其论述汇编成《张雪门幼儿教育文集》。

二、关于幼稚教育的目的

张雪门根据教育目标的不同，把中国幼稚教育分为四类。

(一) 以培植士大夫为目标的幼稚教育

他认为清末仿效日本办理的蒙养院就属于此类。它们向儿童灌输的是陈腐的学问和忠孝道德，管理是严格而刻板的，完全是为造就士大夫服务。

(二) 以培养宗教信徒为目标的幼稚教育

他指出，教会办的幼稚园，都是以宗教为本位的，在教育目标方面，通过宗教教育，使儿童将来成为虔诚的教徒和帝国主义温顺的奴仆。这类幼稚园不顾儿童的天性，完全把他们当作教徒来培养。他认为教会幼稚园作为帝国主义文化侵略的工具，它所起的作用“消极的是在减弱中国民族的反抗，积极的是在制造各国的洋奴”。

（三）以发展儿童个性为目标的幼稚教育

他指出这种以儿童为本位的教育是从意大利和美国传入我国的。前者通过教具进行日常生活的训练、感官的训练和知识的训练；后者则利用生活环境中日常所见所闻的事物为教学材料，按时令的变化，从儿童的动机和需要出发设计和编制课程。20世纪30年代初，张雪门的思想随着形势的发展有了较大转变，他重视发展儿童的个性，也已认识到儿童本位思想完全不适应我国当时的国情和时代的需要，认为教育如果不考虑社会需要，那就没有多大效果。

（四）以造就中华民族新一代为目标的幼稚教育

他认为教育是改造中华民族的贫、弱、愚、私和唤起民族意识及反帝国主义的情绪的关键，而幼稚教育应居其始。他强调目前的儿童，便是下一代的民族，凡现时代中华民族应负的使命，儿童虽小，也决不例外。他提出了改造民族幼稚教育的四项具体目标："铲除我民族的劣根性；唤起我民族的自信心；养成劳动与客观的习惯态度；锻炼我民族为争中华之自由平等而向帝国主义作奋斗之决心与努力。"基于这种认识，他主张幼稚教育必须是自己创造的而不是抄袭的。要创造中国的幼稚教育，必须根据三条原则：一是中国的传统文化；二是国家民族的需要；三是儿童的心理发展。因为这样才能培养儿童的伦理观念、民主生活和科学头脑。他认为幼稚教育的目标必须随时代的前进而改变，应符合时代的需要和造就中华民族优秀的新一代的要求。

三、关于幼稚园的行为课程

（一）幼稚园行为课程的含义

张雪门认为："课程是经验，是人类的经验。用最经济的手段，按有组织的配置，用各种方法，以引起孩子的反应和活动。"他认为不应当把课程仅视为知识的载体，而应当把"技能、知识、兴趣、道德、体力、风俗、礼节种种经验，都包括在课程里。换句话来说，课程是适应生长的有价值的材料"。

什么是行为课程？他说："生活就是教育，五六岁的孩子们在幼稚园生活的实践，就是行为课程。"可见，生活和实际行为是行为课程的两大要素。首先，他认为这种课程"完全根据于生活，它从生活而来，从生活而展开，也从生活而结束，不像一般的完全限于教材的活动"。在他看来，先有了生活，然后才有对材料的需要。此外，他指出，行为课程应自然地融合在儿童的生活中。可见，行为课程理论中贯穿了幼稚园教育以生活为中心，使教育生活化的理论。其次，他认为行为课程应注意实际行为（即行动、活动、做事），并把生活和行动看作相互联系的整体。"凡扫地、抹桌、熬糖爆火花以及养鸡、养蚕、种玉粟和各种小花等，能够让幼儿实际行动的，都应该让他们实际去行动。"同时，幼儿只有通过这种实际行为，才能使个体与环境接触，从而产生直接经验，这种经验也可以说是人生的基本经验。他还郑重说明："幼童一定先有了直接经验，然后才可以补充想象。"至于游戏、故事、唱歌等教材，虽然也可以给予幼儿模仿和表演的机会，然而并不能代表人类的实际行为。所以他要求教师一定要注意儿童的实际行为，要常常运用来自生活的力量。他认为若教师真的想做到这样，这便是行为课程了。他断言：课程未经行为的活动，其所得到的经验，不过是表面的、机械的，绝不是有机的融合。

（二）幼稚园行为课程的组织

张雪门认为幼稚园课程的组织有三个特点：第一，"幼稚生对于自然和人事没有分明的界限，他看宇宙间一切的一切，都是整个儿的”。所以编制课程时如果分得太清楚、太有系统了，反不能引起儿童的反应。第二，编制课程时虽然要考虑社会的需要，但更应强调满足儿童个体的需要。第三，“幼稚园的课程，须根据儿童自己直接的经验。虽然这种经验不如传授式的经济和整齐，但对于幼儿来说，意义重大”。此外，他于20世纪70年代出版的《中国幼稚园课程研究》一书中，又在总结近半个世纪研究经验的基础上进一步提出了组织幼稚园课程的一些标准和要求：课程必须和儿童的生活联络；是有目的、有计划的活动；事前应有准备，应估量环境，应有相当的组织，且需要有远大的目标；各种动作和材料必须合乎儿童的经验能力和兴趣；动作中须使儿童有自由发表创作的机会；各种知识、技能、兴趣、习惯等全由儿童直接的经验中获得。他在实践中还指导学生根据上述标准，拟定了《各月活动估量表》，即全年的课程表，将活动分为自然环境、社会环境和儿童三大类。自然环境类包括节气、动物、植物和自然现象；社会环境类包括节日、纪念日、家庭、店铺、职业、风俗、公共机关、学校等；儿童类包括游戏和疾病，并规定了每月的中心活动。

（三）幼稚园行为课程的教学法

张雪门指出，行为课程的要旨是以行为为中心，以设计为过程。只有行为没有计划、实行和检讨的实际步骤，算不得有价值的行为；只有设计、没有时间的行为是空中楼阁。所以行为课程的教学法应当是起于活动而终于活动的有计划的设计；根据设计精选有助于儿童发展的自然而良好的行为，并进行指导；在进行中必须把握住远大而客观的标准，并注意劳动中亦需劳心的原则。行为课程教学法采取单元教学，即先根据儿童的学习动机决定学习目的，再根据目的估量行为的内容。内容包括儿童的工作、游戏、音乐、故事、儿歌及常识等科的教材，但在实施时，则应彻底打破各学科的界限。在活动进行中，教师应在各教材中选择与学习单元有关的材料加以运用，适当配合儿童实际行为的发展，使各科教材自然地融合于儿童生活中。采用行为课程教学法，教师在课程进行前要准备教材、布置环境、详拟计划；在课程进行中，教师要随时巡视指导，不重讲解，而着重指导儿童行为的实践，使儿童在活动中养成负责守法、友爱互助等基本习惯。行为课程的教学结束后，评量与检讨也是重要的一环，教师可就此了解儿童在知识、思考、习惯、技能、态度、理想、兴趣等方面的成就，作为改进教学的参考。至于单元的选择，则必须配合教育宗旨、教育政策、社会需要及儿童的能力。

综上所述，张雪门的幼稚园行为课程的基本思想就是“生活即教育”“行为即课程”。其目标兼顾个体与社会的需要，其内容来自周围生活环境，其方法采用单元设计教学法，其实施则以行动为中心。此种课程不仅在当时起了积极的作用，而且至今还影响着台湾的幼教。

四、关于幼稚师范教育

张雪门志愿从事幼教工作以来，一贯重视幼稚园师资的培训和幼稚师范教育。他认为：“如果我们研究幼教仅限于幼稚园的教育，抛弃了师范教育，这无异于清溪流者不清水源，整枝叶者不整树本，绝不是彻底的办法。”他任北平幼稚师范学校校长期间，确定的培养目标是培养为改造民族素养的新一代国民而献身的幼稚教育师资。其幼稚师范教育思想的鲜明特点是非常注重实践。在20世纪20年代初，他就从“骑马者应从马背上学”这一基本指导思想出发，采取半日授课半日实习的办法，始终突出见习和实习地位并作了系统的论述。

（一）见习、实习的场所

他认为幼师生的实习场所应有四种单位：① 中心幼稚园。幼稚师范设立的中心幼稚园是供幼师生获得教育幼儿的实际经验的重要实习基地。幼师生通过在中心园的实践，可以奠定学习幼稚教育、从事幼稚教育、热爱幼稚教育事业的基础。② 平民幼稚园。这是幼师生第二学年实践的主要场所。它们均是借用正规幼稚园的园舍设立的，于是幼师生的实习活动便从商借园舍开始，然后进行生源的家庭调查，宣传动员经济贫困的家长送幼儿入园来免费受教育。在幼儿入园后，幼师生则在园内轮流担任园长、教师、会计、采购等工作，通过这种实习可以使幼师生具有独立从事幼稚园各种工作的能力。③ 婴儿保教园。当时香山慈幼院的婴儿保教园，收托出生至四五岁的儿童，规模较大，设备讲究，对婴儿的保健、营养、教育都很重视。幼师生在这里通过卫生保健、儿童营养、膳食烹饪、婴幼儿服装裁剪和制作等方面的实习，可以了解婴幼儿的身心特点及婴儿保教的基本常识。④ 小学。通过在小学的参观和实习，可以使幼师生了解幼儿入小学前在知识、行为、兴趣、态度等方面应如何做好准备，为入学打好基础。除此之外，他还主张组织学生下乡举办乡村幼稚园，使学生了解农村迫切需要幼稚教育的情况，进一步体会幼稚教育的社会价值，从而坚定其要百折不挠地为幼稚教育事业献身的决心。

（二）见习、实习的时间安排

在三年中，他规定第一学年每周实习为 9 学时，分三次进行。先参观本校中心园的园址、园舍、设备、教具，了解教师的态度、技能、兴趣、习惯、仪表及教师对幼儿发生问题的处理等，使幼师生对幼稚园有个基本观念。然后才观看各类型的幼稚园，使师范生开阔眼界，扩充知识，研究适合我国国情的幼稚教育。最后是参与实习，每周有三个上午到中心园实习教育教学活动，以形成幼师生的基本观念和教学能力。第二学年的实习时间则主要由学生自己支配。在平民幼稚园里，从建园到管理，都让幼师生独立完成。第三学年的第一学期，一半时间在婴儿园实习，另一半时间到小学实习，使幼师生确立为城市平民及乡村农民的幼稚教育而献身的志向，忠诚于贫苦劳动人民的教育事业。

（三）实习的组织

张雪门把上述这种实习计划称为“有系统组织的实习”，他认为这种有系统有组织的实习必须符合以下几个条件：第一须有步骤，第二须有范围，第三须有相当时间，第四须有适合的导师与方法。同时他指出这种实习的进行步骤大体可分为四大阶段：第一是参观，时间为一个学期，其对象为建筑、教具、工具、材料等设备，师生的仪表、态度和兴趣，对幼稚生习惯的积极处置，工作、游戏、文学等教学过程以及整个的设计。在这一时期指导的教师，应以担任实习的导师为主、幼稚园教师为辅。第二是见习，时间也是一个学期，从供备材料开始，一直到整个设计活动中的参与。在这一时期指导的教师应以幼稚园教师及担任实习的导师为主，见习的地点，也以自己的中心或附属幼稚园为宜。第三是试教，时间为一个学年。凡指定幼稚园中的招生、编级、选材、组织课程指导活动、编制预算决算，以及一切教学上、教师业务上、幼稚园行政上的处理，都由二年级的师范生来担任，担任实习的导师反退居于顾问地位。第四是辅导，时间也是一个学年。辅导在纵的方面是由儿童的队伍出发，向儿童家长推进的是家庭访问、亲子教育；同时更由个案工作求得整体联络，向学校单位前后延伸至托儿所和小学低年级。横的方面是同广大的社会联系，包括社区调查、营养站、卫生站、辅导会、导生班。这些工作一律由三年级的师范生负责，他们要自己计划、自己分配工作、自己检讨并改进，这一阶段的实习不但要了解儿童的发展情况，而且要进一步主动地展开全面的儿童福利工作，培养地方师资，以求达到幼稚教育的合理和普及。根据以上所述，我们可以清楚地看到张雪门提出的实习计划与传统师范学校的实习有明显不同：一是在空间上，它把幼师生的实习场所从幼稚园扩大到婴儿园和小学，从校内扩大到校外，从城市扩大到农村；二是在时间上，它从只集中在三年中的最后一学期，增加到三年（六个学期）中均有实习；三是内容上，它从仅仅实习幼稚教育扩展到婴儿保育、小学教育，从只实习教育和教学扩展到实习行政管理以及缝纫炊事等。

张雪门毕生致力于幼稚教育，前后达 60 年。他一生淡泊名利，热爱儿童，热爱幼教事业，几十年如一日，始终在幼稚园和幼稚师范最基层的岗位上辛勤工作。他那鞠躬尽瘁的献身精神，严谨求实的治学态度，他对幼稚教育的目的、课程和师资培养方面的洽述，值得后人认真学习和深入研究。

第四节　陈鹤琴的学前教育思想

一、生平及教育活动

陈鹤琴（1892—1982 年），浙江上虞人，早年毕业于杭州蕙兰中学。1911 年 2 月，考入上海圣约翰大学，秋季又考入清华学堂高等科。1914 年 8 月，他与陶行知同行，前往美国留学。在约翰斯·霍普金斯大学学习，1917 年夏毕业，获文学学士学位。入秋，进哥伦比亚大学师范学院，专心研究教育学和心理学，师从孟禄、桑代克、罗克等教授。1918 年夏，获教育硕士学位，随后转入心理系，学习博士课程。1919 年夏，他接受南京高等师范学校（后改为东南大学）校长郭秉文的邀请回国任教，教授儿童心理学和教育学。他首开运用观察实验的方法系统地研究我国儿童的心理发展之先河。从 1920 年起，他以长子一鸣为对象，进行儿童心理观察与实验，写成《儿童心理之研究》一书，同时又以其子女为对象，研究家庭教育，写了《家庭教育》一书。两书均于 1925 年由商务印书馆出版发行，列入大学丛书。

1923 年春，陈鹤琴在自家客厅里创办南京鼓楼幼儿园，亲任园长，不久又以该园作为东南大学教育科的幼教实验园地，建立了我国第一个幼教实验中心，开展了幼稚园的课程、设备、故事、读法，以及幼稚生应有的习惯和技能等项实验研究。在此基础上，陈鹤琴于 1927 年发表了《我们的主张》一文，提出了适合我国国情、儿童心理、教育原理和社会现状的办园主张 15 条。鼓楼幼儿园的实验研究成果于 1928 年曾作为《幼稚教育丛刊》出版了四种，并成为 1932 年教育部公布的《幼稚园课程标准》的基础。

1927 年 3 月，陶行知创办南京晓庄实验乡村师范学校，陈鹤琴兼任该校指导员及第二院（幼稚师范院）院长，支持晓庄师范创办乡村幼稚园。同年 6 月，陈鹤琴任市教育局学校教育课课长，着力整顿中小学教育和幼稚教育。他发起组织幼稚教育研究会，创办我国最早的幼稚教育研究刊物《幼稚教育》（1928 年改为《儿童教育》），任主编。1929 年 7 月，中华儿童教育社在杭州成立，他被推选为主席。其间，他对小学教育及小学教科书进行了研究，编写有关国语、算术、英文、作文、自然、历史等课本、卡片、字帖、读本、丛书等，并主编《小学教师》刊物。

1934 年 7 月至次年 3 月，陈鹤琴赴英、法、德、苏、意等 11 国考察教育，回国后积极介绍欧洲先进教育经验，特别是苏联推行普及教育和儿童教育的经验。

1937 年 7 月，抗日战争全面爆发。他先后担任上海国家救济会常务委员会兼教育组负责人和上海国际红十字会教育委员会主任，负责领导开展难民中的儿童教育、成人教育和职业教育。以后他又任上海慈善团体委员会教育委员会主任。为收容和教育流浪儿及孤儿，他发起组织儿童保育会，任理事长，并创办儿童保育院和报童学校 10 所。他还担任上海语文学会、上海市成人义务教育促进会的理事长。同时他参加了地下党领导的“民社”“星期二聚餐会”等进步团体，开展抗日救亡活动。

1940 年，陈鹤琴以“要做事，不做官”的志气，拒绝了国民政府教育部提出的要他担任国民教育司司长的要求，赴江西筹建幼稚师范。10 月 1 日，江西省立实验幼稚师范学校——我国第一所公立幼稚师范学校便诞生于江西省泰和县文江村。由他任校长，全面实验“活教育”，以实现其办中国化幼稚教育，由中国人自己培养中国化幼教师资的宏愿。他克服各种困难，亲自规划设计、选购建材、寻找水源，并带领师生开山筑路、建造校舍、种菜养猪，不久便使荒岗出现了 20 多座美观、实用的教室、宿舍、礼堂等。其间，他创办《活教育》月刊，任主编。

1943 年，该校由省立改为国立，同时增设幼稚师范专修科，从而形成了一个较为完整的幼稚师范教育体系，包括专科部、师范部、小学部、幼稚园、婴儿园等部分，另设国民教育实验区。1945 年初，局势紧张，他率领师生及家属二百多人，长途跋涉，于 3 月在广昌甘竹乡饶家堡重建校园。抗战胜利后，幼师改为省办，专科部迁至上海，成为国立幼稚师范专科学校，他任校长。

1945 年 9 月，陈鹤琴被聘为上海市教育局督导处主任督学，负责接管外国人办的中小学三十余所。同年，他创办上海市立幼稚师范学校（1947 年 2 月改为市立女子师范学校）并任校长，继续实验活教育、复办《活教育》月刊，并编写了《活教育——理论与实施》《活教育的创造》《活教育的教学原则》等，建立了活教育的理论体系。他支持学生在上海及江苏举办农忙托儿所，实验并推广乡村学前教育。其间，他创办了上海儿童福利促进会，以解决难童教养问题，又筹建上海特殊儿童辅导院，任院长，计划将该院建成特殊儿童综合性教育机构。

中华人民共和国诞生后，陈鹤琴历任第一届至第五届全国政协委员、中国人民保卫儿童全国委员会委员、全国文字改革委员会委员等，先后担任南京大学师范学院院长兼幼教系主任和南京师范学院院长等职。其间，他亲自开设儿童心理学、教育史等课程，并创立了包括托儿所、幼儿园、幼儿师范学校、幼教系、儿童教育研究室和儿童玩具研究室及附设玩具工厂等整套的教学、科研、生产三结合的学前教育体系。1982 年 12 月 30 日，陈鹤琴在南京逝世，享年 90 岁。

陈鹤琴所留下的近 400 万字的著作，是我国教育史，特别是学前教育史上的宝贵财富。现在汇集他的教育论著的《陈鹤琴教育文集》上、下卷及《陈鹤琴全集》6 卷均已问世，可供人们研究和学习。

二、活教育理论

陈鹤琴自 1940 年在江西省立实验幼稚师范学校任教时开始提出“活教育”构想，经过几年的教育实验，到 1947 年在上海逐步整理出“活教育”的理论体系。什么是活教育呢？他针对陶行知揭露旧教育的情形“教死书，死教书，教书死；读死书，死读书，读书死”，决心使这种腐败的死教育变为积极的、有生气的活教育。其表述为“教活书，活教书，教书活；读活书，活读书，读书活”。

陈鹤琴的活教育理论体系包括目的论、课程论、方法论、教学原则、训育原则等。

（一）目的论

陈鹤琴指出活教育的目的就是“做人、做中国人、做现代中国人”。这样的人应该具备以下条件：第一要有健康的身体。他认为一个人身体的好坏，对于他的道德、学问、事业有很大影响。第二要有建设的能力。当时中国百废待兴，急需建设人才。第三要有创造能力。他坚信儿童本来就有强烈的创造欲，只要善于启发、诱导、教育训练，是可以培养其创造力的。第四要有合作的态度。改变中国人在团体活动中缺乏合作的精神，必须从小训练他们能合作、能团结。第五要有服务精神。抗战胜利后，随着形势的发展，他又进一步提出“做人、做中国人、做世界人”，要“爱国家，爱人类，爱真理”的要求。

（二）课程论

陈鹤琴指出：“大自然、大社会，都是活教材。”针对传统教育书本万能的旧观念所形成的课程固定、教材呆板的死教育现象，陈鹤琴认为大自然、大社会才是活的书、直接的书，应该向大自然、大社会学习。

（三）方法论

活教育方法论的基本原则是“做中教、做中学、做中求进步”。活教育重视直接经验，强调以“做”为中心，主张在学校里的一切活动，“凡儿童自己能够做的，应当让他自己做”。做了就与事物发生直接的接触，就得到直接的经验，就知道做事的困难，就能认识事物的性质。

（四）教学原则

陈鹤琴根据“心理学具体化，教学法大众化”的指导思想，提出了活教育的 17 条教学原则，即：凡儿童自己能够做的，应当让他自己做；凡儿童自己能够想的，应当让他自己想；你要儿童怎样做，就应当教儿童怎样学；鼓励儿童去发现他自己的世界；积极的鼓励胜于消极的制裁；大自然、大社会是我们的活教材；比较教学法；用比赛的方法来增进学习的效率；积极的暗示胜于消极的命令；代替教学法；注意环境，利用环境；分组学习，共同研究；教学游戏化；教学故事化；教师教教师；儿童教儿童；精密观察。这 17 条教学原则与现代教学原则是不谋而合的。

（五）训育原则

陈鹤琴认为训育工作在整个教育工作中可以说是最繁重最重要的。有了训育原则，才可以使训育工作不至于乱无头绪，无所适从。他提出的训育原则如下：从小到大；从人治到法治；从法治到心理；从对立到一体；从不觉到自觉；从被动到自动；从自我到互助；从知到行；从形式到精神；从分家到合一；从隔阂到联络；从消极到积极；从“空口说道”到“以身作则”。

以上 13 条训育原则，揭示了道德的认知、情感和行为表现的内外统一和相互促进，符合道德教育的基本规律。

由上可见，活教育是五四新文化运动浪潮下对封建旧教育的有力批判，也是抗日战争时期时代精神的体现；活教育是对欧美新教育的吸收和再创造，更是陈鹤琴长期教育实践的总结和理论探索的结果。

三、论儿童的发展与教育

陈鹤琴从 1920 年冬开始，以其长子一鸣为对象，就儿童的动作、能力、情绪、言语等方面的发展，逐日对其身心发展变化和对各种刺激的反应进行周密的观察，做出详细的文字记录和摄影记录，后写成《儿童心理之研究》一书。20 世纪 50 年代初，陈鹤琴结合教学完成了《儿童心理学》讲稿，进一步系统地论述了儿童从新生到入学成长过程中所产生的一切变化。他对儿童身心发展进行的缜密研究为我国儿童教育的科学化打下了坚实的基础。

（一）儿童期是人生受教育的关键时期

陈鹤琴认为人和一般动物相比，有一个明显的不同之处，就是人比一般动物不仅胎期长，儿童期（幼稚期）更要长得多。因为“人的环境比较各种动物来得复杂”。他将初生的婴儿与小鱼、小鸟比较，说明鱼鸟的各种活动可以说生来就能做的，而我们人的活动大部分是生后学来的。他指出：“人生一切的活动都要在儿童期内发展。”他还强调“儿童期是发展个人的最好机会。什么言语，什么习惯，什么道德，什么能力，在儿童的时候学习最速，养成最易，发展最快”。因此，他得出结论：“儿童期就含这两方面的意思：一方面儿童期是发展能力的时期，一方面儿童期具有可以发展的性质，此即所谓可塑性或谓可教性。”从而认定“幼稚期（自出生至 7 岁）是人生最重要的一个时期”，应当把幼稚期的教育当作整个教育的基础。

（二）幼儿的心理特点与幼稚教育

陈鹤琴通过揭示幼儿的心理特点来提出教育教学原则。他认为儿童不是“小人”，“儿童的心理与成人的心理不同，儿童时期不仅作为成人之预备，亦具有他本身的价值，我们应当尊敬儿童的人格，爱护他的烂漫天真”。他认为幼儿具有以下几个主要特点：

1. 好动

陈鹤琴认为“儿童还没有养成自制力，他的行动完全为冲动与感觉所支配”，所以儿童是好动的。陈鹤琴指出这是“因为他的感觉与动作是很连通的，若他一想到吃，他就去寻找东西吃。他一觉得痛，他就哭。他一听见门外欢呼声，会即刻跑出去看”。对于儿童的这种好动性，家长及教师要正确对待，应当给他们充分的机会、适当的刺激，使儿童多与万物接触，儿童就是通过“玩这样弄那样，就渐渐地从无知无能的地步，到有知有能的地步”。

2. 好模仿

陈鹤琴指出：“这个模仿心，青年老年亦有的，不过儿童格外充分一些。儿童学习言语、风俗、技能，等等，大大依赖这个模仿心。”为此他对模仿动作的分类与发展进行研究，他的结论是：

（1）模仿的动作与所模仿的动作不是一样的。比如儿童模仿成人说话时的发音，学写字时握笔的位置和姿势，都不可能和成人同样。因此，当儿童模仿时，教育者应格外当心，若有错误要及时纠正，以免养成错误的习惯。

（2）模仿只在初做的时候，后来继续所做的动作，是感觉这个动作的快乐而做的，已不是模仿了。因此，我们应当利用这种心理。凡能发生快感的事，就做给他看，让他们模仿；反之，则不让其模仿。

（3）儿童的模仿能力是有差异的，并有一个发展过程。所以不要勉强儿童模仿他所不能模仿的东西。

（4）儿童模仿是无选择的。所以成人要注意以身作则，并创设良好的环境，同时要教他鉴别是非善恶。

3. 好奇

陈鹤琴指出：“儿童凡对于一切新的东西就生出好奇心。一好奇，就要与新的东西相接近。一接近，那就晓得这个东西的性质了。假使儿童与新的境地相接触愈多，他的知识愈广。”这种好奇心在教育上极有价值。他说:“好奇心是儿童学问之径。”是父母和教师“施教的钥匙”。怎样引起儿童的好奇心呢?陈鹤琴认为新异的刺激能激起儿童的好奇心。这种新异有两种:一种是事物本身所具有的新奇特征,如较大的声响、鲜艳的色泽、显著的对比等;一种是事物与事物相接触发生的新异性,如儿童对放风筝是很新奇的。但过一段时间后,风筝本身的新异已经消失,儿童对它也就不会再有好奇心,这时若让孩子们在一起玩,并比赛谁放得高,儿童对风筝则又会产生新的好奇心。

陈鹤琴还指出:好奇心不是永久不变的,是随年岁而发展的。如当儿童一能讲话,就要问这是什么?那是什么?当儿童知道事物的名称后,就常常要问这有什么用处?你怎么做的?甚至问,这东西从哪里来的?待到三四岁时,儿童必须加“为什么”三字,而且一直问到底才肯罢休,或等到受成人的责骂为止。总之,好问、好奇对儿童来说是启迪知识的关键。“儿童生而无知,后来长大起来,逐渐与环境相接触,他的好动能力和模仿能力逐渐滋长,而好问心也渐渐起来。”正是通过提出问题,正确地解答问题,儿童才能获得新知识。成人对儿童不应置之不答或假作聪明、牵强附会地解释,而搅乱了儿童的思想。

4. 好游戏

陈鹤琴认为:“儿童好游戏乃是天然的。近世教育利用这种活泼的本能,以发展儿童之个性与造就社会之良好分子。”他对游戏作了深刻的研究,形成了他自己的游戏理论。

5. 喜欢成功

陈鹤琴认为:“小孩子更是喜欢动作有成就的。”这是因为事情成功,一方面固然自己觉得很有趣,还有一方面就是可以得到父母或教师的赞许。他认为成人应当利用这种心理去鼓励孩子做各种事情。他告诫人们:让儿童做的事情不要太难,“若太难,就不能有所成就,小孩子或者要灰心而下次不肯再做了”。反言之,“一有成就,就很高兴,就有自信力;自信力愈大,事情就愈容易成功”。他认为自信力与成就可以互相为用。

6. 喜欢合群

陈鹤琴认为:“凡人都喜欢群居,幼小婴儿,离群独居,就要苦寒。2岁就要与同伴游玩,到了5、6岁,这个乐群心更强了。”陈鹤琴告诫人们,要利用这种好群心理教育孩子;要帮孩子找到良好的小伙伴;应给孩子驯良的小动物,如猫狗兔等作为伴侣;应给孩子小娃娃之类的玩具以排解其寂寞。

7. 喜欢野外生活

陈鹤琴认为:“小孩子都喜欢野外生活。到门外去就欢喜,终日在家里就不十分高兴。”他指出:不能到外边去看看玩玩是许多小孩子哭闹的一大原因。因此他主张让“他们在旷野里跑来跑去,看见野花就采,看见池塘就抛石子入水以取乐。这种郊游对于小孩的身体、知识、行为都有很好的影响”。他告诫做父母的,不要总不放心让孩子到外面去,一怕身体疲劳,二怕弄脏衣服,三怕感冒风寒;做教师的则不要怕麻烦而不愿多事,以免使学生失去与自然界接触的良好机会。

8. 喜欢被称赞

陈鹤琴认为,两三岁的小孩子就喜欢“听好话”,喜欢旁人称赞他。如当他们穿新衣服穿新鞋时,就要给他人看。到了四五岁的时候,这种喜欢嘉许的心理还要来得浓厚。成人应用言语、动作、表情来鼓励他。他认为这种赞许心,做父母的教育小孩子时应当利用,然而不可用得太滥，以免适得其反。

陈鹤琴指出，若能根据上述幼儿的心理施行教育，那教育必有良好的效果。

（三）学前儿童的发展阶段与教育

陈鹤琴认为人生的过程，是一个连续不断的发展过程。我们研究的是儿童的心理生活，进行的是儿童的教育工作，所以，也必须把儿童的生活过程分成几个段落来加以研究，因为"儿童时期的重要，就在于他是人类独立人格生活的奠定基础的时期"。他指出人类独立人格的生活方式，包括反射生活、感觉运动生活、情绪生活、智慧生活与社会生活。他说："这四种生活内容，在人类生活的过程中虽然是统一表现、相互发展的，可是，就其发展的程度上看，他们都是在相当的年龄中有先后发达的趋势。"陈鹤琴根据自己多年的观察和实验的研究成果，主张把新生到学前儿童时期分成四个阶段，每一阶段都包含一个特征，这四个阶段即新生婴儿时期（新生）、乳儿时期（新生后到 1 岁左右）、步儿时期（1 岁左右到 3 岁半左右）、幼儿时期（3 岁半左右到 6 岁左右）。

陈鹤琴按照儿童发展的有序性揭示了每一个阶段的发展特点，并确定了各发展阶段相适应的教育重点。

下面以步儿时期的发展与教育为例：1 岁左右到 3 岁半左右为步儿时期。此期最大的表现为步行，儿童学习步行、开始步行、乐于步行、喜欢跑跳，进步迅速，同时，语言和智力也有明显的进步。

1. 发展特点

第一，儿童行走的发展。陈鹤琴强调行走的重要，认为人类之所以能成为万物之灵，直立行走亦是主要因素之一。他指出："行走的活动，在儿童时期，已有完成的趋势，这种运动的构成，是有赖于儿童主观的与客观的原因的。"如健全的骨骼、筋肉和神经的作用，适当的智力程度，有行走的动机，有行走的机会等。此外，陈鹤琴告诫人们要正确处理成熟与学习的关系，他认为成熟后的学习特别见效，应把握生长之相对可能性而加以练习，促使步儿行走活动的发展。第二，言语的发展。陈鹤琴充分肯定了言语在人际交往和思想沟通方面的重要作用，认为儿童言语发展分为四个阶段：言语模仿的开始、字的形音结合、应用代名词与复数、应用叙述字。陈鹤琴对一鸣的言语发展做了详细的观察记录，一鸣从第 99 天发出"ɑ"音起，到 2 岁半止，经历了从母音到子音、从单音到复音、从独字到多字句的过程。

2. 教育重点

第一，行走教育。陈鹤琴指出："行走是儿童全身各部分大联合的显著活动之一，同时也是一种大筋肉的活动。"对于儿童的行走，必须顺应其自然的发展趋势，而后给予正确的指导。合适的服装、适当的设备（如围杆、梯架）、积极的鼓励，都能促进儿童行走的发展。第二，言语教育。陈鹤琴强调："首先要紧的就是使儿童把学习言语作为游戏一般乐于接受。"他指出儿童开始说得不对或发音不正确，成人切不能讪笑他或模仿他，而应纠正他。成人还应注意勿把自己不良言语的习惯遗留给儿童。对于口吃或"不说话的儿童"，既要考察其说话的各种生理机制有无缺陷，也要注意情绪与思想方面的心理缺陷，应当及早发现，并予以纠正。

四、论幼稚园教育

在半殖民地半封建的旧中国，我国的幼稚教育深受外国教会幼稚教育的影响，存在着"全盘西化”的倾向。陈鹤琴对这种幼稚教育极为不满。他撰写了《现代幼稚教育之弊病》《我们的主张》《幼稚教育之新趋势》《战后中国的幼稚教育》等论文揭露弊端，提出主张，明确改革的方向，并通过创办鼓楼幼稚园，研究有关幼稚园的教育、教学及教材、设备等，探索中国化幼稚教育的道路。

（一）办好幼稚园的15条主张

陈鹤琴认为幼稚园的教育功能是明显的：首先，可以发展儿童的个性，适应其体力、智力和德行发展的需要。其次，可以节省家长的时间和精力，补充家庭教育之不足。最后，可以养成儿童种种合作的精神及爱护团体、爱护国家的精神，同时又可以培养公民应有的知识与技能，砌成一个稳固的公民基础。为此，陈鹤琴提出15条主张：

（1）幼稚园是要适应国情的。陈鹤琴指出：“现在中国所有的幼稚园，差不多都是美国式的……要晓得我们的小孩子不是美国的小孩子，我们的历史、我们的环境均与美国不同，我们的国情与美国的国情又不是一律；所以他们视为好的东西，在我们用起来未必都是优良的……总之，幼稚园的设施，总应当以适应本国国情为主体，至于那具世界性的教材和教法，也可以采用，总以不违反国情为唯一的条件。”

（2）儿童教育是幼稚园与家庭共同的责任。陈鹤琴认为：“幼稚教育是一件很复杂的事情，不是家庭一方面可以单独胜任的，也不是幼稚园一方面可以单独胜任的，必定要两方面共同合作方能得到充分的功效。”他提出多种合作方法，如恳亲会、讨论会、报告家庭、探访家庭等。

（3）凡儿童能够学的而又应当学的，我们都应当教他。陈鹤琴指出，给儿童学的东西有三条标准：一是凡儿童能够学的东西就有可能作为幼稚园的教材；二是凡教材须以儿童经验为根据；三是凡能使儿童适应社会的，就要取为教材。

（4）幼稚园的课程可以以自然、社会为中心。

（5）幼稚园的课程须预先拟定，但临时可以变更。陈鹤琴倡导的这种计划性与灵活性相结合的教法要求，一方面幼稚园的设备要充分，另一方面教师的知识要丰富，这样才能使儿童的能力加强，使儿童的思想充分发展。

（6）幼稚园第一要注意的是儿童的健康。陈鹤琴强调，强国必先强种，强种先要强身，强身先要注意幼年的儿童。他指出，身体强健的儿童，举动活泼，脑筋敏捷，做事容易，乐于听从，所以幼稚园应极力注意儿童的健康。

（7）幼稚园要使儿童养成良好的习惯。陈鹤琴认为，人类的动作十之八九是习惯，而这些习惯又大部分是在幼年养成的；养成好习惯则终身受其福，否则将终身受其累。

（8）幼稚园应当有音乐的环境。音乐是儿童生来喜欢的，音乐可以陶冶性情，鼓舞进取。幼稚园应当有音乐的环境，培养儿童对音乐的兴趣，发展儿童的哲学能力和音乐技能。

（9）幼稚园应当有充分而适当的设备。陈鹤琴认为，有了充分的设备，小孩子就可以随意玩弄，不但不致生厌而且由此可能得到许多知识。因此，要发展儿童各方面个性，就应当有充分的设备，应考虑设备的数量和适用问题。

（10）幼稚园应当采用游戏式的教学法去教导儿童。游戏是儿童的天性，儿童的生活可以说是游戏。用游戏方式教育幼儿不但学得快、效果好，而且印象深刻。

（11）幼稚生的户外生活要多。让幼儿到户外去活动，不但可以使他们在接触自然实物中学到功课，还可以使他们在新鲜的空气和明亮的日光下增加快乐，强健儿童的身体。

(12) 幼稚园应多采取小团体的教学法。幼儿的年龄是不齐的，智力各不相同，兴趣又不一致，应划分小团体进行教学才能取得较好的效果。

(13) 幼稚园的教师应当是儿童的朋友。要使幼儿不害怕、肯接近，教师应当和幼儿同游同乐。

(14) 幼稚园的教师应当有充分的训练。教师既要具有各种教学技能，还要有丰富的自然和社会常识，倘如此，就得有充分的训练不可。

(15) 幼稚园应当有种种标准，可以随时考察儿童的成绩，对幼稚生在园应当养成的德行、习惯、技能、知识都应有考察标准。

可见，15 条主张阐明了我国幼稚园教育的方向和任务、课程的中心和组织、教学的方式和方法、教师和幼稚生的关系、幼稚园和家庭的关系以及环境设备等。15 条主张不仅使 20 世纪 20 年代末我国的幼稚园有了办园的标准，其基本思想对当代幼儿园的教育仍有借鉴作用。

(二) 幼稚园的课程理论

20 世纪 20 年代初，我国幼稚园课程非常混乱：有教会幼稚园的宗教课程，如唱赞美诗、听圣经故事、行祷告礼仪等；有蒙养园的日本式课程，如行仪、手技等；也有少数幼稚园实施福禄贝尔、蒙台梭利课程，通过“恩物”或“教具”开展游戏、训练感官等。陈鹤琴认为这种大抵抄外国人的课程的做法，“抄来抄去，到底弄不出什么好的教育来”。他决心实验研究适合我国国情的幼稚园课程。另一方面，他对我国当时那种“幼稚监狱”式的幼稚园教育也十分不满，指出其弊病有四：没有具体的目标；功课太简单；团体动作太多；与环境接触太少。陈鹤琴决心实验研究适合儿童身心发展特点的幼稚园课程。其课程思想的主要内容有：

1. 课程应为目标服务

(1) 做怎么样的人：应有合作的精神、同情心、服务的精神。

(2) 有怎样的身体：应有健康的体格，养成卫生的习惯，并有相当的运动能力。

(3) 怎样开发儿童的智力：应有研究的态度、充分的知识、表意的能力。

(4) 怎样培养情绪：应能欣赏自然美和艺术美，养成欢天喜地的快乐精神，消灭惧怕情绪。

陈鹤琴提出了符合儿童身心特点和适应未来社会需要的全面发展的培养目标。

2. 课程应以自然和社会为中心

陈鹤琴指出：小孩子能够学的与应当学的东西，本来是很多的，但是我们不能这样漫无限制地毫无系统地去教他。总必定有一种组织，在相当范围内，使其成一个系统并使各科目中间互相连接起来发生关系。但这种有系统的组织以什么为中心呢？他说：“这当然要根据儿童的环境。”自然和社会这两种环境是儿童天天接触到的，应当成为幼稚园课程的中心。可确定的中心如节日，包括中秋、重阳、元旦、端午等；自然界的应时物，包括秋菊、冬雪、春桃、夏荷等；社会性事件，包括纪念日、庆祝会、恳亲会等。

3. 课程应实验“整个教学法”

陈鹤琴不主张幼儿园分科教学，他认为分科教学是模仿大学的，大学生程度高、知识深，非分科不可。而幼稚园的分科教学是四分五裂、杂乱无章的，是违反儿童的生活和心理特点的。他提倡的整个教学法，就是把儿童所应该学的东西整个地、有系统地去教儿童学。因为儿童生活是整个的，教材也必然是整个的、互相联结不能四分五裂的。他主张最好由一位教师去教，以体现整体性，而不致割裂。

4. 课程应当采用游戏式、小团体式等教学方法

陈鹤琴认为幼稚园的课程是很容易游戏化的，儿童在游戏中、在活动中学习，会有事半功倍的效果。陈鹤琴还主张多采用小团体的教学法，他认为幼稚生的年龄不齐、智力不同、兴趣不一，应当区别对待、分组施教，以使处于不同发展水平的幼稚生都有所长进。以后，他又继续提出比较法、比赛法、替代法、观察法等。通过多样化的方法，生动、形象、具体地向儿童进行教育，既可以增强教育效果，又使儿童的兴趣格外浓厚。

5. 课程应当有考察儿童成绩的标准

陈鹤琴认为回答幼稚园应当教什么、幼稚生做什么、做到什么地步、程度怎样，非得有种种标准不可。他说："考察品行，应当有品行的标准；甄别习惯，应当有习惯标准；检验技能，应当有技能标准；测验知识，应当有知识标准。"为此，陈鹤琴等编制了《幼稚生应有的习惯和技能表》，开创了我国幼稚园教育的评估工作先河。

从以上介绍中可知，陈鹤琴的课程设计有明确的目标、生动的教育内容、整体的组织结构、多样的活动方式和方法，并有一定的评估测验标准，具有整体性、综合性和活动性。

20 世纪 50 年代初，陈鹤琴结合当时的社会背景逐步形成了新的教育思想，表现在他对单元教学有了更新的认识，具体的内容和方法亦随之有所改变。他提出了编制幼稚园课程的十大原则、九项内容、五指活动及三种编制课程的方法，使其课程论更趋全面、系统。他在 1951 年发表的《幼稚园的课程》一文中，批判了欧美国家实行单元教学的弊端（完全从儿童出发、不系统），提出了我国单元教学与编制课程应遵循的原则：是民族的，不是欧美的；是科学的，不是封建迷信的；是大众的，不是资产阶级的；是儿童化的，不是成人的；是发展连续的，不是孤立的；是配合形势实际的需要，不是脱离现实的；是适合儿童心身发展，促进儿童健康的；是培养"五爱"国民公德和团结、勇敢等优良品质的；是陶冶儿童性情，增进儿童情感的；是培养儿童说话亲昵感，以表达自己的情感和思想的。

根据这十大原则，他修订了原来所定的单元，加入了"五爱"教育，共分九项内容，包括节日、"五爱"教育、气候、动物、植物、工业、农业、儿童玩具、儿童卫生。

关于五指活动，陈鹤琴说："五指，是活的，可以伸缩，互相联系……课程是整个的、连贯的。依据儿童心身的发展，五指活动在儿童生活中结成了一个教育的网，有组织有系统，合理地编织在儿童的生活上。"五指活动的五个方面是：健康活动，包括饮食、睡眠、早操、游戏、户外活动、散步等；社会活动，包括朝夕会、周会、纪念日集会、每天的谈话及政治常识等；科学活动，包括栽培植物、饲养动物、研究自然、认识环境等；艺术活动，包括音乐（唱歌、节奏、欣赏）、图画、手工等；语言活动，包括故事、儿歌、谜语、读法等。陈鹤琴指出："幼稚园的课程全部包括在五指活动中，并采用单元制，各项活动都围绕着单元进行教学。"

关于幼稚园课程的编制，陈鹤琴提出了三种方法：圆周法，即各班课题相同而要求由浅入深；直进法，即各班的课题和要求均不相同；混合法，即课题和要求有相同或不同。在编制课程时，通常运用混合法为最多。

此外，陈鹤琴对幼稚园的教育和玩具、教材和设备等都进行过实验研究，建树颇多。

20 世纪 70 年代末，陈鹤琴建议："对幼儿园的教育应进行系统、深入的科学实验与研究，要办好示范性幼儿园。"他认为，应根据幼儿的特点，多给儿童感性的知识，创造各种环境和条件，多让儿童接触大自然和社会生活，多观察、多活动，扩大他们的眼界，增进幼儿的科学常识，发

展他们的智力。他还认为，应一分为二地总结“五四”以来及新中国成立以来这方面我国自己的经验，继续前进。外国有许多经验，也有许多好的经验，但不能不加分析地照搬照抄，要结合中国实际情况，以实践来检验哪些是成功的、切实可行的，哪些是不可取的。此外，他还提出了必须重视和解决幼教玩具、教具的教学实验和制造，认为这是一个极为迫切的重大问题。

陈鹤琴毕生致力于中国教育的改造和儿童的教育事业。从普通教育到师范教育，从家庭教育到社会教育，从婴儿教育到青少年教育，从一般正常儿童的教育到特殊儿童的教育，从普及教育到新文字运动，他都做过全面深入系统的探索和研究。他开创了我国儿童心理、学前教育的科学研究工作，并促使家庭教育科学化、幼儿师范教育系列化。陈鹤琴无愧为我国近现代著名的教育家和幼儿教育专家。

第五节　张宗麟的学前教育思想

一、生平及教育活动

张宗麟(1899—1976 年)，浙江绍兴袍谷镇(今斗门镇)袍渎人。1925 年毕业于南京高等师范学校教育科，旋即协助陈鹤琴办理鼓楼幼稚园，开展幼教实验，成为中国教育史上第一位男性幼儿教师。

1927 年 6 月，张宗麟任南京市教育局学校教育课幼教指导员。1927 年 9 月兼任晓庄第二院(幼稚师范)指导员。1931 年初来到福建厦门集美学校，先后担任集美幼稚师范教员、集美乡村师范校长，并主编《初等教育界》杂志。1933 年初，张宗麟因故被迫离开厦门，以后历任广西桂林师专教师、重庆教育学院教务长、湖北教育学院教育系主任、山东邹平简易师范校长等职。1936 年初，张宗麟回到上海，协助陶行知办生活教育社、国难教育社。抗战爆发后，他积极投身于宣传教育工作，主编抗战读本。1943 年到达延安，先后担任延安大学教育系副主任、北方大学文教学院院长、华北大学教育研究室主任。

新中国成立后，他历任教育部高等教育司副司长、高等教育部计划财务司副司长、司长等职。1976 年 10 月，张宗麟在上海病逝。他的主要著作有《张宗麟幼儿教育论集》《张宗麟乡村教育论集》。

二、关于幼稚教育的地位和作用

他在《幼稚教育概论》的绪论中开宗明义地指出：各种儿童教育之发达，以幼稚教育为最迟，各种教育之收效，以幼稚教育为最难。首先，他认为幼稚教育之重要是由儿童对人生、对社会国家的重要性所决定的。幼稚儿童在人生中之重要表现“在生理上，此时期儿童最易蹈危险，正如初放之芽，最易被虫蚀；在心理上则所有影响最深，几乎一生不消”。因此对儿童如果没有良好的教育就将影响到其一生。幼稚儿童对国家社会之重要则表现在为国效劳之壮年国民或为国家败类之壮年国民，追溯其根源，“莫不知童年时代造成之”。他指出：“吾人爱国热忱，发于立志者少，而发于情感者多。然而永久的情感，非一时所能造成，必日进月渐然后根深蒂固，虔心不改。吾人倘以国民为必须爱国者，必须为社会服务者，则其教育当自最初级之教育开始。此教育为何？即幼稚教育也。”总之，在他看来，不论从儿童个人发展的角度，还是从国家社会利益的角度来说，幼稚教育都是十分重要的。

他认为幼稚教育之所以重要，也是由它在学制上的地位和作用决定的。幼稚教育为学制上一切教育之起点也。他说："非独小学生，即中学生、大学生许多习惯、性情，亦可以幼稚园养成之，如研究的态度、对人的品行等，皆奠基于此。"

他还从幼稚园与家庭之关系方面指出幼稚园是家庭托付儿童之第一场所，最能与父母接触之第一种教育事业。有许多家庭由于父母各有职业，不能负子女教育之责，于是便把子女托付于幼稚园，也有许多家庭父母虽然有闲暇的时间，但对于子女往往爱而不知教，也需要幼稚园的帮助，因为幼稚园里有专门人才，只有在幼稚园才能使儿童受到良好的教育。幼稚园不但直接担负着教育儿童的责任，还可以通过发起组织母亲会等形式对家长进行教育方法方面的辅导。

张宗麟对作为最初教育的幼稚教育非常重视，他根据多方面的分析对幼稚教育的地位和作用做了充分的肯定。

三、关于幼稚教育的服务对象和发展方向

（一）幼稚教育的服务对象

张宗麟认为幼稚园为谁服务的方向问题至关重要。他说："中国幼稚教育的兴起都是从都市发生的，幼稚生的来源当然是比较富裕的家庭……但是幼稚教育倘若长此向这条路上去发展，那么，幼稚园将变成富孩子的乐园，幼稚教师也不过是有钱人的'干奶妈'，对于社会的意义太少，这种幼稚教育必定渐归消灭。"他深刻地指出了幼稚园为谁服务的问题是决定着幼稚教育的命运和价值的关键问题。他断言：幼稚园若是为着整个民族的教育之一，那么非转移方向，即转到乡村与工厂不可。正是在这一思想的指导下，他对陶行知提出的幼稚园下乡进厂运动的主张非常拥护，并与徐世璧、王荆璞等主持创办了晓庄的乡村幼稚教育。

张宗麟在提倡转移幼稚教育服务方向的过程中，还对幼稚教育的服务对象做了细致的分析，提出有以下四种人最需要帮助：农家妇。由于中国是农业国，农民一家老小，终岁勤劳，方得免于冻饿，不论是男子还是妇女几乎都没有空闲时间，在这种情况下，做母亲的很难去养护自己的孩子。她们不是带孩子到地头去，就是把孩子关在家里，或交给孩子的哥哥姐姐带领。因此她们需要帮助。工厂的女工。她们在工作时一般也都将孩子关在家里，因而也需要帮助。贫民区的、失业及做短工的家庭。做母亲的为了生活，往往东奔西走，格外忙碌，孩子们也常常饿一天，格外可怜，自然也很需要帮助。女子职业者，如女招待、女店员、女秘书等。她们的子女大多交给老妪，当然不会好好教养孩子，唯有送进幼稚园，才可能使母子都得到安慰。他认为以上这四种母亲对人类都有特殊的贡献，她们的子女应该有人替她们负责教养。因此，到农村去，到贫民区去办幼稚园，对孩子们的福利和社会的贡献要比办其他任何幼稚园来得大。

（二）幼稚园教育的发展方向

张宗麟在论述我国幼稚教育的发展方向时，首先揭露了当时我国幼稚教育存在的症结，第一是教会的垄断。他指出：就江浙两省而论，苏州景海和杭州弘道的幼稚师范于民国初年即已设立，历年皆有毕业生，分布遍于江浙两省，遂使江浙两省的幼稚教育基本上为教会所垄断。同时，当时教会办理的幼稚师范全国已有6所，而国人自办的几乎绝迹，已办的也已停办。他认为这对于国民教育是甚为危险的事情。第二是社会的漠视。他指出：社会上有的人以为幼

稚教育乃不急之务，有的人则轻视本国人设立之幼稚园，宁愿把自己的子女送入外国人所设立的幼稚园。张宗麟认为这些情况对本国幼稚教育无疑是一种摧残。针对以上两方面问题，他提出以下四个补救办法。

(1) 停办外人设立之幼稚师范及幼稚园。他认为世界上的独立国家，断不许外人在本国设立小学以教育当地人民，不许外人充当小学教师，更不许外人设立师范学校。政府完全可能限期停办外人设立之幼稚师范和幼稚园。

(2) 严定幼稚师范及幼稚教育标准。外人办理之幼稚师范和幼稚园停办后应开发利用以取代，为免除未来之弊端和创设独立国家之教育精神起见，就应当严定幼稚教育之标准。

(3) 设幼稚师范并检定幼稚教师。

(4) 引起社会之注意。他认为此为根本方法，教育当局应宣传该事业之重要，使不知者知之，少知者多知之，同时也使迷信外国者能清醒起来。

张宗麟认为只有通过以上这些措施，才能克服当时中国幼稚教育之顽症，充分发挥幼稚教育培养人才的奠基作用。

张宗麟不仅揭露了当时中国幼稚教育存在之弊病，同时也为中国幼稚教育的发展指出了前进的方向。他提出了明日的幼稚教育的设想：

(1) 明日的幼稚教育必定是普及的。愈是乡村与工厂附近普及得愈快。

(2) 明日的幼稚教育必定为各个集团(国家或其他)训练幼稚儿童的一种重要事业。所以它一方面是帮助忙碌的母亲们免去麻烦，另一方面也就在此时预先训练未来的民众。

(3) 明日的幼稚教育必定是“教”与“养”并重的，幼稚园是儿童的另一个家庭，绝不只是上课读书的场所。

(4) 明日的幼稚教育必定是与家庭沟通的。幼稚园不但教育儿童，也是母亲受教育的地方。

(5) 明日的幼稚教育必定是与小学联系的。小学与幼稚园的一切办法完全一致。

(6) 明日的幼稚教育必定训练儿童有集体工作的精神，免去个人单独行动的散漫行为。

(7) 明日的幼稚教育必定引用科学的养护法，使孩子在幼稚园里成长，比家庭中光用慈母的爱去教养还有效。

(8) 明日的幼稚教育必定有它的一贯主张，一切设施等均合乎这个主张，尤其如玩具等都免去神秘等意味。

(9) 明日的幼稚教师除了为着维持自己的生活外，最重要的任务还是要实现他的集团的理想。所以他是集团的工作者，不是为着个人的职业。

张宗麟对明日之幼稚教育所提出的上述9点设想有很积极的意义，但在当时的社会条件下无疑又是不可能实现的。

四、关于幼稚园的课程

(一) 课程的含义

张宗麟指出：幼稚园课程者，乃幼稚生在幼稚园一切之活动也。其范围包括一切教材、科目、幼稚生之活动。他认为幼稚课程的分类有两种：一种是以儿童活动分类，包括开始的活动，即幼稚生初入园时必须养成的习惯，如放手巾、认识老师和同学、初步的礼节等；身体的活动，即健身的习惯与技能，如卫生习惯和走、跑、跳等；家庭的活动，即反映家事和家庭关系的娃娃家游戏、建筑游戏等；社会的活动，如手工、图画、整理打扫等。另一种是以学科分类，把儿童活动分为各种学科，包括音乐、游戏、手工、自然等科目。但不论是以“活动”分类，还是以“科目”分类的课程，教师都不可拘泥于某时当教何种课程，而应动静交替地安排好儿童每一日的活动。一般每日可安排一两次团体作业，除午餐、午睡外，不必有规定的时间表，但教师必须对在某时期宜如何作业胸有成竹。

在探讨幼稚园课程问题时，张宗麟还特别注意研究了世界幼稚园课程的历史发展进程。他指出最早的福禄贝尔的幼稚园，其最关紧要处即为课程。由于福禄贝尔认清游戏为儿童之生命，因此就把游戏作为主要课程，并制成多组恩物，以适应需要。除此以外，在他的课程中还有欣赏、绘画、故事、自然等。后来，蒙台梭利的儿童之家的课程，则有清洁检查、感觉训练、谈话、唱歌、游戏、体操、手工、图画、动植物照料、祈祷等。由于蒙台梭利是研究低能儿的医生，所以他在规定课程时特别注意感觉训练的身体养护。张宗麟还概括了当时各国幼儿园课程的大致范围有音乐、游戏、故事、谈话、图画、手工、自然、常识、读法、识数 10 项，并指出课程不是一成不变的，各个国家的不同地区在不同时期的课程都会有所变化，这种变化既具有普通的共同性，也有特殊的差异性。

（二）社会化的幼稚园课程

这是张宗麟在 20 世纪 30 年代出版的《幼稚园的社会》一书中提出的关于幼稚园课程的一种主张。他指出幼稚园各种活动都应当是倾向于社会性的，因为教育的灵魂乃在于养成适合于某种社会生活的人民。所以在幼稚园里不仅应设置“社会”这个科目，而且幼稚园的一切活动，从广义上讲，都应有社会性，即便是“自然”科目也绝不是纯粹去研究自然，心理是与人生有密切关系的自然研究。正是从这个意义上，他认为幼稚园的课程应是社会化的幼稚园课程。

关于社会化的课程应包括的内容，他指出有以下几类：关于衣食住行等生活需要和卫生方法，及家庭、邻里、商铺、邮局、救火组织、公园、交通机关等社会组织的观察研究，本地名胜古迹的游览；日常礼仪的演习；纪念日和节日的研究举行；身体各部的认识和简易卫生规律的实践；集会的演习（以培养公正、仁爱、和平的态度精神为主）等。

为了使社会化课程能够更好地促进幼儿社会性的发展，他还强调在实施过程中应特别注意以下几点：第一，培养儿童具有互助与合作的精神。他指出人类正是因为有互助和合作才能生存和发展，同时他认为互助与合作是有区别的，互助是无条件的，无直接的报酬，如儿童在荡秋千时的相互帮助，就属于这种性质；合作则是有条件的，如儿童在玩搭房子游戏时的相互配合就属于这种性质。从教育的观点来看，前者胜于后者，而二者又都远胜于竞争。第二，培养儿童具有爱和怜的情感。他指出爱是有生气的，是双方的，可使被爱者产生力量，如亲子间、师生间的爱；怜则是单方面的，如同情弱小或残疾者。第三，培养儿童具有顾及别人的思想。他指出幼儿对“别人”这一概念的理解是不深切的，他们在活动中往往会自顾自，为此我们要随时教育孩子顾到别人，包括一切玩具与他人共玩、不扰乱秩序、不打断他人说话等。同时我们应当培养儿童独立自由的精神，但决不可使他们养成骄傲和唯我独尊等习气。此外，他认为在教育过程中，还应该使儿童知道生活的来源，懂得尊重劳动者。

五、关于幼稚园教师的培训

(一) 幼稚园教师的任务

张宗麟十分重视教师的培养和训练。他认为幼稚园教师的任务,实际上重于小学教师。它包括:养护儿童;发展儿童身体;养成儿童相当之习惯;养成儿童有相应之知识与技能;与家庭联络,并谋家庭教育之良方;研究儿童等。其中尤以养护儿童为幼稚园教师最重要的责任。为此,必须对幼稚园教师进行专门的培养和训练。

(二) 幼稚园教师的培养

幼稚园教师的培养主要是通过幼稚师范学校进行的。为了使幼稚师范能够培养出健全的幼稚园教师,张宗麟对其设置、招生条件、课程安排都提出了明确的要求。

首先,他认为师范教育为国家事业,绝对不能容许外国人、教会或私人包办,国家对师范教育应负完全责任,幼稚师范自然也不例外。因此,对外国教会所办的幼稚师范,政府急令其立即停办,同时在各省宜从速筹设幼稚师范。

其次,他认为幼稚师范应以培养健全的幼稚园教师为目的,招收初中毕业以上之学生,年龄在 16 岁以上,身体健康,富有爱国心,真诚爱儿童,有优良基本知识和善于变换之思维者,对他们进行三年或两年之专门师范教育。同时他还特别指出,幼稚园教师非为女子之专业,必须有男子加入。

张宗麟还认为,幼稚师范为了培养健全的幼稚园教师,决不能搬用教会设立的幼稚师范那种养成牧师式教师的课程,为此,他对幼稚师范的课程设置提出以下标准:公民训练组:含本国史、本国地理、世界史概要、社会学、最近世界概况,占 15%;普通科学组:含科学入门、应用科学、生物学、应用数学、簿记,占 15%;语文组:含国文、国语、英文(非必要),占 10%;艺术组:含图画、手工、烹饪、家事学、音乐,占 15%;普通教育组:含教育学、教育心理、教育史、普通教学法,占 10%;专门教育组:含幼稚教育概论、儿童心理、儿童保育法、幼稚各科教学法、幼稚园各科教材讨论、幼稚园实习、幼稚教育之历史及其最新趋势、小学低年龄教学法,占 35%。

(三) 幼稚园教师的进修

张宗麟指出,要成为一名优秀的幼稚园教师,只靠在学校中几年的学习还是不够的,还必须随时修养,以谋合于潮流,以求其业之进步。幼稚园教师的修养包括许多方面,有品性上的,有学问上的,也有能力、技术和其他方面的。

他认为幼稚园教师在品性上应继续如求学时代之朴素诚笃;在知识上须多读书,每日规定读普通书报几种、教育书报几种、幼稚教育书报几种;同时要与本区幼稚教育联络,如参加俱乐部,定期讨论最近幼教趋势,交流心得;也可以利用暑假集中一段时间进行学习;此外,还应当正确处理家庭与事业的关系。

可见,张宗麟对幼稚园教师的培养和训练所提出的意见是十分全面的,它既包括在校的正规培养,也包括职后的学习和进修。

本章小结

我国近现代时期学前教育思想异常活跃,涌现了一大批著名的教育家。他们在吸纳外来文化的同时,注重弘扬传统文化,并在本土化的实验研究过程中,逐渐形成我国近现代学前教育理论和实践体系。主要代表人物有蔡元培、陶行知、张雪门、陈鹤琴、张宗麟等。

蔡元培"五育并举"的社会学前教育机构制度的设计，更多地与他对民主社会的诉求有着密切的关系，体现着他对平等教育、民主教育的向往。陶行知以一颗民主之心，期望适合中国社会特点的学前教育事业能够在下层民众中得到发展，并提出应以此作为中国未来学前教育发展的方向。他是中国现代大众学前教育理论的探索先驱和大众学前教育实践的践行者。张雪门将学前教育的价值取向定位于为民族、社会培养人才奠定基础和发展幼儿个性两个方面，体现了那一代知识分子对于发展中国学前教育事业所抱有的殷切期望。陈鹤琴本着创立中国化学前教育体系的雄心，以科学试验为手段，以民主自由为取向，从中国儿童心理特点的探索到幼稚园课程及其教法的试验，不仅为中国化幼稚教育的探索做出了重要贡献，其研究范式也值得后人学习。张宗麟关于幼儿教育民族化原则的诉求，是其从事学前教育理论研究和试验的出发点，是中国化幼儿教育体系建立的必然取向。

总之，蔡元培、陶行知、张雪门、陈鹤琴、张宗麟是我国20世纪上半叶学前教育中国化发展道路探索者中的优秀代表。在他们心目中，学前教育是救国的一项民主事业，学前教育的目的是培养身心健全的现代中国人。在他们的理论体系和实践活动中，强调中国化的探索，注意通过学前教育的试验活动探索一条中国化幼儿教育的发展道路和理论体系。在学前教育对象方面，他们更关注普通民众子女的学前教育，"人民性"是这些教育家思想体系和行动的主要特征。在课程设置方面，他们均受到杜威实用主义儿童观的影响，同时根据中国实情，强调大课程观，注重幼稚园课程与社会、自然的联系，这也成为这个时期幼稚园课程探索者的共识。

思考题

1. 蔡元培的"尚自然、展个性"的儿童教育观对我国现在的幼儿教育有何启示?
2. 陶行知关于"创造教育"的思想内容是什么？具有哪些现实意义?
3. 陶行知对我国幼儿教育事业发展的主要观点是什么？该观点有何现实意义?
4. 谈谈你对张雪门行为课程的理解。
5. 陈鹤琴的活教育理论包含哪些内容?
6. 陈鹤琴认为办好幼稚园应具备哪些条件?
7. 结合张宗麟的教育思想，谈谈幼稚园教育有着什么样的地位和作用。

拓展阅读

1. 江苏省陶行知研究会，南京晓庄师范学校. 陶行知文集[M]. 南京：江苏教育出版社，2008.

本书着重收录了反映陶行知教育思想、教育观点的代表性著作226篇，70多万字，分1913—1926年、1927—1930年、1931—1935年、1936—1946年四个时段，按发表或完成的时间先后顺序进行编排。对于所选著作基本全文收录，少数论文作了节选。

2. 陈秀云，陈一飞. 陈鹤琴文集[M]. 南京：江苏教育出版社，2007.

本书选辑了有关陈鹤琴幼儿教育理论和实践的主要文章讲稿和实验报告等，同时还收录陈鹤琴论“活教育”的重要著作和其他关于儿童心理研究的论述和观点。附录中有个人生平介绍的史料，生动记载了这位“中国幼教之父”投身于教育事业的不平凡的教育家人生。

3. 戴自俺. 张雪门幼儿教育文集[M]. 北京：北京少年儿童出版社，2009.

本书收录了张雪门先生自1926年起到逝世前所出版的有关幼儿教育方面的论著和论文，近120万字，基本按写作年代先后排列。所选著作基本全文收录，部分著作作了删节。

第三编

中国现当代学前教育

第五章　中国现代学前教育的发展

学习目标

了解新中国成立后社会主义学前教育发展道路探索的历程和发展脉络。

关键词

社会主义学前教育　发展道路　探索

1949 年 10 月 1 日，中华人民共和国正式宣告成立，中国现代学前教育事业在改造旧中国的教育和学习苏联的学前教育经验的基础上有了量的发展和质的飞跃。但“文化大革命”期间，刚发展起来的中国学前教育遭受了严重的挫折和损失。1978 年改革开放以来，学前教育又得以迅速恢复和发展，各种学前社会教育机构迅猛增加，学前教育理论建设和教育实践研究空前活跃，并走出了国门，加强了国际间的交流与合作。

第一节　社会主义改造时期的学前教育

1949 年 10 月 1 日，中华人民共和国成立，教育也进入了一个全新的发展阶段。1949 年 10 月至 1956 年 9 月这七年，是国民经济恢复和社会主义改造时期。在此过程中，新中国的学前教育在改造旧教育的基础上逐步确立了新的教育制度，并呈现稳步发展的态势。

一、新民主主义学前教育制度的确立

（一）社会主义改造时期的教育方针和政策

中华人民共和国成立后，政府立即着手教育制度的改造。《共同纲领》第五章“文化教育政策”中明确规定了教育的性质和任务：“中华人民共和国的文化教育为新民主主义的，即民族的、科学的、大众的文化教育。人民政府的文化教育工作，应以提高人民文化水平，培养国家建设人才，肃清封建的、买办的、法西斯主义的思想，发展为人民服务的思想为主要任务。”并指出要“注意保护母亲、婴儿和儿童的健康”。

1951年8月，教育部召开第一次全国初等教育会议和第一次全国师范教育会议，会议讨论了发展和建设初等教育和师范教育的方针、任务，提出必须以革命的精神和革命的办法办好人民教育。会议指出当前幼儿教育的工作方针，是根据地域差异、城乡差异，有计划、有步骤地在整顿中提高，在巩固的基础上适当地发展；积极地培养幼儿教育师资；在三五年内要重视短期训练和在职学习；根据幼儿园教养纲要，解决教材问题，准备将来的大发展；发展的重点，首先应该放在工业地区和企业部门，其次是机关、学校及郊区农村（先取得经验以发展农忙幼儿园），主要解决工农劳动妇女对孩子的教养问题；鼓励私人办幼儿园并加强领导，做到公私兼顾办园。另外，必须重视依靠群众团体来推动和开展幼儿教育，教育行政部门要加强对幼儿教育的领导。

1951年10月1日，政务院公布施行《关于改革学制的决定》，产生了新中国的第一个学制。此学制共分五个部分：第一部分为幼儿教育；第二部分为初等教育；第三部分为中等教育；第四部分为高等教育；第五部分为各级政治训练班。

新学制规定实施幼儿教育的组织为幼儿园，招收3—7岁的幼儿，使他们的身心在入学前获得健全的发育；并指出幼儿园应在有条件的城市首先建立，然后逐步推广。值此，自1922年壬戌学制确定的学前教育名称，沿用了30年的“幼稚园”，从此改称为“幼儿园”。

1951年，教育部制定了《幼儿园暂行规程》（以下简称《暂行规程》）和《幼儿园暂行教学纲领》（以下简称《暂行纲领》），并于1952年3月将这两个试行草案颁发至全国试行。这两个法规是汲取苏区和边区的学前教育经验，借鉴苏联学前教育理论，在苏联专家的直接指导下拟定的。《暂行规程》分8章共43条，包括总则、学制、设置、领导、教养原则、教养活动项目、入园、结业、组织、编制、会议制度、经费、设备和教育要点，以及体育、语言、认识环境、图画手工、音乐、计算共6科教育纲要。各科纲要均包括目标、教材大纲、教学要点和设备要点四个方面。上述两个法规的主要规定如下：

1. 幼儿园的双重任务

幼儿园的任务是：根据新民主主义教育方针教养幼儿，使他们的身心在入小学前获得健全的发育；同时减轻母亲对幼儿的负担，以便母亲有时间参加政治生活、生产劳动、文化教育等。并规定幼儿园应对幼儿进行初步的全面发展的教养工作。

2. 幼儿园的培养目标

主要目标是：培养幼儿基本的卫生习惯，注意其营养，锻炼其体格，保证幼儿身体的正常发育和健康；培养幼儿正确运用感官和语言的基本能力，增进其对环境的认识，以发展幼儿的智力；培养幼儿的爱国思想、国民公德，以及诚实、勇敢、团结、友爱、守纪律、有礼貌等优良品质和习惯；培养幼儿爱美的观念和兴趣，增进其想象力和创造力。

3. 幼儿园的教养原则

教养原则：使幼儿全面发展；使教养内容和幼儿生活实际相结合；使幼儿有独立活动完成简单任务的机会；使幼儿习惯于集体生活；使必修作业、选修作业及户外活动配合进行；使幼儿家庭教育和幼儿园教育密切配合。

4. 幼儿园教养活动项目

幼儿园教养活动项目有：体育（包括日常生活、卫生习惯、体操、游戏、舞蹈和活动等），语言（包括谈话、讲述故事、歌谣、谜语），认识环境（包括日常生活环境、社会环境、自然环境），图画手工(包括图画、纸工、泥工、其他材料作业等),音乐(包括唱歌、听音乐、乐器表演等),计算(包括认识数目、心算、度量)共6项。

5. 幼儿园的招收对象与管理体制

幼儿园以收3周岁到未满7周岁的幼儿为标准;以整日制为原则,幼儿每日在园时间以8小时至12小时为准;根据需要可办寄宿制和季节性幼儿园;开学、放假比照小学学历,但为便利妇女工作,以不放寒暑假为原则。幼儿园园长应兼任教养员,教养员应对幼儿负全面教养责任(从此幼儿园教师的称谓也就更名为"教养员")。此外,还有设班、编班原则,园长责任制和教养员责任制的规定等。

《暂行规程》与《暂行纲领》的制定和试行,明确了幼儿园的双重任务和教养并重的方针,强调了幼儿园教育的目的性和计划性及各科教学的思想性和系统性,为全面改革旧教育、逐步建立社会主义学前教育新体系奠定了良好的基础。

1956年2月,教育部、卫生部、内务部发出《关于托儿所、幼儿园几个问题的联合通知》,对我国的学前教育事业发展方针、领导关系及培养干部问题都做了规定,确立了"统一领导,分级管理"的原则,指出:各类托儿所、幼儿园的经费、人事、房屋设备和日常行政事宜,均由主办单位负责管理;托儿所统一由卫生行政部门领导;幼儿园统一由教育行政部门领导。主办单位应向当地卫生或教育行政部门报告工作,卫生、教育行政部门应分别对托儿所和幼儿园实行经常性的检查与指导。这一通知明确了托儿所和幼儿园的领导管理体系,加强了对托儿所和幼儿园的领导和管理,保证了托幼事业的健康发展。

(二)对旧的学前教育机构的改造

1. 设立学前教育领导机构

1949年11月,中央人民政府教育部成立,在初等教育司下首次设立幼儿教育处,张逸园为第一任处长,此外,教育部幼儿教育处于1953年设置了幼儿教育研究室。京、津、沪等市教育局也先后设立幼儿教育研究室。

2. 确立幼儿园的办园制度

根据《共同纲领》的规定和第一次全国教育工作会议的精神,政府开始着手学前教育制度的改造和建设工作。如废除幼儿园的招生考试制度,采取报名登记与审查核实相结合的办法,优先录取劳动人民家中无人照顾的孩子。又如将半日制逐步改为整日制幼儿园,同时取消寒暑假制度,延长了幼儿的在园时间,适应了家长工作和学习的需要。此外,对家庭经济困难的幼儿,实行免费和减免收费的优待。幼儿园的大门从此向劳动人民开放,工农子女从此成为幼儿园教育的主要对象。

3. 对旧有幼儿园的改造

对旧中国原有的幼儿园主要是采取"接管"和"接办"的办法实施改造。对帝国主义在华办的幼儿园、孤儿院、慈幼院、育婴堂和国民党政府遗留下来的幼儿教育机构,实施"接管",委派革命干部参加领导,幼儿园原有的教职工除反革命分子外一律照常供职。1951年,教育行政部门在全国妇联和内务部的协助下接管的各类幼教机构达200余所。对中国人自己办的且办得较好的私立幼儿园,实施"接办",采取"保护维持,加强领导,逐步改造"的方针。自1952年起,陆续将这部分私立幼儿园改为公立。如陈鹤琴创办的鼓楼幼儿园和刘文兰于1945年个人捐资创办的重庆景德幼儿园都是在当时由私立改为公立。

二、学前教育的稳步发展

（一）学前教育机构逐步发展壮大

根据当时学前教育事业发展的方针，幼儿园应在有条件的城市首先建立，然后逐步推广。发展的重点首先在工厂企业，其次是机关、学校和郊区农村。改造或新建的幼儿园发扬了老解放区的革命传统，在“一切为革命”“一切为了孩子”的口号鼓舞下，全面负责，服务周到，对家长全身心投入社会主义革命和建设起了推动作用。抗美援朝期间部队幼儿园也起了积极作用。在国家“两条腿走路”的方针指引下，调动了社会各方面举办幼儿园的积极性，幼儿园数量逐年递增，出现了稳步发展的态势（表 5－1）。

表 5－1　1949—1956 年幼儿园发展情况统计

年　份	幼儿园数/万所				入园幼儿人数/万人			
	合计	教育部门办	其他部门办	民办（集体）	合计	教育部门办	其他部门办	民办（集体）
1949	0.13	0.08		0.05	13.0	9.3		3.7
1950	0.18	0.12		0.06	14.0	8.8		5.2
1951	0.48	0.32		0.16	38.2	25.5		12.7
1952	0.65	0.45	0.03	0.17	42.4	28.7	2.7	11.0
1953	0.55	0.39	0.05	0.11	43.0	29.2	4.3	9.5
1954	0.63	0.40	0.10	0.13	48.4	29.7	7.9	10.8
1955	0.71	0.37	0.16	0.18	56.2	31.3	12.0	12.9
1956	1.85	0.45	0.25	1.15	108.1	39.2	18.5	50.4

从表 5－1 可见，学前教育机构发展迅速，1956 年全国幼儿园数是 1949 年的 14 倍，入园幼儿人数是 1949 年的 8.3 倍。办园形式也灵活多样，有全日制、寄宿制、半日制、季节制和临时性托管等。

（二）苏联学前教育对中国学前教育思想的影响

新中国成立初期，由于缺乏建设社会主义社会的经验，为了加速社会主义社会建设步伐，中央提出全面向苏联学习，包括教育改革。学习苏联教育经验，对于改革旧教育、建设新教育起了积极作用，改革取得了明显的成绩，当然也出现了生搬硬套的现象。

苏联教育专家凯洛夫的《教育学》在 20 世纪 50 年代的中国风行一时，人们视凯洛夫的教育思想为苏联教育思想的代表。当时我国还翻译出版了苏联的《幼儿园教养员工作指南》《我的儿童教育工作经验》等书，教育部曾于 1950 年 9 月发出通知，指定这两本书作为当时幼儿园的学习参考书籍。从 1953 年起，我国还陆续翻译出版了苏罗金娜的《学前教育学》、查包洛塞兹的《幼儿心理学》、沙巴耶娃的《教育史》、维特罗金娜的《幼儿园音乐教学法》、萨古林娜的《幼儿园绘画教学法》，以及有关幼儿卫生学、语言和认识环境、游戏、体育锻炼、三岁前集体教养等方面的几十种书籍，它们成为我国师范院校学前教育专业的主要教学用书，对我国学前教育影响极大。

1950 年 9 月，苏联学前儿童卫生学专家戈林娜在北京师范大学教育系任教，她是来中国最早的苏联学前教育专家。戈林娜后来被聘请为教育部的幼儿教育顾问。在华期间，她亲自为本科生和进修学员授课，并亲临多家幼儿园指导教育实践和研究工作，为新中国培养了首批学前教育骨干。此外，她还指导拟定了《幼儿园暂行规程》和《幼儿园暂行纲要》。

在学习苏联教育理论和经验的同时，开展了对杜威实用主义、儿童中心论等的彻底批判，对陶行知生活教育理论和陈鹤琴的“活教育”理论也进行了盲目的批判。这种批判限制了幼儿园教育形式和观念的多元化发展。

（三）学前教育师资的培养

1951 年 8 月，教育部召开了第一次全国师范教育会议。会议强调：当前师范教育的工作方针是正规师范教育与大量短期训练相结合；短期训练的方式多种多样，以应急需；对正规的师范教育要调整、整顿，发展各级师范学校。

1. 幼教师资职前培养

1952 年 7 月颁布的《师范学校暂行规程》规定：培养幼儿园师资的学校称为幼儿师范学校。师范学校应附设幼儿师范科、师范速成班、短期师资训练班等。中级师范学校招收 30 岁以下的初中毕业生或具有同等学力者，修业年限为 3 年。初级师范学校招收 25 岁以下的小学毕业生或具有同等学力者，修业年限为 3～4 年。正规幼儿师范将承担培养幼儿园新教师和在职保教人员的双重任务。在第一个五年计划内，幼儿教育师资的培养问题被提上议事日程，使幼儿师范学校得到了较快的发展（表 5-2）。

表 5-2　幼儿师范学校（包括幼师科）历年发展情况统计

年　份	校数（所）	班数（个）	在校学生人数/人			毕业生人数/人		
			合计	中级	初级	合计	中级	初级
1950	1	27	809	809		260	260	
1951	2	50	1 627	1 627		360	360	
1952	2	47	2 100	2 100		585	585	
1953	7	151	6 755	6 047	708	1 013	934	79
1954	7	191	8 469	7 852	617	2 880	2 303	577
1955	9	204	9 191	9 155	36	2 442	2 406	36
1956	21	342	15 199	15 150	49	2 280	2 244	36

从表 5-2 可见，1956 年与 1950 年相比，学校增加 20 所，增长了 20 倍，班级增加了 315 个，增长了 11 倍多；在校生人数增加了 14 390 人，增长了 17 倍多。

1955 年，教育部决定幼儿园师资由地方教育行政部门设立幼儿师范学校负责培养，在全国范围内增设了中级和初级幼儿师范学校，增加了幼儿园教师的培养基地。1953 年 7 月，教育部颁布《幼儿师范学校教学计划（修订草案）》，规定幼儿师范学校设语文与语言教学法、数学及计算教学法、物理、化学及矿物学、人体解剖生理学、达尔文主义基础、地理、历史、政治、幼儿心理、幼儿教育、幼儿卫生及生活管理、认识环境教学法、体育及教学法、音乐及教学法、美工及教学法、教育参观实习等课程，总教学时数为 3 372 课时，并对大纲、教材、课程安排做了规定。

1956 年 5 月，教育部正式颁布《幼儿师范学校教学计划》，增设植物学、动物学，将语文分设为汉语、文学及儿童文学，将认识环境教学法改为认识自然教学法，取消计算教学法、生活管理和世界近代史，添设选修课钢琴，并调整了部分课程的教学时数。6 月，教育部又分别颁布了初级幼儿师范学校的教学计划(草案)。

1952 年，教育部颁布试行的《关于高等师范教育学校的规定》中指出：高等师范学校设置的教育系应分设学前教育组，培养中等师范学校的专业课教师。根据教育部有关高等学校院系调整的精神，将分散于一些高校的有关专业适当合并，调整为学前教育专业或幼儿教育系，以利于集中力量，切实形成幼儿师范学校师资培养基地。具体措施为：将分散于南京金陵大学、广东岭南大学、上海震旦大学的儿童福利组、托儿专修班并入南京大学师范学院幼儿教育系。将北京燕京大学、辅仁大学的家政系与北京师范大学的学前教育专业合并成为北京师范大学教育系学前教育专业。这样，高等师范学校学前教育专业的力量相对集中，目标较明确，负担着为全国培养幼儿师范学校师资力量的任务。1953 年将华西大学保育系与西南师范学院保育系合并，成为西南师范学院教育系学前教育专业；又将西北师范学院政治系改为甘肃师范大学教育系学前教育专业。此后，又在长春的东北师范大学和武汉的华中师范学院教育系增设学前教育专业。1956 年 2 月，教育部颁布了师范学院教育系幼儿教育专业暂行教学计划，规定开设幼儿教育学等二十多门必修课和选修课，确定了教育见习、教育实习的学时数等。

2. 幼教师资职后培训

这一时期，除通过正规幼儿师范学校培养新师资外，还通过多种渠道、采用多种形式培训在职教师。1954 年 6 月，教育部发出了《关于举办小学教师轮训班的指示》，规定：将实际文化程度为高小毕业以上，不及初师毕业程度的小学教师(包括幼儿园教养员)，经过一定期限的训练，使他们在主要学科方面达到初师毕业文化水平。在 1956 年 2 月颁布的《联合通知》中，对培训方式作了规定：对在职幼儿园园长和教养员的培训提高，应采取在职学习、轮训、夜校、函授、业务讲座、幼儿教育研究会及相互观摩等方式进行，并及时总结经验加以推广。6 月，教育部又在《关于大力培养小学教员和幼儿园教养员的指示》中指出：一方面大力发展幼儿师范学校，另一方面采取短期训练的措施，补充师资。于是各地先后举办了多种类型的业余或脱产的培训班，既招收城市失业知识分子和家庭妇女，又从现有教师中选拔优秀教养员加以训练提高。这类培训班时间短、收效快，解决问题又有针对性，深受广大幼儿教育工作者的欢迎。此外，还通过幼儿教育的教研网和辅导网的活动以提高在职幼教工作者的水平。

3. 幼儿园师资配备情况

1950—1956 年幼儿园教师队伍发展情况见表 5−3。

表 5−3　1950—1956 年幼儿园教师队伍发展情况统计

年　　份	幼儿园数/万所	教师数/万人	其　　中					
			教育部门办		其他部门办		民办(集体)	
			幼儿园数/万所	教师数/万人	幼儿园数/万所	教师数/万人	幼儿园数/万所	教师数/万人
1950	0.18	0.17	0.12	0.11			0.06	0.06

续表

年份	幼儿园数/万所	教师数/万人	其中					
			教育部门办		其他部门办		民办(集体)	
			幼儿园数/万所	教师数/万人	幼儿园数/万所	教师数/万人	幼儿园数/万所	教师数/万人
1951	0.48	0.44	0.32	0.29			0.16	0.15
1952	0.65	1.36	0.45	0.88	0.03	0.16	0.17	0.32
1953	0.55	1.60	0.39	1.07	0.05	0.26	0.11	0.27
1954	0.63	2.09	0.40	1.20	0.10	0.54	0.13	0.35
1955	0.71	2.59	0.37	1.24	0.16	0.88	0.18	0.47
1956	1.85	4.83	0.45	1.59	0.25	1.22	1.15	2.02

从表5-3中可以看出，幼儿教师是紧缺的，特别是民办幼儿园，教师的培养、培训落后于幼儿园发展的需要。

第二节　社会主义建设时期的学前教育

1956年9月，中国共产党第八次全国代表大会在北京召开。会议宣布，新民主主义革命胜利结束，今后的主要任务是发展生产力，逐步满足人民群众日益增长的物质和文化需求。从此，中国进入了全面的社会主义建设时期。至1966年5月，因“文化大革命”开始，这一时期终止。

一、社会主义学前教育制度的确立

（一）社会主义教育方针的提出

1958年9月19日，中共中央、国务院发出《关于教育工作的指示》，明确地、系统地提出了党和国家的教育工作方针。其后，在毛泽东的讲话里，在方针的表述中加进了“必须”二字，即“教育必须为无产阶级政治服务，教育必须与生产劳动相结合”。因此，这个方针也称为“两个必须”的方针。

学前教育也必须贯彻党和国家的教育方针。首先在培养目标上，曾有人提出幼儿园把体育放在首位，是“没有以德育挂帅”的资产阶级教育方针。经过学习和讨论，确定了“体、智、德、美全面发展”的方针。这一学前教育方针既体现了社会主义教育的要求，又遵从了幼儿身心发展规律。其次在工作方向上，学前教育普遍加强了为生产服务的措施和对幼儿的劳动教育。

（二）教育思想上的“左”倾倾向

1958年5月，中国共产党第八届全国代表大会第二次会议通过了“鼓足干劲，力争上游，多快好省地建设社会主义”的总路线。随后发动了大跃进运动和农村人民公社化运动，使得以“高标准、瞎指挥、浮夸风和共产风”为主要标志的“左”倾错误在全国泛滥开来。在学前教育方面，“大跃进”主要表现在事业的大发展和以寄宿制为主的办园方针上，在社会经济条件不具备的前提下提出学前教育的全托化。中共中央、国务院还在《关于教育工作的指示》中提出了全国应在3至5年内，使学龄前儿童大多数都能入托儿所和幼儿园的学前教育事业发展目标。1959年，由于受到全党“反右倾”斗争的影响，继续执行“反右倾、鼓干劲”，积极发展幼儿教育的方针，使城乡幼儿园在1960年仍然盲目发展。同时还提出了“三天托儿所”“实行寄宿制，消灭三大差别”等口号，造成一哄而起、遍地开花的虚假局面。

二、学前教育事业的曲折发展

(一) 学前教育机构迅猛发展

由于受“大跃进”运动和教育上的“左”倾思想的影响，幼儿园的数量迅猛增加，发展上存在极大的盲目性。1958年全国幼儿园数量比1957年增加了41.4倍，1959年比1958年虽下降23.4%，但1960年比1959年增加了47%，总数上超过了1958年。具体情况见表5-4。

表5-4 “大跃进”时期幼儿园发展情况统计

年　份	幼儿园数/万所				入园幼儿数/万人			
	合计	教育部门办	其他部门办	民办(集体)	合计	教育部门办	其他部门办	民办(集体)
1957	1.64	0.44	0.34	0.86	108.8	39	25.9	43.9
1958	69.53	0.45	0.48	68.6	2 950.1	44.9	36.9	2 868.3
1959	53.23	0.46	0.67	52.1	2 172.2	48.4	52.1	2 071.7
1960	78.5	1.1	28.2	49.2	2 933.1	81.1	1 445.9	1 406.1

在“大跃进”的年代里，广大幼儿园遵循为生产服务、为工农服务的原则，采取了一系列的改革措施，如延长幼儿园的在园时间，代家长带孩子看病取药、缝补浆洗，包孩子理发、洗澡等几代几包的服务等。有的省市还开展“热爱孩子赛妈妈”的竞赛活动，把党的温暖送到千家万户，解决了广大职工的后顾之忧。这些为生产服务、方便家长的措施对后来幼儿园的发展有一定的积极影响。同时，广大幼儿教育工作者还以建设者的姿态，自己动手，群策群力，因地制宜，就地取材，制作了各种玩教具和设备用具，解决了幼儿园不少困难，丰富了幼儿的活动内容，改善了办园条件，体现了广大幼儿教育工作者自力更生、艰苦奋斗、勤俭办园的精神。城乡都有一批诞生于大跃进年代的幼儿园，经过调整、提高、巩固，发展至今。

1957年，教育部幼儿教育处还与有关方面成立委员会，编辑出版了《学前教育》杂志，1958年因经费匮乏而停办。1960年，幼儿教育处被撤销，从此，在1978年以前我国幼儿教育工作失去了全国统一的领导。

(二) 师资培训发展迅猛

“大跃进”年代的幼儿师范学校迅速发展。1960年学校数比1957年增长了4倍多，达89所；在校学生数增长了4倍多，近7万人。具体情况见表5-5。

表 5-5 “大跃进”时期幼儿师范学校发展情况统计

年份	校数/所	班数/个	在校学生人数/人			毕业生人数/人		
			合计	中级	初级	合计	中级	初级
1957	20	336	15 287	15 188	99	2 569	2 569	
1958	29	500	23 924	9 037	14 887	3 097	3 097	
1959	44	860	42 758	23 713	19 045	6 594	6 084	510
1960	89		69 278	29 029	40 249	4 343	2 970	1 373

高师学前教育专业在“大跃进”年代也迅速增加，山东、福建等地就办起了十多个学前教育专业。

为解决幼儿教师紧缺的问题，各级各类的短训班大量涌现。据 1957 年统计，在短期幼儿教育训练班学习过的教师占教师总数的 12.2%，1958 年占 55.5%。同时开展的幼儿教育的教研网和辅导网活动，也有助于提高在职幼儿教育工作者的水平。

（三）学前教育事业的调整和提高

1. 幼儿园的整顿与发展

1961 年，中国共产党八届九中全会制定了对国民经济实行“调整、巩固、充实、提高”的方针。幼儿教育也不例外，有条件的就整顿保留，没条件的则撤销，使幼儿园经过整顿得到正常发展。表 5-6 为 1961—1965 年全国幼儿园发展情况统计表。

表 5-6 1961—1965 年全国幼儿园发展情况统计

年份	幼儿园数/万所				入园幼儿数/万人			
	合计	教育部门办	其他部门办	民办（集体）	合计	教育部门办	其他部门办	民办（集体）
1961	6.03	0.76	1.92	3.35	190.6	64.7	114	11.9
1962	1.76	0.44	0.48	0.84	144.6	47.6	49.2	47.8
1963	1.66	0.45	0.58	0.63	147.2	49	55.1	43.1
1964	1.77	0.44	0.60	0.73	158.9	50.8	58.4	49.7
1965	1.92	0.44	0.63	0.85	171.3	51.6	63.4	56.3

从表 5-6 可见，1965 年的幼儿园数和入园幼儿数比 1962 年分别增加 9% 和 18%，说明经过 5 年的整顿，幼儿教育事业逐渐恢复到正常轨道，并略有提高。

2. 师资培训趋向正常

1961—1965 年师资培训情况参见表 5-7。

表 5-7 1961—1965 年师资培训情况统计

年份	校数/所	班数/个	在校学生人数/人			毕业生人数/人		
			合计	中级	初级	合计	中级	初级
1961	35	620	25 848			4 572	4 572	
1962	22	257	10 655	10 350	305	7 882	7 057	825

续表

年份	校数/所	班数/个	在校学生人数/人			毕业生人数/人		
			合计	中级	初级	合计	中级	初级
1963	19	135	5 575	5 575		4 156	4 156	
1964	19		4 643	4 643		2 556	2 556	
1965	19		5 267	5 267		861	861	

从表5-7可见，经过调整和整顿，1963—1965年期间，中级幼儿师范学校稳定在19所，每年在校生5 000人左右。从此，培养幼儿园教师的基地由以初级幼师为主转为以中级幼儿师范学校为主(1958年初级幼师生占在校生总数为62.2%，1959年下降为45%，1962年只占3%)，提高了新教师的水平。

从1961年开始，不仅刚"上马"的高师十多个新专业纷纷"下马"，就连北京师范大学和南京师范学院等高校的学前教育专业也停止了招生，致使高等师范学校培养幼儿师范师资的工作全部停顿。

第三节 "文化大革命"时期的学前教育

1966年至1976年"文化大革命"时期，学前教育遭到严重破坏，损失惨重，19所幼儿师范学校全部停止招生。

一、抛弃正确的学前教育路线

在"文化大革命"期间，包括学前教育在内的各级各类教育遭到了严重破坏。一是彻底地否定和批判中华人民共和国成立17年来的教育发展，否定全面发展的学前教育方针；二是全面否定和删改"四育"的任务和内容。例如，取消了幼儿园合理的生活制度、卫生保健制度等，饭后用餐巾及漱口也被当作资产阶级生活方式而停止；把传授知识、发展智力作为"智育第一"加以批判；以政治口号代替日常行为规范；把美育斥之为资产阶级教育内容。

这一时期，原有的行之有效的管理体制也被取消，幼儿园教职员工实行轮流换班，取消岗位和分工，取消规章制度，致使幼儿园陷入混乱的境地，失去了领导和管理。有的幼儿园园舍、场地被占用，人员被任意调离，幼儿园遭解散。

全国原有的19所幼儿师范学校全部停止招生，有的停办，有的改为普通中学，房舍被占，图书、钢琴等教学设备被毁，教师被迫改行。正规的中级幼儿教育师资培养中断了十多年。

二、学前教育事业的恢复与发展

(一) 学前教育机构逐步恢复

20世纪70年代初期，破坏殆尽的学前教育机构得到了缓慢的恢复。各地幼儿园逐渐组建，但增长速度较慢，如1973年的幼儿园数为4.55万所，比1965年增加1.3倍，但贵州、辽宁、新疆等9个省、市、自治区比1965年反而减少了，分别减少了60%、43%和41%。1975年和1976年，幼儿园的发展又出现了一个小高潮。1975 年，全国有幼儿园 17.17 万所，比 1974 年增加 3.3 倍，1976 年为 44.26 万所，又比 1975 年增加 1.6 倍。1973—1976 年全国幼儿园发展数字统计见表 5−8。

表 5−8　1973—1976 年幼儿园发展情况统计

年　份	幼儿园数/万所			入园幼儿数/万人		
	合　计	教育部门办	其他部门办	合　计	教育部门办	其他部门办
1973	4.55	0.48	4.07	245	63.8	181.2
1974	4.03	0.39	3.64	263.8	56.5	207.3
1975	17.17	0.71	16.46	620	69.4	550.6
1976	44.26	1.19	43.07	1 395.5	96.8	1 298.7

从表 5−8 中可以看出，1975 年、1976 年的幼儿园数均较上年度有大幅度增长，其中，主要是其他部门开办的幼儿园数增幅大。其他部门主要是农村的“人民公社”。1975 年 5 月和 6 月，中共山西省委、教育部先后两次在山西省昔阳县召开教育现场会，学习大寨的教育样板。由此，全国农村幼儿园（当时称“育红班”）又是一哄而起，数量陡增。这种幼儿园大多数只是将孩子们召集在一起玩耍，场地、设备极其简陋，有的甚至无固定的场所。

（二）学前教育工作的局部经验

尽管学前教育遭到了全面的破坏，但广大教育工作者克服了重重困难，坚持办园。局部地区还获得了良好的工作经验，事业得到了一定的发展。如江苏省东海县实现计划生育、妇幼保健、托幼工作三者相结合，既促进了生产，又使三项工作在全国名列前茅。该县 1972 年的幼儿入园率已达 80%。又如江苏省常州总结推广了“厂园挂钩”的经验，既解决了中、小型工厂职工子女入园的困难，又解决了长期以来街道幼儿园的经费困难。该市还把 1958 年创办的 22 所民办幼儿园改为集体所有制幼儿园，解决了民办教师的工资和福利问题，使民办幼儿园得到了巩固和发展。

第四节　改革振兴时期的学前教育

1978 年 12 月，中国共产党十一届三中全会的召开，标志着中国改革开放新时期的来临。学前教育从此步入了改革开放的新时期。

一、新时期的学前教育方针、政策

（一）新时期的教育方针的确立

党的十一届三中全会批判了“文化大革命”及其以前的“左”倾错误，推翻了“两个凡是”的指导思想，确立了解放思想、实事求是的理论信条，迎来了改革开放的新时期。自 1980 年 12 月 25 日邓小平在中央工作会议上的讲话到 1983 年 9 月 9 日邓小平为北京景山中学题词，酝酿形成了“有理想、有道德、有文化、有纪律”的“四有人才”教育方针和“教育要面向现代化，面向世界，面向未来”的“三个面向”的教育方针。

1978年，五届二次全国人民代表大会的《政府工作报告》指出：要十分重视发展托儿所、幼儿园。1981年12月，五届四次全国人民代表大会的《政府工作报告》又指出要培养大批合格的幼儿教师，使更多的学前儿童能够进入幼儿园，并且能够受到适应他们身心特点的教育。中华人民共和国国民经济和社会发展第六个和第七个五年计划中也都提出要积极发展学前教育。据此，教育部于1983年5月在《关于加强和改革农村学校教育若干问题的通知》中也明确提出了“积极发展幼儿教育”的要求。1985年5月，中共中央《关于教育体制改革的决定》中明确要求“要努力发展幼儿教育”。

（二）新时期的学前教育举措

1978年，教育部恢复了幼儿教育处，一些省、自治区和直辖市的教育厅（局）也陆续恢复或新建了幼儿教育行政领导机构和教研机构，配备了专职或兼职的幼儿教育行政干部和教研人员，召开了有关会议，明确了职责分工，逐步形成了由上而下的统一领导、分级管理的领导体制。

1. 全国托幼工作会议的召开

1979年7月，经中共中央和国务院批准，由教育部、卫生部、劳动总局、全国总工会和全国妇联等部门联合召开了全国托幼工作会议。会议分析研究了全国城乡的托幼工作现状，讨论了托幼工作如何适应社会主义建设新时期的需要和迫切需要解决的问题，各有关部门如何分工协作以促进托幼工作的发展。会议提出了以下几个方面的指导性意见，即关于加强托幼工作的统一领导和分工合作问题；关于积极解决托幼工作的经费和保教人员工资、劳动保护、福利待遇问题；关于坚持“两条腿走路”的方针，恢复、发展、整顿、提高各类托幼机构问题。会后，中共中央、国务院以中发〔1979〕73号文件转发了《全国托幼工作会议纪要》，决定在国务院设立托幼工作领导小组及其办事机构，负责研究和实施有关托幼工作。组长为陈慕华副总理，办事机构设在全国妇联，各省、自治区、直辖市也先后设立了相应的托幼工作领导机构。国务院的托幼工作领导小组于1982年精简机构时被撤销。

2. 明确幼儿教育事业领导管理职责

1987年10月，国务院办公厅国办发〔1987〕69号文件转发国家教委等部门《关于明确幼儿教育事业领导管理职责分工请示》中规定：幼儿教育事业“必须在政府统一领导下”，实行“地方负责，分级管理”和“有关部门分工负责的原则”，并明确了教育、卫生、计划、财政、劳动人事、城乡建设环境保护和轻工、纺织、商业等各部门的职责分工，还规定幼儿园的行政领导由主办单位负责。这样，便调动了各部门管理幼儿教育工作的积极性，有助于理顺关系，加强领导。

同年秋，国家教育委员会召开了全国幼儿教育工作会议。为了适应改革开放的发展形势以及满足人们对社会主义文化教育日益增长的需求，会议根据国办发〔1987〕69号文件的精神，讨论了幼儿教育事业的发展方针、指导思想、师资队伍建设及加强领导和管理等问题。会议明确提出学前教育是社会主义教育事业的重要组成部分，是学校教育的预备阶段，同时又是一项社会公共福利事业，各级政府都应重视幼儿教育事业的改革和发展。会议肯定了动员和依靠社会各方面的力量，有计划、有步骤、多渠道、多形式地发展幼儿教育事业的方针；指出幼儿教育具有地方性、社会性和多样性的特点，因此必须由政府、单位、个人、社会共同投资、协力办好，即提倡国家、集体、个人不分主次地一齐上。会议提出要端正办园的指导思想，批判已出现的那种无视幼儿身心发展特点和幼儿教育规律的倾向，主要是小学化、成人化的倾向，过早地进行专长定向培养，重视课堂教学而不寓教育于各种活动之中，只重视智力的开发而忽视体、德、美的全面发展等。会上，许多省、自治区、直辖市介绍了加强领导和管理，促进幼儿教育改革与发展的经验。这次会议，是教育部门召开的第一次有关幼儿教育的专门会议，对理顺关系、明确分工、加强领导、积极发展幼儿教育具有极为重要的意义。

3. 颁布多种学前教育法规

在社会主义建设的新时期，我国学前教育工作既要拨乱反正，医治“文化大革命”中所遭受的创伤，又要改革开放，创建有中国特色的社会主义的学前教育体系。此期间，颁布了一系列法规，使学前教育沿着规范化、科学化的道路发展。

（1）颁布城市托幼机构文件。针对幼教事业较多集中于城市，受“四人帮”破坏也最为严重的现实，首先颁布了城市托幼机构的政策性文件。1979 年 11 月，教育部颁布《城市幼儿园工作条例（试行草案）》，分 6 章 30 条。包括总则，保健和体育锻炼，游戏和作业，思想品德教育，教养员、保育员和其他工作人员，组织、编制及设备；规定幼儿园必须贯彻保教结合的原则和勤俭办园的方针；并附有《整日制幼儿园作息制度》等 7 个具体材料。1980 年 11 月，卫生部颁布《城市托儿所工作条件（试行草案）》，分 5 章 28 条。包括总则，婴幼儿卫生保健工作、婴幼儿的教养工作、组织编制及工作人员职责、房屋和设备等。

以上两个文件，对幼儿教育的方针、目标、内容和制度做了详尽规定，有助于托幼工作者把握方向、分辨是非，有助于较为迅速地恢复托幼机构的正常工作秩序。

（2）颁布托幼机构教育纲要。1981 年 6 月，卫生部妇幼卫生局颁布《三岁前小儿教养大纲（草案）》。《三岁前小儿教养大纲（草案）》根据 3 岁前小儿身心发展的特点，提出了托儿所教养工作的任务：培养小儿在体、智、德、美几方面得到发展，为造就体魄健壮、智力发达、品德良好的社会主义新一代打下良好基础。内容包括：3 岁前小儿集体教育原则，小儿神经心理发育的主要标志，通过生活环节进行教育，语言和动作的发展，认识能力的培养，与成人和小朋友相互关系的培养等。

1981 年 10 月，教育部颁布《幼儿园教育纲要（试行草案）》，包括幼儿年龄特点与幼儿园教育任务，幼儿园教育的内容与要求，教育手段及注意事项等三大部分。《幼儿园教育纲要（试行草案）》使幼儿园教育有章可循，起到了拨乱反正、提高教育质量的作用。根据纲要的精神，教育部组织编写了 7 种 9 册教材，这套新中国成立以来第一次全国统编的幼儿园教材，于 1982—1983 年由人民教育出版社出版，并出版了配套的教学挂图。

此外，纲要将“作业”改为“上课”，将“教养员”改为“幼儿教师”，在一定程度上促使幼儿园重“上课”的倾向；教育内容虽增扩为 8 项，但仍设语、计、常、言、体、美 6 科，使新增的生活卫生习惯和思想品德两项无载体落实，在一定程度上，又促使幼儿园重 6 科教学的倾向。

（3）颁布农村幼教文件。1983 年 9 月，教育部〔83〕教初字 011 号文件印发《关于农村幼儿教育的几点意见》，强调农村幼儿教育的发展，有利于小学教育的普及与提高，有利于促进农业生产的发展，根据农村幼儿教育的现状，提出了 5 个方面的意见：根据农村经济体制改革的新形势，要积极创造条件，有计划地发展农村幼儿教育，首先发展学前一年教育，同时逐步创造条件接收 3—5 岁的幼儿入园（班）；建设一支稳定、合格的幼儿教师队伍；全面贯彻教育方针，努力提高保教质量；通过统筹、自筹经费和集资等多种办法，改善办园条件；加强对农村幼儿教育工作的领导和管理。文件的颁布对农村幼儿园的建设起到了及时的指导作用。

1986年6月，国家教育委员会〔86〕教初字006号文件印发《关于进一步办好幼儿学前班的意见》。该文件指出举办学前班是现阶段发展农村幼儿教育的一条重要途径；在城镇地区，也是满足群众送子女接受学前教育要求的一种教育形式。针对幼儿学前班发展较快、领导管理不及时等问题，该文件提出了五个方面意见：端正办班指导思想；教育活动应按照《幼儿园教育纲要（试行草案）》的精神进行；加强学前班教师的培训；努力改善办班条件；加强领导和管理。文件强调学前班不是小学一年级，不得给幼儿留家庭作业和进行任何形式的考试，不得搬用一年级课本，还规定了每周上课节数和每节课的时间。这些指导性意见促进了学前班的健康发展。

上述两个文件促使农村幼儿园、学前班得到迅速发展：农村幼教机构由1982年的91 809处增至1992年的111 016处，增长率为20.9%。另外，到1993年，学前班已占全国幼教机构总班数的44.6%，其中，农村学前班占56.2%，县镇学前班占30.3%。

(4) 相关部门制定文件，发挥各自的管理作用。1985年5月，《中共中央关于教育体制改革的决定》明确指出：教育体制改革的根本目的是提高民族素质，把发展基础教育的责任交给地方，加强领导，调动各方面积极因素保证教育体制改革的顺利进行。于是，教育、卫生、建设等部门分别制定文件，发挥各自的积极性，加强对托幼机构的管理。

1985年12月，卫生部〔85〕卫妇字第10号文件颁布《托儿所、幼儿园卫生保健制度》。

1986年3月，国家教育委员会〔86〕教供字006号文件印发了《幼儿园教玩具配备目录》。

1987年3月，劳动人事部、国家教育委员会联合颁布《全日制、寄宿制幼儿园编制标准》（试行）。

1987年9月，城乡建设环境保护部、国家教育委员会〔87〕城设字466号文件发布《托儿所、幼儿园建筑设计规范》。

1987年10月，国务院办公厅转发国家教委等部门《关于明确幼儿教育事业领导管理职责分工请示》的通知，包括指导思想、职责分工和管理体制。

1988年7月，国家教育委员会、建设部〔88〕教基字108号文件印发《城市幼儿园建设面积定额（试行）》。

1988年8月，国务院办公厅国办发〔1988〕38号文件转发国家教委等部门《关于加强幼儿教育工作意见》的通知。

1989年6月，国家教育委员会令第3号发布《幼儿园工作规程（试行）》，于1990年2月1日起施行，共10章60条，包括总则，幼儿园的招生、编班，幼儿园的卫生保健，幼儿园的教育，幼儿园的园舍、设备，幼儿园的工作人员，幼儿园的经费，幼儿园与幼儿家庭，幼儿园的管理工作及附则。《幼儿园工作规程（试行）》的颁布，对加强幼儿园内部的科学管理，提高保育和教育质量起到了重要作用。国家教委在全国确立了10个贯彻《幼儿园工作规程（试行）》的实验幼儿园。

1989年9月，国家教育委员会令第4号发布了《幼儿园管理条例》。于1990年2月1日起施行，共6章32条，包括总则，举办幼儿园的基本条件和审批程序，幼儿园的保育和教育工作，幼儿园的行政事务，奖励与处罚以及附则。此条例是在以往有关法规基础上形成的，是经国务院批准颁布的自新中国成立以来第一个幼儿教育法规。

伴随着文件的颁布和施行，我国幼教工作产生了明显的变化。首先，由于加强了科学管理，幼教机构在依法治教的轨道上获得了稳步的发展。1990 年，全国各类幼儿园(班)17.2 万处，较 1980 年增长 5%；在园幼儿 1 972 万人，较 1980 年增长 50%；全国 3—6 岁幼儿入园率由 1978 年的 11.3%提高到 1990 年的 26.3%。其次，由于广泛地调动了地方政府和社会力量办园的积极性，形成了国家、单位、集体、个人办园的新格局。

二、多种学前教育机构并存

随着国家学前教育政策的颁布，依靠政府和社会各方面的力量，学前教育机构出现了有计划、有步骤，多种渠道、多种形式、多种规格地稳步发展的局面。特别是厂矿企业、机关、学校和农村幼儿园发展较快(表 5—9)。

表 5—9　1977—1990 年幼儿园历年发展情况统计

年　份	幼儿园数/万所				入园幼儿数/万人			
	合　计	教育部门办	其他部门办	民办(集体)	合　计	教育部门办	其他部门办	民办(集体)
1977	26.19	0.6	25.59		896.8	70.9	825.9	
1978	16.4	0.7	15.7		787.7	87.1	700.60	
1979	16.56	0.5	1.98	14.08	879.23	84.2	146.11	648.92
1980	17.04	0.75	2.13	14.16	1 150.77	131.27	155.73	863.77
1981	13.03	0.6	2.27	10.16	1 056.21	134.09	171.71	750.41
1982	12.21	0.63	2.52	9.06	1 113.1	151.1	218.2	743.8
1983	13.63	1.32	2.97	9.34	1 140.3	191.8	226.6	721.9
1984	16.65	1	3.05	12.6	1 294.74	207.01	250.25	837.48
1985	17.23	1.12	2.98	13.13	1 479.69	253.51	269.86	956.32
1986	17.34	1.1	2.74	13.5	1 628.98	278.84	290.08	1 060.06
1987	17.68	1.01	3.29	13.38	1 807.84	326.22	323.09	1 158.53
1988	17.18	1.01	2.78	13.39	1 836.53	374.96	302.88	1 158.69
1989	17.26	1.12	2.81	13.33	1 847.66	378.89	323.81	1 144.96
1990	17.23	1.28	2.81	13.14	1 972.22	442.26	339.87	1 190.09

从表 5—9 可见，幼儿园数除 1978 年、1982 年减少外，10 年来是稳定发展的，尤其是 1985—1989 年这 5 年中，一直稳定在 17 万余所，入园幼儿数也增长较快，如 1989 年的入园幼儿数为 1 847.66万人，比 1979 年的 879.23 万人增加 1 倍以上。

从图 5—1 可见，1978—1990 年，幼儿入园率增长大约 3 倍，短短 10 年时间，从 10.6%增长到 32.6%。学前教育持续、快速发展。

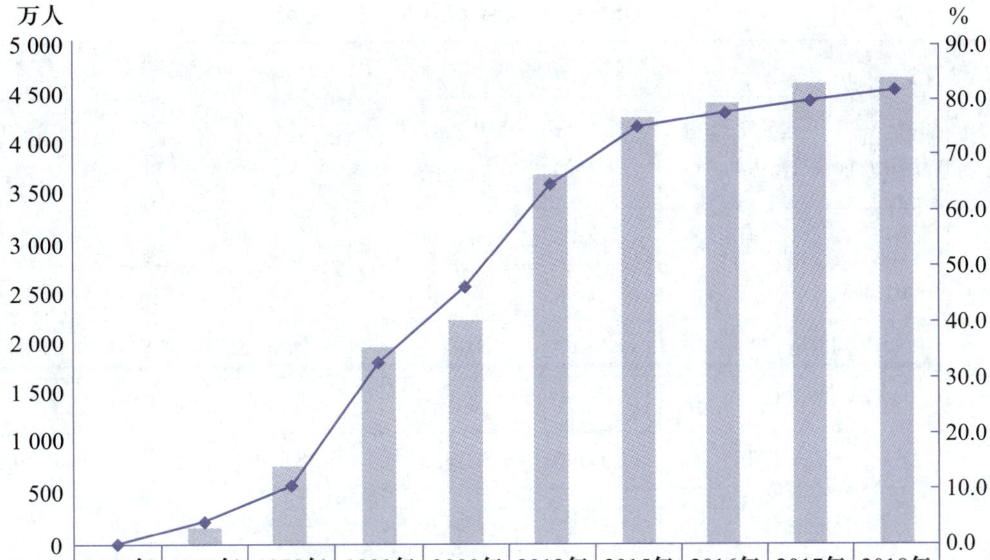

	1950年	1965年	1978年	1990年	2000年	2012年	2015年	2016年	2017年	2018年
在园幼儿	14	171.3	788	1 972	2 244	3 686	4 265	4 414	4 600	4 656
毛入园率	0.4	4.2	10.6	32.6	46.1	64.5	75.0	77.4	79.6	81.7

图 5-1　1950—2018 年毛入园率统计

(一) 多渠道办园

现以 1979—1989 年为例进行比较,从而窥视各种渠道举办的幼儿园的发展概况(表 5-10)。

表 5-10　1979—1989 年幼儿园发展情况对照

项　　目	年　　份	合　　计	教育部门办		其他部门办		民办(集体)	
			小计	占/%	小计	占/%	小计	占/%
幼儿园数/万所	1979	16.56	0.5	3	1.98	12	14.08	85
	1989	17.26	1.12	7	2.81	16	13.33	77
入园幼儿数/万人	1979	879.23	84.2	9	146.11	17	648.92	74
	1989	1 847.66	378.89	20	323.81	18	1 144.96	62

1. 教育部门办的幼儿园

幼儿园数和入园幼儿数在全国总数中所占比例增长较快,分别由 3%升到 7%、由 9%升到 20%。

2. 其他部门办的幼儿园

包括工矿企业、机关学校、团体等部门办的幼儿园。1979—1989 年 10 年中,园数、幼儿入园数增长幅度不大。一般说来,这类幼儿园原来"硬件"较好,"软件"一般,质量高于民办。

3. 民办(集体)幼儿园

包括城镇和农村集体办的幼儿园。幼儿园数逐年下降,入园幼儿数却有所增长。这类幼儿园在全国总数中所占比例虽然较大,但呈递减趋势。尤其农村幼儿园,发展快但不稳定。

(二) 城乡幼儿园的发展

20 世纪 70、80 年代我国城乡幼儿园的发展概况见表 5-11。

表 5-11　城乡幼儿园历年发展情况

年　　份	总　　计		城　　市		县　　镇		农　　村	
	幼儿园数/所	在园幼儿数/万人	幼儿园数/所	在园幼儿数/万人	幼儿园数/所	在园幼儿数/万人	幼儿园数/所	在园幼儿数/万人
1973	45 528	245.03	7 268	78.09	3 848	44.78	34 412	122.16
1974	40 267	263.78	9 733	95.78	4 287	49.5	26 247	118.5
1975	171 749	619.96	10 947	109.27	6 164	61.55	154 638	449.14
1976	442 650	1 395.51	15 112	129.5	8 004	68.31	419 534	1 197.7
1977	265 936	896.82	19 093	131.83	6 864	65.62	239 979	699.37
1978	163 952	787.75	16 292	138.45	6 651	70.26	141 009	579.04
1979	165 629	879.22	18 953	168.67	7 523	82.67	139 153	627.88
1980	170 419	1 150.77	18 357	174.64	8 686	97.13	143 376	879
1981	130 296	1 056.22	20 886	202.9	8 986	105.42	100 424	747.9
1982	122 107	1 113.09	19 005	231.43	11 293	126.12	91 809	755.54
1983	136 306	1 140.25	25 049	249.96	12 329	137.43	989 28	752.86
1984	166 526	1 294.74	25 435	285.1	18 988	176.22	122 103	833.42
1985	172 262	1 479.69	26 320	332.94	23 998	222.77	121 944	923.98
1986	173 376	1 628.98	24 464	361.24	18 660	221.26	130 252	1 046.48
1987	176 775	1 807.83	29 021	419.81	19 599	257.77	128 155	1 130.25
1988	171 845	1 854.53	27 817	438.41	19 909	265.22	124 119	1 150.9
1989	172 634	1 843.64	31 880	453.09	20 810	272.22	119 944	1 118.33
1990	172 382	30 009	22 974	119 399	1 972.23	447.08	307.87	1 217.28

（1）农村幼儿园占大多数。以 1989 年为例：农村幼儿园占全国总数的 69.5%，城市占 18.5%，县镇占 12%；农村的在园幼儿数占全国总数的 60.6%，城市占 24.6%，县镇占 14.8%。

（2）城市幼儿园和县镇幼儿园发展比较稳定，基本呈逐年发展趋势。如城市幼儿园 1989 年幼儿园数比 1973 年增加 3.4 倍，在园幼儿数增加 4.8 倍；县镇幼儿园 1989 年幼儿园数比 1973 年增加 4.4 倍，在园幼儿数增加 5 倍。

（3）农村幼儿园发展不稳定，时增时减，时快时慢。如 1975—1976 年为发展高峰，1975 年幼儿园数比 1974 年增加近 5 倍，1976 年比 1975 年又增加 1.7 倍，1977 年开始逐年减少，直到 1984 年后才基本得到稳定发展。1975 年在园幼儿数比 1974 年增加 3 倍，1976 年比 1975 年增加 1.4 倍，1977 年开始逐年减少，直到 1984 年才逐步上升。农村幼儿园发展的不稳定与农村经济发展有直接关系。

(三) 各种收托形式的幼儿园(班)的发展

为满足群众的不同需要，幼儿园的收托形式更为多样和灵活，大致有以下四种。

1. 全(整)日制幼儿园

幼儿白天在园，晚上回家，一般在园时间少则六七个小时，多则十一二个小时。城市幼儿园多数供应餐点，幼儿在园午睡，少数农村幼儿园也是如此。这是我国幼儿园的主要收托形式，据国家教委 1986 年统计，整日制幼儿园占 98.81%。

2. 寄宿制幼儿园

幼儿昼夜在园，由幼儿园全面负责幼儿的食宿、医护、保教等，每周由家长接回一次或两次。主要招收部队、机关、工厂、学校等职工子女。据统计，1985 年在幼儿园寄宿的幼儿数为 180 608 人，占在园幼儿总数的 1.2%，1986 年在园的寄宿幼儿数为 189 492 人，占在园幼儿总数的 1.19%。此外，有因家长出差需送幼儿寄宿几天的；也有一些工厂幼儿园，由于工人上夜班，幼儿临时在园寄宿的。至 20 世纪 90 年代，随着终身教育的倡行，因家长学习而送子女进寄宿制幼儿园的逐渐增多。

3. 幼儿学前班

主要招收入学前一年的幼儿，招收年龄则视各地入小学年龄的不同而定，有 5—6 岁的，也有 6—7 岁的。学前班多为全日制，也有半日制。城乡都有学前班，但以农村为多且发展很快。有的单独设班，但多数附设在小学内。据国家教委 1987 年统计，全国小学附设学前班占总数的 42.5%。1988 年，学前班上升比例为 44.6%，城市占 18.3%，县镇占 30.3%，农村占 56.3%。至 20 世纪 90 年代，学前班呈下降趋势。

4. 混合班

即在同一班内，混合招收 3—6 岁幼儿。混合班多在居住分散、幼儿人数少的农村举办，有 3 个或 2 个年龄段，但多以学前一年儿童为主。随着计划生育工作的开展，自然村落中的同龄孩子不会太多，混合班呈扩大发展的态势。20 世纪 90 年代，随着规模办园的实施，混合班逐渐被调整；而由于教育观念的更新，有的幼儿园特设混合班，使独生子女获得与不同年龄幼儿交往的经验。

其他如季节性、计时制的幼儿班、游戏(活动)小组、辅导站等无固定时间、地点和师生的非正规收托形式已逐渐涌现。

(四) 不同规格幼儿园的发展

1. 示范性幼儿园

这类幼儿园以教育部门办的为多，其任务是在全面贯彻教育方针、科学管理、探索教育规律、总结推广经验等方面起示范带头作用，并担负着辅导一般幼儿园的任务。20 世纪 80 年代，多数省、市、区(县)都建立了示范性幼儿园，如 1983 年，浙江省已有示范性幼儿园 55 所，四川省有 179 所，贵州省有 43 所，陕西省 95%的县办了示范性幼儿园。此外，在其他部门办的幼儿园中，也有本系统的示范性幼儿园。

为了适应教育改革的需要，许多省、市、区(县)还成立了实验幼儿园，其任务除同于示范园外，主要是实验研究教育改革中的新问题，这些幼儿园基本上都是教育部门办的，其他部门办的也有，如部队、妇联等。

2. 乡(镇)中心幼儿园

这类幼儿园一般是以乡(镇)政府为主举办的。其任务是对本乡(镇)各村幼儿园起示范带头、辅导促进作用。乡(镇)中心园是农村幼儿教育发展和提高的核心力量,一般来说,房舍、师资、设备等条件较好,教育质量也高于乡村的幼儿园。

3. 一般幼儿园

即除示范(含实验)性幼儿园和中心幼儿园以外的独立设置的幼儿园。据国家教委统计,3班以上独立设置的幼儿园,1987 年占总园数的 11.4%,其中城市占 55.8%,县镇占 34%,农村占 7%;1988 年,占总园数的比例为 19.8%,其中城市为 56.9%,县镇为 31.6%,农村为 9.3%。这说明此类独立园既有发展,数量也不少,但各幼儿园的质量差异极大。

三、多规格的学前教育师资培训

"文革"期间,中、高级学前师范教育受到严重破坏,造成了学前教育师资的严重不足,这给恢复和发展学前教育事业带来极大困难。为此,各级教育行政部门积极发展不同层次的学前师范教育,使培养新师资和培训在职师资两方面都得到了较大的发展。经过 20 多年的努力,已形成了以师范院校为主体,其他教育机构共同参与的多渠道、多层次、多规格、多形式的学前教育师资培养培训体系。该体系由职前培养和职后培训构成。前者包括中等幼儿师范、专科、本科、硕士研究生、博士研究生等层次;后者除以上学历教育外,还包括参加各种专题培训班、教科研活动、学术研讨会、幼教研究会等活动及国内外进修等非学历教育。

(一) 中级学前教育师资的培训

根据我国的实情,幼儿园教师主要靠中等幼儿师范教育培养和培训。

1. 职前新教师的培养

(1) 幼儿师范学校的发展。1978 年 10 月,教育部颁布《关于加强和发展师范教育的意见》,要求"积极办好幼儿师范学校,为幼儿教育培养骨干师资","在 1980 年前,要做到每一个地区有一所幼儿师范,或在有条件的中等师范学校举办幼师班"。1980 年 8 月,教育部颁布《关于办好中等师范教育的意见(试行草案)》,指出:中等师范教育是社会主义教育事业的重要组成部分,担负着培养小学师资(含幼儿园师资,下同)的任务,"培养具有社会主义觉悟、辩证唯物主义世界观、共产主义道德品质、从事小学或幼儿教育工作必备的文化与专业知识、技能、热爱儿童,全心全意为社会主义教育事业服务、身体健康的小学或幼儿园师资"。《意见》将"积极办好幼儿师范教育"作为一个单独部分加以阐述,指出"要做好幼儿师范学校的发展规划。各省、市、自治区在 1982 年前,至少要办一所幼儿师范学校,并列为省级重点学校"。于是,各地幼儿师范得到了重点资助,因而发展迅速。此期幼儿师范学校历年发展的基本情况见表 5-12。

表 5-12 幼儿师范学校历年发展情况

年 份	校 数	在校学生人数	毕业生人数
1979	22	9 171	938
1980	28	13 483	3 459

续表

年　　份	校　　数	在校学生人数	毕业生人数
1981	30	18 559	4 420
1982	33	21 798	5 751
1983	36	26 093	6 200
1984	47		7 770
1985	57	24 352	4 969
1986	59	28 740	6 113
1987	58	30 478	7 119
1988	67	36 013	10 783
1989	63	35 498	10 956
1990	67	55 398	18 365

1978—1979 年，幼儿师范学校从 1 所恢复到 22 所，以后逐年递增。1989 年独立的幼儿师范 63 所，为 1965 年 19 所的 3.3 倍；在校学生 35 498 人，为 1965 年 5 267 人的 6.7 倍；毕业生 10 956 人，为 1956 年 861 人的 12.7 倍。同年，中师附设幼师班在校生 22 907 人，毕业生 7 508 人。幼儿师范在各地培养新师资的工作中起着重要作用。

此外，20 世纪 80 年代还出现了一种新的师资培训机构，即职业高中幼师班，以弥补幼儿师范和普通师范附设幼师班的不足。这类幼师班同样招收初中毕业生，学制 2—3 年，学生毕业后自谋出路，不包分配。城市的毕业生多被工矿企业和街道录用或任教育部门园所的保育人员；农村的毕业生多在本乡（镇）、村幼儿园（班）服务。据统计，在校生从 1985 年的 7 万人发展到 1988 年的 10 万人，可见这类幼师班发展较快，虽不稳定，且教育质量普遍不高，但对广大农村来说，却是新教师的主要来源。

（2）幼儿师范学校的教学改革。1985 年 5 月，教育部颁布《幼儿师范学校计划》，对 1980 年颁布的试行草案进行了修改，减少理化课的课时，增加教育课和教育实习时间，对艺体课试行分组教学等。人民教育出版社出版了新中国成立以来第一套幼儿师范学校课本，对提高幼儿师范学校的教学质量起了保证作用。

2. 在职幼教师资的职后培训

1983 年 1 月，《关于加强小学在职教师进修工作的意见》中提出各地要制定培训幼教师资的规划，“当前，培训的重点是没有受过专业训练的园主任和年轻的教师，培训的方式以短期为主，有条件的也可以举办一年以上的培训班”。通过教育部门和民间办学，采取短期培训、脱产进修、夜校、函授、刊授、广播、电视、自学考试等形式，进行授予学历文凭、专业证书和结业证书的不同层次水平的培训，并编写出版了函授、培训等教材。人民教育出版社为未受过专业训练的幼儿园教师出版了《幼儿园教师培训教材》12 种 13 册。在职培训体现了因地制宜、长短结合、脱产与业余相结合、正规与非正规相结合等特点。

1986 年年底，各地教育行政部门开始对幼儿园教师进行考核。根据规定，不具备国家合格学历的幼儿园教师应参加教材教法考试合格证书和专业合格证书的考试，这为幼儿园教师评定职称打下了基础，同时又促使幼儿园教师全面提高自己的文化、业务水平。据统计，1987 年全国取得专业合格证书的有 5 756 人，到 1988 年共有 21 952 人，1989 年为 35 366 人。

（二）高级学前教育师资的培训

1978 年 10 月，教育部发出《关于加强和发展师范教育的意见》，指出："原有的学前教育专业的师范院校应积极办好这个专业，扩大招生名额，为各地培养幼师师资。"于是，原有的 6 所高校的学前专业从 1978—1979 年先后恢复了招生。20 世纪 80 年代末，华东师范大学、陕西师范大学以及一些省(市)、自治区为适应中级幼儿师范学校发展的需要，在省级师范院校内也增设了学前教育专业。到 90 年代末，高校学前教育专业如雨后春笋发展迅速。

高校学前教育专业的任务有：实施二至三年制的专科教育，培养幼儿园骨干教师；实施四年制本科教育，培养幼儿师范学校专业课教师及其他幼教工作者；实施三年制的硕士研究生和三年制的博士研究生教育，培养高校教师和科研人员。从 20 世纪 80 年代初起，北京师范大学和南京师范大学学前教育专业设有 2 个硕士点，到 90 年代末，又增加了华东师范大学等 5 个硕士点，并有南京师范大学、北京师范大学、华东师范大学 3 个博士点。

四、开展科学研究，促进学前教育改革

学前教育科学研究大规模地开展，标志着我国学前教育事业跨入了一个新的历史阶段。

（一）学前教育科学研究机构的建立

1. 中央教科所幼儿教育研究室成立

1979 年 7 月，经国务院批准重建中央教育科学研究所，设置了幼儿教育研究室。这是我国第一个国家级的幼儿教育研究机构。随后，部分省、市的科学研究所内也设有专职幼儿教育科研人员。中央和地方的幼儿教育科学研究机构及教育行政部门相互协作，开展了大量的幼儿教育专题研究。

2. 学校附设学前教育科学研究机构

在相关高等师范院校和幼儿师范学校内，设立了幼儿教育研究室。各研究室开展了大量的课题研究，取得了不少的成果。如南京师范大学教育科学研究所幼儿教育研究室与南京市实验幼儿园合作进行的《幼儿园综合教育课程结构》的研究，上海市长宁区教育学院幼儿教育研究室与该区幼儿园合作进行的《幼儿园综合性主题教育》的实验研究，北京幼儿师范学校科学研究室与北京宣武区幼儿教育研究室及幼儿园合作进行的《关于幼儿创造力教育的实验研究》等，对推动我国幼儿园课程的改革做了理论上的准备。

（二）学前教育群众性学术团体的成立

1979 年 11 月初，中国教育学会幼儿教育研究会在南京成立。1992 年该会成为国家教委下属的国家一级学会"中国学前教育研究会"。这是一个群众性的学术团体，旨在组织幼儿教育科学研究队伍，探索幼儿教育规律，推动教育改革，研究解决幼儿教育的理论和实际问题，发展和繁荣幼儿教育科学。中国学前教育研究会在普及学前教育科学及探讨学前教育理论与实践中的重大问题等方面发挥了独特的作用。

（三）确立课题，有计划地进行学前教育科学研究

《1979—1985 年教育科学发展规划纲要》指出需加强教育科学各门基础理论研究，为编写

教育学、心理学、中外教育史、各科教学方法、幼儿教育学等打下科学基础，并为研究各种教育的实际问题提供基础理论的指导。

1. 关于幼儿生理、心理方面的研究

(1) 1979 年，中央教科所幼教室开始了成立以后第一个研究项目《3—6 岁幼儿言语发展特点的调查研究》的研究工作。该项目有 10 个省(市)的幼儿教育工作者参与，在全国分类抽取了 2 062 名样本，通过一年横向调查和三年纵向调查，探索了学前儿童言语发展的顺序性、阶段性等特点。

(2)《我国幼儿形态、技能、基本体育活动能力的调查研究》课题由中央教科所幼教室与 16 个省市协作进行研究。该成果获全国首届教育科学研究成果一等奖。

2. 关于幼教历史经验的研究

(1) 1979 年开始进行《建国 30 年来幼儿教育的历史经验和教训》的课题研究，该课题由中央教科所幼教室主持，并成为 1982 年全国幼教研究会学术年会的中心议题。

(2) 对我国现代教育家陶行知、陈鹤琴、张雪门、张宗麟等人幼儿教育思想的研究。经过拨乱反正，我国幼教界运用历史唯物主义的思想武器，重新审视了著名教育家的学术贡献，陆续出版了陶行知、陈鹤琴、张雪门和张宗麟的教育文集。

(3) 北京师范大学、南京师范大学、陕西师范大学的学者对我国学前教育从古至今的发展历程进行了历史性研究，由人民教育出版社出版了第一本《中国学前教育史资料选》。

3. 关于农村幼儿教育的研究

为提高农村幼儿教育的质量，我国幼教界始终重视农村幼教的研究。

(1) 南京师范大学主持的《农村幼儿教育研究》课题是列入全国教育科研"七五"规划的第一个农村幼教研究课题。

(2) 中央教科所幼教室在 20 世纪 80 年代初期对华东和华北地区地理、经济、文化背景不同的农村幼儿发展情况进行调查研究的基础上，申请并建立了"八五"全国教育科研规划课题《河北农村学前教育项目》，对农村幼教进行宏观和微观的研究，以探索农村幼儿教育事业发展的特殊规律。

此外，中央和地方的幼儿教育研究机构还组织了不少大型的专题研究，如：幼儿素质教育研究、幼儿家庭教育研究、幼儿园教育教学研究等。

本章小结

中华人民共和国成立后，中国学前教育进入了中国特色社会主义学前教育发展道路的探索时期，大致可以分为社会主义改造与全面建设时期、"文革"时期和改革开放时期四个阶段。其中，社会主义改造与全面建设时期是社会主义学前教育初步探索阶段，改革开放时期则是社会主义学前教育事业的大发展和较为深入的探索时期。就整个发展脉络而言，在 20 世纪 50 年代中期以前，学前教育发展较为平稳和规范，注意正规化制度建设；20 世纪 50 年代末期，受"大跃进""左"倾思想影响，学前教育处于盲目发展、无序发展、低水平发展的状态；20 世纪 60 年代前期，学前教育经过调整、整顿逐步走上正轨。

"文化大革命"时期，学前教育遭受了极大打击。1978 年之后，我国学前教育逐步重新走上发展的正轨。伴随着改革开放的深入，我国学前教育事业在发展模式上，逐步改变了过去主要为国家垄断式的计划经济发展模式，而转向多元主体、两条腿走路的发展方式，且以法规的形式规范学前教育的发展，正规化、法制化、科学化、现代化成为这个时期学前教育发展的主题。

思考题

1.《幼儿园暂行规程》的主要内容是什么?
2. 试评述苏联学前教育思想对中国学前教育发展的影响。
3. 简述改革开放时期中国学前教育机构发展的概况。
4. 谈谈你对中国进一步开展学前教育研究的思考。

拓展阅读

中国学前教育研究会.中华人民共和国幼儿教育重要文献汇编[M].北京:北京师范大学出版社,1999.

本书辑录了1949—1997年我国学前教育方面的重要文献。全书分四个部分:法律、法规和政策性文件、领导人讲话和题词、其他有关文件。各部分内容按颁布或发表时间顺序编排。

第六章　中国当代学前教育的发展

学习目标

1. 了解我国20世纪90年代以来学前教育发展的概况。
2. 掌握进入21世纪以来中国学前教育的发展趋势。

关键词

中国特色社会主义　学前教育　发展　趋势

第一节　建设中国特色社会主义时期的学前教育

从1991年至2000年的十年间，我国学前教育事业发展经历了从持续快速发展到艰难曲折发展的历程，学前教育事业处于发展形势变化快、出现的新问题多、影响面大的时期，这与我国社会、经济管理体制的重大变革息息相关。

一、制定政策性文件，规范管理

进入20世纪90年代，我国加大了对学前教育事业发展的改革力度。1990年，李鹏总理代表中国在世界儿童问题首脑会议上签署了《儿童生存、保护和发展的世界宣言》。1991年，我国政府又签署了联合国制定的《儿童权利公约》。

1991年9月，国务院颁布了《中华人民共和国未成年人保护法》。1992年2月，国务院颁布了《九十年代中国儿童发展规划纲要》。1992年12月，国家教育委员会修订颁布了《幼儿园玩教具配备目录》。1995年3月，国务院颁布了《中华人民共和国教育法》。这些国家法律和纲领性文件，将儿童的生存、保护和发展与人类未来之间的关系提到"人口素质基础"和"未来发展的先决条件"的高度。

面对国家尚处于社会主义初级阶段、儿童保教需求尚存在较大差距的实情，幼教界将促进少数民族、边疆和贫困地区学前教育事业发展，改善广大儿童生活和受教育条件列入了重要的议事日程。1993年6月，《关于进一步做好学龄前智残儿童康复训练工作的通知》发布，从提高全民族素质的最终目的出发，幼教工作者将视野从正常幼儿教育扩展到特殊幼儿教育。

1995年9月，国家教委等8个部门联合下发《关于企业办幼儿园的若干意见》，提出要坚持依靠社会力量发展学前教育的方针，有条件的企业应继续办好幼儿园；要深化改革，积极稳妥地推进学前教育逐步走向社会化；各级政府和教育行政部门要加强对企业办园的业务指导；在城市规划建设中要安排好幼儿园规划和建设；要加强社区对学前教育的扶持和管理。

1996年9月，全国妇联、国家教委颁布《全国家庭教育工作"九五"计划》。1997年7月，国家教委印发了《全国幼儿教育事业"九五"发展目标实施意见》。为实现《全国教育事业"九五"计划和2010年发展规划》，实施意见提出：2000年全国学前三年幼儿入园(班)率达到45%以上，大中城市基本解决适龄幼儿入园问题，农村学前一年幼儿入园(班)率达到60%以上，并按“普九”情况和经济发展水平提出分区实施要求。

1999年1月，国务院批转了教育部1998年12月制定的《面向21世纪教育振兴行动计划》，指出“实施素质教育，要从幼儿阶段抓起，要用科学的方法启迪和开发幼儿的智力，培养幼儿健康的体质、良好的生活习惯与求知的欲望”。1999年6月，中共中央、国务院颁布《关于深化教育改革，全面推进素质教育的决定》，指出“要重视婴幼儿身体发育和智力开发”，强调“积极发展以社区为依托的、公办与民办相结合的幼儿教育”。

二、重视学前教育师资培养

面临21世纪人才培养的挑战对学前教育事业发展提出的要求，幼儿教师素质的重要性被提到前所未有的高度。1993年10月，第八届全国人大常委会会议通过的《中华人民共和国教师法》，从教师的权利和义务、资格和任用、培养和培训、考核、待遇、奖励、法律责任等方面对包括幼儿园教师在内的教师队伍建设提出了完备的要求。其中，在师资素质方面，要求“取得幼儿园教师资格应该具备幼儿师范学校毕业及其以上学历”。1995年1月，国家教委发布《三年制中等幼儿师范学校教学方案(试行)》，提出了幼儿师范学校的培养目标与规格。

1996年1月，国家教委先后颁布了《关于开展幼儿园园长岗位培训工作的意见》及《全国幼儿园园长任职资格、职责和岗位要求(试行)的通知》，要求“采取多种形式开展培训工作，争取用5年左右的时间将全国幼儿园园长轮训一遍”。为确保培训质量，国家教委制定了《全国幼儿园园长岗位培训指导性教学计划(草案)》，并由基础教育司组织编写了幼儿园园长岗位培训的教学大纲及教材。

此后，我国在学前教育事业“九五”规划中提出：经济发达、中等和欠发达地区幼儿教师的合格率分别要达到90%以上、75%和60%以上。

通过职前和在职培训，幼教师资水平不断提高。1981年，全国43万幼儿园教师中，仅35.5%的教师文化业务水平为中等师范和高中毕业。1996年，全国96.2万幼儿园教师中，58.8%的教师为中等师范、职业高中毕业。到2000年，全国幼儿园园长、专任教师队伍中，专科及以上学历者达到12.4%，高中以下仅为9.6%。

1996年9月，国家教委召开了全国师范教育工作会议，并于同年10月印发了《关于师范教育改革和发展的若干意见》，提出师范教育基本稳定为中等师范教育、高等师范专科学校、高等师范本科教育3个层次，适度发展本科，按需发展专科，调整加强中师。中等幼儿师范学校数量逐年下降，由原来的64所调整为55所。我国1991年至2000年幼儿师范学校发展情况见表6-1。

表6-1　幼儿师范学校1991—2000年发展情况

年　份	校数/所	在校学生人数/人	毕业生人数/人
1991	68	55 242	21 506
1992	65	37 795	
1993	67	64 692	17 834

续表

年　　份	校数/所	在校学生人数/人	毕业生人数/人
1994	67	66 536	16 904
1995	65		
1996	65	81 031	23 519
1997	64	58 796	17 328
1998	61	87 604	25 477
1999	61	59 823	18 604
2000	55	57 509	18 192

三、社会变革中学前教育艰难发展

“八五”期间，在学前教育法规、政策的保障和推动下，我国学前教育事业获得持续快速发展。1995 年，全国幼儿园 18.04 万所，在园幼儿 2 711 万，教职工总数 116 万，比 1986 年分别增长了 1.04 倍、1.66 倍和 1.32 倍。

“九五”时期是我国实施“科教兴国”伟大战略的重要时期，也是学前教育事业逐步适应社会主义市场经济体制，深化改革与健康发展的关键时期。但此时恰逢我国处于加大经济体制、政治体制改革力度和社会变革的重要时期，特别是国有企、事业单位剥离教育职能，城市和农村学前教育在发展过程中遇到一些新困难和新问题，导致“九五”期间我国学前教育事业的发展受到一定的冲击。

(一)“九五”期间，幼儿入园率平稳，在园人数逐年减少

1995 年幼儿入园人数为 2 711 万人，达到历史最高水平。从 1996 年开始，幼儿在园人数逐年减少。2000 年，在园幼儿数比 1995 年减少 467 万。具体数据见表 6-2。

表 6-2　1995—2000 年入园率

年　　份	在园幼儿数/万人	学前三年入园率/%	学前一年入园率/%
1995	2 711	39.8	77.1
1996	2 666	41.0	76.0
1997	2 519	40.5	72.3
1998	2 403	39.4	75.3
1999	2 326	38.4	76.6
2000	2 244	37.7	75.4

另外，随着计划生育政策的推进和城镇化的发展，农村出生人口减少，居住分散，为举办正规的幼儿园带来困难。而且农村学前教育还受到经费不足、中小学布局调整、小学附设幼儿园(班)减少等因素的影响，使得“九五”期间农村幼儿入园率偏低，入园幼儿数减少。

（二）“九五”期间，教育部门办园和民办园有所增加，其他部门办园和集体办园下降数量大

2000年，教育部门办和民办入园人数比1995年分别增加了3.4%和158.2%，教育部门办园缓慢增长，民办园发展迅速。当年，其他部门办园比1995年减少了32.6%，集体办园比1995年减少了近1/3，呈现大幅度下降。具体数据见表6－3。

表6－3　1991—2000年幼儿园历年发展情况统计

年　份	幼儿园数/所					入园幼儿数/万人				
	合计	教育部门办	其他部门办	集体办	民办	合计	教育部门办	其他部门办	集体办	民办
1991	164 465	17 746	27 830	118 889		2 209.28	568.45	353.17	1 287.66	
1992	162 506	10 938	28 167	123 401		2 428.19	666.2	371.9	1 390.09	
1993	165 197	17 861	27 899	119 437		2 552.51	757.86	370.69	1 423.96	
1994	174 657	20 645	23 266	112 462	18 284	2 630.25	814.61	326.17	1 385.85	103.62
1995	180 438	21 561	23 234	114 863	20 780	2 711.21	879.66	329.63	1 391.94	109.98
1996	187 324	25 217	21 905	115 736	24 466	2 666.31	914.75	310.15	1 311.02	130.39
1997	182 485	30 694	20 410	106 738	24 643	2 518.94	941.53	294.51	1 148.02	134.88
1998	181 368	31 741	19 154	99 649	30 824	2 403.03	922.63	291.31	1 018.31	170.78
1999	181 136	35 710	17 427	90 979	37 020	2 326.23	924.65	272.96	906.2	222.42
2000	175 836	35 219	15 578	80 722	44 317	2 244.16	909.53	255.49	794.88	284.26

在社会经济体制改革时期，幼儿园数量减少的情况是不可避免的。面对企事业单位剥离教育职能的转制改革，由于缺乏政府约束和政策措施，导致积累了大量优质学前教育资源的企事业幼儿园被迫停办、变卖。

同时，城区改造工作步伐加快，很多地方政府在改造过程中未能把幼儿园的发展纳入当地规划中，而新建小区幼儿园多为收费较高的民办园，导致广大低收入家庭子女和外来务工人员子女的入园困难问题。一些不具备办园资质、未经教育部门审批的不合格园靠低廉的收费吸引生源，给学前教育质量和幼儿园安全带来了很多隐患。

第二节　21世纪以来我国学前教育事业的改革与发展

21世纪以来，我国学前教育事业进入了规范发展时期。政府高度重视学前教育，陆续出台了一系列政策文件，学前教育呈现出欣欣向荣的发展局面。

一、制定政策性文件

2001年，教育部在青岛召开全国学前教育工作座谈会，就学前教育取得的成绩和发展前景进行了全面总结和深刻的分析，就当前事业发展存在的问题及如何推动“十五”期间学前教育事业的发展提出了改革思路。2001 年 9 月，教育部颁布《幼儿园教育指导纲要（试行）》（以下简称《纲要》），这是为进一步贯彻第三次全国教育工作会议和全国基础教育工作会议精神，落实《国务院关于基础教育改革与发展的决定》，推进幼儿园实施素质教育，全面提高幼儿园教育质量而颁布的全国幼教纲领性文件。新《纲要》分为总则、教育内容与要求、组织与实施、教育评价四个部分。

2003 年 2 月，国务院办公厅召开了由部分省（市）政府秘书长、教育厅厅长和县教育局局长、幼儿园园长代表参加的会议，广泛听取来自基层的意见。2003 年 3 月，国务院转发了教育部等十部门联合发布的《关于幼儿教育改革与发展的指导意见》，就解决当前学前教育发展中出现的一系列重大问题提出意见，并明确了今后 5 年我国学前教育改革与发展的目标。

2010 年 3 月，卫生部审议通过，并经教育部同意，颁布《托儿所幼儿园卫生保健管理办法》，自 2010 年 11 月 1 日起施行。

2010 年 7 月，中共中央、国务院印发《国家中长期教育改革和发展规划纲要（2010—2020 年）》，把基本普及学前教育作为学前教育发展的重要目标。同年，国务院印发《关于当前发展学前教育的若干意见》，明确了学前教育改革发展的根本任务和重大举措，确立了学前教育公益普惠的基本方向和发展目标，完善了学前教育管理体制机制和政策保障体系，提出了全面系统、明确有力的治理措施。

2012 年 2 月，教育部印发《幼儿园教师专业标准（试行）》。《幼儿园教师专业标准（试行）》是国家对合格幼儿园教师专业素质的基本要求，是幼儿园教师开展保教活动的基本规范，是引领幼儿园教师专业发展的基本准则，是幼儿园教师培养、准入、培训、考核等工作的重要依据。

2012 年 10 月，教育部印发《3—6 岁儿童学习与发展指南》（以下简称《指南》）。《指南》广泛征求了各方面的意见，经教育部学前教育专家指导委员会审议通过。旨在帮助广大幼儿园教师和家长了解 3—6 岁幼儿学习与发展的基本规律和特点，全面提高科学保教水平。

2013 年 1 月，教育部印发《幼儿园教职工配备标准（暂行）》，要求各地要高度重视幼儿园教师队伍建设，将《标准》作为办园的基本标准之一，补足配齐幼儿园教师，切实加强对各类幼儿园教职工配备情况的动态监管。

2015 年，教育部印发的《幼儿园园长专业标准》《教育部财政部关于改革实施中小学幼儿园教师国家级培训计划的通知》等进一步从准入、培养、培训等方面规范了幼儿园教师队伍建设。

2016 年《中华人民共和国教育部令》第 39 号文件规定：《幼儿园工作规程》已经 2015 年 12 月 14 日第 48 次部长办公会议审议通过，现予公布，自 2016 年 3 月 1 日起施行。同时，宣布 1996 年版《幼儿园工作规程》废止。

2017 年 10 月，教育部印发《普通高等学校师范类专业认证实施办法（暂行）》和《学前教育专业认证标准》，我国幼儿园教师职前培养日益规范化、专业化。

2018 年 11 月 15 日，中共中央、国务院发布《关于学前教育深化改革规范发展的若干意见》，明确提出：学前教育是终身学习的开端，是国民教育体系的重要组成部分，是重要的社会公益事业。办好学前教育、实现幼有所育，是党的十九大作出的重大决策部署，是党和政府为老百姓办实事的重大民生工程，关系亿万儿童健康成长，关系社会和谐稳定，关系党和国家事业未来。

2022 年 2 月，教育部发布《幼儿园保育教育质量评估指南》，围绕办园方向、保育与安全、教育过程、环境创设、教师队伍等五个方面提出了15项关键指标和48个考查要点，着力从突出过程评估、聚焦班级观察、强化自我评估三方面改进优化评估方式，推动构建科学的幼儿园保教质量评估体系。

二、“十五”到“十三五”期间学前教育发展概况

（一）“十五”期间学前教育的改革与发展(2001—2005年)

1. 学前教育事业发展水平逐渐提高，幼儿园办学条件得到不断改善

“十五”初期，在园幼儿人数仍继续下降，2003年降到10年来的最低水平，直到2004年才开始得到扭转，2005年回升到1996年的水平。具体数据见表6－4。

表6－4 “十五”期间全国幼儿园数、在园幼儿数、毛入园率情况

年份	幼儿园数/万所	在园幼儿数/万人	学前三年毛入园率/%
2001	11.170 6	2 021.84	35.9
2002	11.175 2	2 036.02	36.8
2003	11.639 0	2 003.91	37.4
2004	11.789 9	2 089.40	40.8
2005	12.440 2	2 179.03	41.4

2. 城乡学前教育事业呈现不同的发展趋势

2005年，全国幼儿园数为12.440 2万，在园幼儿数为2 179.03万。其中城市幼儿园数为6.329 9万所，班数为39.78万个，在园幼儿1 168.02万人。城市在园幼儿数达到历史最高水平，虽然幼儿园数量有所减少，但办园规模扩大。同年，县镇幼儿园数为6.110 3万，班数为38.25万个，在园幼儿1 011.01万人，是5年来增加最多的一年，县镇学前教育呈下降后稳步回升的状况。

“十五”期间，农村学前教育连续8年下滑的局面在2004年得到控制，幼儿园数和小学附设学前班减幅仍然很大，直接影响了农村幼儿受教育的机会。

3. 学前教育事业发展格局发生变化，集体办园和其他部门办园大大减少，教育部门办园和社会力量办园增长幅度大

“十五”期间，学前教育事业的发展格局发生变化，集体办园和其他部门办园大大减少，教育部门办园和社会力量办园不断增长，说明不同体制的幼儿园随着经济体制改革和社会结构转型的变化而发展。

4. 幼儿教师学历水平提高较快，但教师素质问题依然存在

2005年，全国幼儿园教职工总数为115.2万，其中园长11.45万，专任教师72.16万，保健人员8.14万，代课和兼职教师数量为23.45万人。教职工总数量在2001年大幅度减少后逐年回升，2004年基本恢复到2000年的水平。从总的情况看，幼儿教师学历提高的速度和水平与小学教师相当，但农村教师的学历相对较低。此外，幼儿园师生比过高，2005年全国幼儿园教职工(含代课教师和兼任教师)与幼儿比平均为1∶17.6，其中农村为1∶36。

5. 各地区学前教育事业发展不平衡

“十五”期间，有14个省(市、自治区)在园幼儿数得到增长，其中西藏、贵州、新疆、湖南、青

海、云南、广西增长达到20%以上，上海、江西、河北、浙江、宁夏等省达到10%以上。但是各地的发展仍不平衡，福建、山东、广东、河南、江苏、海南等省在园人数处于缓慢发展或基本保持在原有水平，部分中部、西部人口大省以及东北等11个省入园人数逐年减少，形势十分严峻。

（二）“十一五”期间学前教育的改革与发展（2006—2010年）

1. 全国学前教育规模持续增长，普及水平继续提高，幼儿园办学条件继续改善

“十一五”期间，全国学前教育普及水平进一步提高，发展态势良好。2006年，全国学前教育毛入园率达到42.5%，2010年，学前三年毛入园率达到56.6%。中西部地区学前教育在“十一五”期间持续增长的基础上，获得了加速发展。小学招生中接收学前教育学生的比例不断提高。具体数据见表6-5。

表6-5 “十一五”期间全国幼儿园数、在园幼儿数、毛入园率情况

年份	幼儿园数/万所	在园幼儿数/万人	学前三年毛入园率/%
2006	13.049 5	2 263.85	42.5
2007	12.908 6	2 348.83	44.6
2008	13.372 2	2 474.96	47.3
2009	13.820 9	2 657.81	50.9
2010	15.042 0	2 976.67	56.6

2. 城市、县镇学前教育得到稳定发展

“十一五”期间，城市、县镇学前教育得到稳定发展，出现持续增长的态势。但农村幼儿园发展缓慢、曲折。随着农村中小学布局调整工作的不断推进，被撤并小学的学前班不得不随之消亡，农村学前班数量不断减少，自1995年以来，学前班数量连续十几年减少，到2007年共减少了40%，这一趋势使农村学前教育的发展陷入危机之中。

3. 办园格局发生变化，教育部门办园基本保持稳定，其他部门办园和集体办园继续减少，社会力量办园得到迅速发展

“十一五”以来，教育部门办园在保持稳定的情况下所占比例有所减少。集体办园、其他部门办园的规模也继续减小，特别是由于企业幼儿园的归属问题一直没有明确的政策规定，导致主要为工人服务的国有企业幼儿园大量关闭，数量大大减少。同期，民办学前教育发展迅速，在集体性质幼儿园减少的情况下，民办幼儿园成为补充。由于缺乏监管，不具备办园条件的、未注册的不合格民办幼儿园与高价、豪华型民办幼儿园同时快速发展起来，民办幼儿园办园格局呈现两极分化的局面。

4. 幼儿园教职工总数持续增加，高学历教师数量增加很快，而教师没有职称的情况更为严重，农村师生比过高的情况没有得到根本缓解

2007年，幼儿园教职工总数比2005年增加了14%；教师中专科以上学历的幼儿教师已有52.3万，占幼儿教师总数的54.94%；本科和研究生学历的教师有8.5万，比2005年增长了29%。同时，幼儿教师没有职称的情况越来越严重，说明教师任职资格管理严重缺位，导致教师队伍不稳定。2007年，全国幼儿园教职工与儿童比为1∶17.8，与国家编制标准规定的幼儿园师生比相比，仍然居高不下。从城乡教师负担看，城市为1∶9.2，县镇为1∶15.9，农村为1∶32.5，

农村幼儿教师的负担依然沉重。

（三）“十二五”期间学前教育的改革与发展（2011—2015年）

1.“入园难、入园贵”得到极大缓解

2010年，国务院印发《关于当前发展学前教育的若干意见》，从规划、投入、办园、管理等方面提出要求，要求建立以政府为主导、社会参与、公办民办并举的办园体制。国家设立“中西部农村学前教育推进项目”，解决边远贫困和农村地区资源短缺问题。地方政府作为责任主体，在中央财政奖补支持下，以县为单位连续在2011—2013年、2014—2016年、2017—2020年实施三期学前教育行动计划，分别着重解决资源短缺、长效机制、公益普惠等问题，并采取多种途径加强幼儿教师队伍建设。这一时期，各级财政对学前教育的投入和支持力度在历史上是空前的，使“入园难、入园贵”问题在极短时间里得到了极大缓解。具体数据见表6-6。

表6-6　“十二五”期间全国幼儿园数、在园幼儿数、毛入园率情况

年份	幼儿园数/万所	在园幼儿数/万人	学前三年毛入园率/%
2011	16.675 0	3 424.45	62.3
2012	18.125 1	3 685.76	64.5
2013	19.855 3	3 894.69	67.5
2014	20.988 1	4 050.71	70.5
2015	22.368 3	4 264.83	75.0

2. 学前教育制度机制建设明显加快

“十二五”期间，《3—6岁儿童学习与发展指南》《幼儿园教师专业标准（试行）》《幼儿园园长专业标准》等相继发布，完善了学前教育教研工作机制，确立了“国务院领导、省市统筹、以县为主”的管理机制，为学前教育规范管理以及科学保育和教育提供了制度保障。2012年，教育部还在部分地（市）开展了0—3岁婴幼儿早期教育试点，进一步丰富了学前教育的内涵。

自改革开放以来，我国学前教育事业取得了长足发展。为保证更多的儿童接受高质量的学前教育，为普及义务教育奠定良好基础，从中央到地方各级政府颁布了一系列规章制度和指导文件，保证了学前教育事业朝着科学化、规范化、现代化的方向发展。在学习、融汇世界先进经验的基础上，我国学前教育立足中国特色社会主义发展实际，在继承与批判、吸收与扬弃中走出了一条适应国情的、具有中国特色的社会主义学前教育事业的发展道路。

3. 学前教育办学条件明显改善

“十二五”期间，生均学校占地面积、生均校舍建筑面积、生均教学及辅助用房面积、生均图书册数等指标均有较大幅度提高，各种办学条件城市优于县镇，县镇优于农村。改革开放以来至2017年，学前教育生均学校占地面积增加了1.01倍，增至12.53平方米，生均校舍建筑面积增加了1.17倍，增至6.50平方米，生均教学及辅助用房面积增加了1.48倍，增至4.84平方米，生均图书册数增至1.84册，生均数字资源增加了2.72倍，增至2015年的1.75GB。

（四）“十三五”期间学前教育的改革与发展（2016—2020年）

2017年，党的十九大首次提出“办好学前教育”、实现“幼有所育”，赋予了学前教育新的内涵和更高的要求。2018年，中共中央、国务院发布《关于学前教育深化改革规范发展的若干意见》，提出构建以普惠性资源（含公办园和普惠性民办园）为主体的办园体系，健全公共服务保障体系、提高保教质量、促进学前教育健康协调发展等，标志着学前教育的工作重点逐步从规模扩张向扩大公平、提高质量等内涵要素延伸。

1. 学前教育取得跨越式发展

2020 年，全国幼儿园总数达到 29.17 万所，在园幼儿总数达到 4 818.26 万，与 2015 年相比，幼儿园数量增加了 30%，在园幼儿规模增长了 13%，全国学前三年毛入园率达到 85.2%，增加 10.2 个百分点，普惠性幼儿园覆盖率达到 84.74%，比 2016 年增加 17.5 个百分点（2016 年开始统计普惠性幼儿园覆盖率），超额完成党中央国务院确定的普及普惠目标任务。具体数据见表 6−7。

表 6−7 “十三五”期间全国幼儿园数、在园幼儿数、毛入园率情况

年份	幼儿园数/万所	在园幼儿数/万人	学前三年毛入园率/%
2016	23.981 2	4 413.86	77.4
2017	25.495 0	4 600.14	79.6
2018	26.667 7	4 656.42	81.7
2019	28.117 4	4 713.88	83.4
2020	29.171 5	4 818.26	85.2

为满足人民群众对婴幼儿照护服务的需求，2019 年，国务院办公厅出台文件，对 3 岁以下婴幼儿照护服务发展提出指导意见，明确家庭对婴幼儿照护负主体责任，鼓励发展多种形式的婴幼儿照护服务机构，公共政策的干预重点是为家庭提供支持和养育指导，并对困难家庭提供必要的服务。

2. 学前教育师资队伍建设日益规范

学前教育专任教师及园长学历显著提升，无论是学历达标率还是具有专科及以上学历占比均是城市高于县镇，县镇高于农村。改革开放以来至 2017 年，专任教师及园长学历达标率逐步提高至 98.32%，增加了 62.02 个百分点。专任教师及园长中具有专科及以上学历占比从 2010 年的 61.47%提高到 2018 年的 81.88%。学前教育专任教师及园长学历达标率 2017 年城市达 99.27%，县镇达 98.08%，农村达 96.32%，专任教师及园长中具有专科及以上学历比例城市达 86.03%，县镇达 77.86%，农村达 68.26%，农村及县镇增加更明显。师资配备力量也不断增强，师幼比从 2010 年的 1∶22.8 提高到 2017 年的 1∶16.96。

3. 学前教育多元办学格局逐步形成

从各主体办园在园幼儿占比来看，改革开放以来我国先后经历了集体办园为主、教育部门办园为主、民办园为主三个阶段。集体办园在园幼儿占比从 1979 年的 73.81%逐步下降到 1998 年的 42.38%，这一时期集体办园居主导地位；教育部门办园在园幼儿占比从 1999 年的 39.75%上升至 2009 年的 45.11%（其中 2005 年最高为 52.66%），这一时期教育部门居主导地位；民办园在园幼儿占比从 2010 年的 47.01%上升至 2018 年的 56.69%，居主导地位。随着学前教育从主办单位自行解决经费的单位福利转变为国家财政保障下的社会公共服务，各级政府切实承担起发展学前教育的责任，将普惠性学前教育服务纳入基本公共服务予以保障，并通

过各种方式积极引导社会力量积极投资办园、捐资助园,“政府为主导、社会参与、公办民办并举”的学前教育公共服务体系逐渐建立。

4. 学前教育保障基础更加牢靠

在政府和社会各界的共同努力下,学前教育的保障条件有了很大的改善。全国学前教育经费总投入从2009年的244.79亿元增加到2018年的3 672亿元,生均教育经费总支出从3 901.22元增加到10 648元。① 中国初步建立起生均拨款、收费、资助一体化的学前教育投入和运行保障机制,国家财政性学前教育投入占财政性教育投入的比重从2010年的1.7%提高到2017年的4.6%,北京、上海均超过10%。② 社会和家庭也分担着学前教育成本,形成了多渠道筹措学前教育资金的机制。

5. 学前教育管理逐步科学化规范化

学前教育事业随着经济社会改革不断发展,从理念到实践都经历了深刻的转变,在国家发展中的基础性地位更加突出,中国不仅建成世界规模最大的学前教育体系,而且公平性不断增强,管理逐步科学化、规范化。在新的办学体制下,政府职能相应地从计划经济时期的业务指导转变为全行业管理,包括对学前教育行业的规划、投入、监管,政府以公共管理者身份对各级各类幼儿园进行规范管理。特别是党的十八大以来,学前教育的宏观管理明显加强,准入、安全、营养膳食、卫生保健、经费使用和收费等方面的监管不断强化,促进了幼儿园规范发展;各级政府也逐步建立质量评估体系,开展以保育教育、教师资质、师德师风、内部管理等为重点的督导评估,将监管进一步向办园行为延伸,从整体上提高办园水平和保教质量;政府推动下的教研指导也不断加强,推动了幼儿园业务水平提升。

(五)“十四五”开局学前教育改革与发展(2021—2022)

2021年,全国幼儿园达到29.5万所,比2011年增加12.8万所,增长了76.8%;毛入园率持续快速提高,2021年全国幼儿园在园幼儿达到4 805.2万人,比2011年增加1 380.8万人;全国学前三年毛入园率由2011年的62.3%提高到2021年的88.1%,增长了25.8个百分点,学前教育实现了基本普及;中西部和农村发展最快,全国新增的幼儿园80%左右集中在中西部,60%左右分布在农村,学前教育区域、城乡差距明显缩小。2021年全国普惠性幼儿园达到24.5万所,占幼儿园总量的83%,其中公办园12.8万所,比2011年增长了149.7%,充分发挥了公办园兜底线、保基本、抑收费、引领方向的重要作用;普惠水平大幅提升,2021年全国普惠性幼儿园在园幼儿占比达到87.8%,比2016年增长20.5个百分点,其中12个省份超过90%,有效保障了绝大多数幼儿享受普惠性学前教育;学前教育公共服务网络逐步完善,2021年农村普惠性幼儿园覆盖率达到90.6%,每个乡镇基本办有一所公办中心园,大村独立办园、小村联合办园,城乡学前教育公共服务体系基本建成,基本满足了老百姓在家门口的入园愿望。具体而言:

在总体目标上,要进一步提高学前教育的普及普惠水平,到2025年全国学前三年毛入园率达到90%,普惠性幼儿园覆盖率达到85%,建立覆盖城乡、布局合理的学前教育公共服务

---

① 梁慧娟.改革开放40年我国学前教育事业发展的回望与前瞻[J].学前教育研究,2019(1).

② 孙美红.改革开放40年我国农村学前教育的变迁与政府责任[J].学前教育研究,2019(1).

体系。

在学位供给上，根据人口变化趋势，以县为单位强化入园需求预测，通过多种渠道进一步扩大学前教育资源，特别是普惠性学前教育资源，有效化解“大班额”问题，更好地满足适龄幼儿的入园需求。“十四五”规划中明确提出，要以人口集中流入地、农村地区和“三区三州”为重点，新建、改扩建2万所幼儿园，增加普惠学位400万个以上。这些地区经济基础薄弱，家长对让幼儿入园接受教育的意识不强，师资容易流失，成为入园率的低谷，是下一步普及学前教育的主战场，可通过加大财政补贴、提供师资支持、调拨办园设施、免费提供办学场地、开办公办学前教学点等措施，扶持其发展。

在政策保障上，进一步完善普惠性学前教育保障制度，健全经费投入和成本分担机制，完善幼儿园教师配备补充、工资待遇保障等制度。

在科学保教上，坚持以游戏为基本活动，深入推进幼小科学衔接，有效缓解家长对孩子入学的焦虑，健全办园质量评估体系，全面提高幼儿园的科学保教水平。

本章小结

学前教育是中国社会主义教育事业的重要组成部分，也是《中华人民共和国教育法》明确规定的国家学校教育制度的第一个阶段。20世纪90年代以来，我国学前教育事业发展取得了突出成就，也面临诸多困难。几十年来，人们不仅仅从促进儿童发展的角度来认识学前教育的价值，更认识到学前教育在推动社会发展、促进社会和谐方面不可忽视的重要作用。国际经验表明：高质量的学前教育不仅是个体终身学习和终身发展的重要奠基阶段，更是缩小社会差异、改善社区环境、提高国民素质、提高国家经济实力的重要战略措施之一。在此经验引导下，中国政府从国情和各地方实际出发，积极制定政策，加大投入，推动了我国学前教育事业在遭遇和解决不同时期不同困难的基础上开始获得持续、快速发展。

思考题

1. 搜集资料，分组交流改革开放以来，家乡学前教育事业的发展变化。
2. 谈谈你对学前教育“公平性”的理解及建议。

拓展阅读

庞丽娟．中国教育改革30年・学前教育卷[M]．北京：北京师范大学出版社，2009.

本书围绕改革开放30年来我国学前教育事业发展与政策、学前教育事业发展中的政府职能转变、学前教育财政改革、学前教育理论的发展与观念的转变、幼儿园课程改革与游戏的发展、幼儿教师队伍建设与专业发展、民办学前教育的发展等问题进行了较为深入、系统的探讨。全书共分为七章。

下卷

外国学前教育史

■ 第四编　外国古代学前教育
■ 第五编　外国近代学前教育
■ 第六编　外国现当代学前教育

第四编

外国古代学前教育

第七章　原始社会的儿童教育

学习目标

1. 了解原始社会儿童教育的性质、形式、内容、方法。
2. 掌握原始社会儿童教育的主要特征。

关键词

原始社会　儿童教育

教育是人类社会特有的现象，它随着人类社会的产生而产生，并随着人类社会的发展而发展。原始社会是人类历史发展的第一个阶段，也是人类教育产生和发展的历史起点。

原始社会的分期种类甚多，我们所采用的分期是：前氏族时期（旧石器时代的早期至中期）、母系氏族时期（旧石器时代晚期至新石器时代早期）、父系氏族时期（新石器时代末期至青铜器时代和早期铁器时代）、军事民主制时期（氏族社会向阶级社会的过渡期）。在原始社会的不同历史时期，存在着与其社会情况相适应的儿童教育。

第一节　儿童教育的性质与形式

一、前氏族时期

前氏族时期又称原始公社时期。这一时期生产力水平极端低下，生产工具非常简陋，生产资料不易获得，由于所处的自然环境十分险恶，人们要生存就必须依靠集体的力量，才能驱赶野兽，捕获食物，建筑洞穴等。

前氏族时期，所有的教育是在劳动中进行的。原始家庭分为两大群体：一群是驱赶和捕捉野兽、攀高和采集果实的壮年男女；另一群是看管猎获品、建筑隐蔽所和进行日常劳动的老人和儿童。在后一个群体中，老人便担负着教育儿童的任务。他们在现实生活与劳动中教给儿童劳动工具的使用方法、生产劳动的技能和生活习惯、行为准则等。

二、母系氏族时期的儿童教育

母系氏族时期是氏族公社的第一阶段，这时的工具制作技术得到了改进。另外，农业与畜牧业也开始发展。男女分工开始出现。

母系氏族时期的教育，是和当时的生产水平、经济发展状况相适应的。这一时期的男女劳动分工也明显地反映在教育的实施上。儿童在母权社会分为各种年龄等级，一个婴孩不属于生母，而属于共同喂奶并一起照护所有儿童的全体母亲们，不管她们同婴孩的个人关系（这种关系在长时间中也就消失了）如何。男女儿童在 8 岁以前，不分性别地在一起生活，均由共同的母亲们负责照管。她们在日常生活和家务劳动中教给儿童各种生产技能、社会习俗和道德行为等，而社会习俗、道德行为等教育内容，大多是由老年妇女通过讲故事的形式进行的。儿童到了 8 岁以后，男女儿童分别接受不同的教育。男孩由成年男子指导，学习男子应做之事；女孩则由妇女指导，学习女子应尽之职。

三、父系氏族时期的儿童教育

父系氏族时期是氏族公社的第二阶段。这时，社会进入新石器时代晚期，生产工具又有了新的改进和提高，发明了青铜工具，出现了木柄铜锄、铜铲和木犁，这大大促进了经济的发展。人类社会发生了第一次社会大分工——农业和畜牧业的分工。农业和畜牧业的主要劳动，如田野生产、沟渠开凿、堤坝修筑以及牲畜看管等，都归男子充任，原来由妇女负责的制陶业也改由男子操作陶轮，而妇女只限于从事家务劳动。男女在生产劳动中地位的改变，影响到他们在家庭中的地位，男子在家庭中拥有了实际统治地位。另外，母系氏族后期，族外的群婚已逐渐为不稳固的对偶婚所代替，而那种不稳固的对偶婚又逐渐过渡到一夫一妻制，世系按父系计算，财产按父系继承。因此，母系氏族公社逐渐转变为父系氏族公社。

父系氏族时期，所有儿童都被视为全氏族未来的成员，一般由氏族中的成年妇女来照管和教育。成年妇女对他们进行精心的哺育和严格的熏陶，由于社会生活范围的扩大，伦理道德问题便从社会生活中分离出来，成为教育的项目而单独进行，使儿童了解家庭的惯例、氏族的礼法、历史传说、风俗禁忌和图腾信仰等。此外，儿童自幼便跟随成年人，观察他们的生产劳动，模仿他们的动作行为，也就逐渐习得了生产劳动知识和技能。

四、军事民主制时期的学前教育

军事民主制时期是原始社会向奴隶社会过渡的时期，也是父系氏族末期。随着生产工具的进一步改进和生产技术的不断提高，加上社会生产劳动的进一步分工，到氏族后期，社会生产有了较大发展，产品除了供氏族成员使用外，还有了剩余，可以用来进行产品交换，私有制由此产生。占有财富的多寡和贫富的分化，导致家族、部落之间相互斗争，战争频繁起来。为了适应实际生活的需要，氏族部落里出现了两个主要的首领：一是酋长，由部落男子大会推选产生，专门负责维持氏族公共秩序，组织生产劳动和安排日常生活；二是军事长官，由氏族全体成员民主选举产生，专门负责部落军事生活，指挥作战。这样，军事民主制产生了，正如恩格斯所说：其所以成为军事民主制，是因为战争以及进行战争的组织现在已成为氏族生活的正常职能。

教育为适应军事民主制社会的需要，重视和加强了对全体部落成员的军事体育训练，并把军事训练教育提到首位。因此，这一时期的儿童教育，除了继续使儿童学习生产劳动知识和技能、社会生活习俗和道德行为规则外，还要把军事方面的学习当作一项重要内容。这个时期的儿童，通常三四岁的时候就练习打猎、驾驶小船，稍大一点儿，还要组织社队，练习作战，男女儿童常做宿营游戏，男孩外出觅食，女孩安置营地。

从原始社会各历史时期学前教育的发展演变中，我们可以看出，每个时期的学前教育发展都与当时的社会现实需要密切联系，并且，原始社会各个时期的学前教育十分简单。相对于以后的社会形态，原始社会的学前教育具有如下三个特点。

（一）教育的非独立性

原始社会的学前教育还没有从社会生产和生活中完全分化出来，成为独立的社会劳动。这是学前教育处于起始阶段的必然特征。其主要表现是：没有专门从事学前教育的人员和机构，老人和成年妇女既是生产者也是教育者，家庭及周围驻地是自然的教育场所；学前教育活动渗透在生产和生活中，因此也不可能有什么教育制度可言。

（二）教育的平等性

原始社会是没有阶级划分的社会，社会分工也只是按性别进行的，十分简单。在教育方面也相差无几，人人享受平等的教育，儿童是公有和公育的，教育的主要目的是让儿童习得生产和生活知识与技能，增强生存能力。

（三）教育的原始性

原始社会对儿童的教育目的主要是让他们获得参加生活的能力，因此，教育内容着重于对体力、顽强性和生产劳动的技能、与自然斗争的经验、社会风俗等方面的训练，智力的开发只是实践的“副产品”，并没有被教育者意识到。教育的方法也以观察、模仿、实践等掌握经验的方法为主。造成这一特征的原因是原始社会生产力的低水平、人类自身发展的低水平以及社会物质生活、精神生活的匮乏。

第二节　儿童教育的内容与方法

一、原始社会儿童教育的内容

原始社会儿童教育的内容总体说来是十分原始简单的，但它也随着社会生活的变化而逐渐增加，概括起来包括以下三个方面。

（一）劳动技能教育

在原始社会中，生活和劳动浑然一体，成人每天生活的主要内容就是生产劳动。这种生产劳动，总是和社会生产紧密结合的。儿童从幼年开始就从旁观察成人劳动过程，从中探寻劳动技能，并在游戏中模仿练习，如制作劳动工具、设置陷阱、养育动物、播种庄稼等。以后随着年龄的增加，逐渐由观察模仿者成长为一个帮手，再成长为独立的劳动者。

（二）社会道德观念的养成

原始社会时期的儿童生活在复杂的血缘关系和氏族部落中。他们被视为氏族未来的成员，每个氏族成员又肩负教育儿童的责任，特别重视对儿童精心的哺育和认真的教导，使他们逐渐了解氏族的礼法、历史传说、风俗禁忌和图腾信仰等社会道德，并且使他们逐步认识各种复杂的亲属和血缘关系，培养其氏族部落的自豪感、责任感以及肯为集体奋斗的精神。

（三）军事体育训练

原始社会由于人们驾驭自然的能力极为有限，并且他们要保卫氏族的利益，氏族成员必须要有强健的体魄和必要的军事技能。因此儿童从小就要摆弄弓箭、学射鸟兔等，通常在三四岁时就练习打猎，稍大儿童还要组成分队，练习作战或进行宿营游戏等。

二、原始社会儿童教育的方法

原始社会的教育总是和社会生活紧密结合在一起的，对儿童的教育也同样与儿童的日常生活和游戏生活连在一起。对儿童的教育方法概括起来有以下三种。

（一）示范与讲解

在氏族家庭中，儿童与经验丰富的长者生活在一起，这些长者们对儿童多进行示范和讲解的教育，其目的在于将生产劳动技能、工具制造和礼节风俗等教给儿童。这种长辈的言传身教、启发诱导是原始社会儿童教育的主要方法。

（二）观察与模仿

原始社会的儿童还在日常生活和游戏过程中观察、模仿成人的言行举止，获得劳动生产的知识和生活处世的经验。例如儿童模仿制陶来进行游戏，模仿成人烹调来游戏等，他们在游戏中逐步领悟和掌握一些实际的劳动本领，以便于年岁稍大一些加入社会劳动者行列中，成为合乎规格的劳动者。此外，对军事、体育、民俗、宗教等的学习也采用这种方式。

（三）奖励与批评

在原始社会中后期，经过长期的教育实践探索，氏族部落也采用了对儿童进行奖励、赞誉以及批评、警告等奖惩机制，以便引发儿童积极向上和克服不良之举。有的甚至通过对优秀儿童授予特权或赐名等方式为其他儿童树立榜样。

本章小结

原始社会教育是起始阶段教育，是处于较低级阶段的教育。人类当时的婚姻关系属群婚制，原始社会早期形态按辈分建立起来的婚姻团体，纯属于血缘婚姻，在这种情况下，公社内实行儿童公有和儿童公育。在原始社会发展的不同时期，其儿童教育发展的情况随着生产力发展水平逐步演进、发展。原始社会的教育在共同劳动和生活中进行，并与生产劳动、社会生活紧密联系。但由于生产力水平较低，这一时期教育的目的单一，内容贫乏，方法简单。教育目的就是为了培养合格的氏族成员，把儿童训练和培养成为生产者、劳动者。教育内容基本上是日常生活与生产经验、社会风俗与礼仪、原始宗教及军事技能等。教育方法则是直观展示、演习，言传身教、师徒相授以及在生活实践中学习等。

思考题

1. 原始社会儿童教育的主要内容和方法是什么？
2. 如何评析原始社会的儿童教育？

拓展阅读

[美]摩尔根. 古代社会[M]. 杨东莼，等译. 北京：中央编译出版社，2007.

作者以美国印第安人亲属制度、家庭生活为基础，进而拓展到整个人类早期的氏族制度与社会生活，展示了混沌初开时期人类的存在面貌。

第八章　古代东、西方国家的学前教育

学习目标

1. 掌握古埃及的家庭教育及学校教育的类型、内容和方法。
2. 了解古代希伯来、古代印度带有宗教性的学前教育特色。
3. 掌握古希腊和古代罗马学前教育的异同。

关键词

家庭教育　学校教育　宗教教育

公元前3000年，古埃及、古希伯来、古印度等国家相继进入奴隶社会。公元前8世纪前后，古希腊和古罗马随着政治、经济、文化的发展也进入奴隶社会，奴隶主为了将统治经验传授给子孙后代，客观上使得学校的产生成为必然。学校教育产生后，学前教育也初步形成雏形。

第一节　古埃及的学前教育

一、古埃及的家庭教育

古埃及社会，家庭承担了对一般儿童的教育任务，即传递知识、技能、行为模式和信仰。儿童的行为不能使家族蒙羞，因此家庭有责任为儿童的行为奠定基础。

古埃及以家庭为教育子女的主要场所。即使是在学校产生以后，家庭仍然是重要的教育园地；而且家庭教育不仅注重普通生活知识和道德品质的培养，就连深奥的专业知识也由家庭传授。就“教育”一词的埃及字源“Sochpr”看，它意味着“使之成为”，是指父亲使儿子成为木匠、医生或军官之意。一般儿童在14岁以前由母亲负抚育之责，子女们以玩具为游戏，并从日常活动中接受教育。在古王国和中王国时期，权贵人士都以王宫为生活中心，其五六岁以上的子弟也常到宫廷和王子同玩，有时和王子王孙同受教育，学习文化和实习治术。直到新王国时期，才发展到由政府部门成立学校，挑起造就管理者的职责。古埃及的专业工作者，如文士、医师、木乃伊师、建筑师等，每每采用师徒传习的方式，由父亲在生产作业中，把应具备的知识技能教给儿子，教育、生产和生活是融为一体的，准备从事专业的青年，特别是文士的后备队，都学习书写和计算的知识。

二、古埃及的学校教育

（一）古埃及学校教育的类型

1. 宫廷学校

这是埃及古王国时期法老设立在宫廷中的学校。约在公元前2500年，埃及就开始创办了这类教育机构，到中王国时期仍旧存在和发展。办学目的是教育皇族后代和贵族子弟，使他们具备作为未来统治者应有的素质和能力。宫廷学校中所学的大概是一些普通课，包括读、写、数学、天文等基础知识。

在古埃及，奴隶主贵族及大臣一向以王宫为活动中心，其五六岁以上子弟可以出入宫廷和法老子孙共同活动和共同学习，有时法老也以和他们玩戏为乐，并派官员进行教育，这样宫廷学校便逐渐发展和完善起来。由于这些权贵子弟都将成为统治者，等他们年龄稍长，更按政府官员的职守，派他们到有关部门见习。在法老宫廷中，人才荟萃，有图书馆、档案室，除了培育青年一代，还利用学识优良之人充作参谋或咨询，实际就是智囊团或思想库。他们参加讨论军国大事和学术问题，还可能对宫廷学校的成年学生进行程度较高的知识传授。学生结业以后，就被派往国家机关接受锻炼，获得实际经验，并学习专门知识，然后正式委任为官吏。

2. 职官学校

这种学校的创办迟于宫廷学校，是埃及中王国时期国家官办的具有职业教育性质的学校。这类学校的产生和中王国时期国家强盛、政务繁杂有直接的关系。这时，宫廷学校已不能满足社会对培养人才的需要，这样就出现了在政府机关内附设建立的职官学校，担负培养训练自己机关所需要的官吏的任务。

这类学校的教育对象为贵族和官吏子弟，还招收一定数量的外邦留学青年。职官学校出现并发展后，宫廷学校便逐渐衰落。在职官学校中，学习内容除基础知识外，主要进行与政务工作有密切联系的业务训练。这类学校教师大多由学校所在政府机关的官吏充任，学生从5岁开始，经过12年的学习，毕业后可成为文士和官员。

3. 寺庙学校

古埃及寺庙在社会上享有较高的地位。因为寺庙掌握了宗教活动、文字书写和专业知识，僧侣为培养继承人必须传授所需的知识。于是，寺庙就开始设置学校，这类学校一般设在城市的寺庙中。当时寺庙除作为祭祀祈祷的主要场所外，还是兼办政治社会事务的机构，如代替法老掌管天文、建筑之事。因此，寺僧们不仅从事宗教活动，还是文化的保存和传播者。初学者学习读写算等基本知识和宗教知识；对程度较好的青年则进行水平较高的教学。随着科学文化的积累，到新王国时期，便出现了研究高深学术和培养高深专业人才的寺庙。

4. 书吏学校

古埃及是古代的奴隶制大国，政治、宗教、军事、贸易的事务十分纷繁，需要大量书吏（或译文士，即政府的公务人员）。由于具体职务不同，书吏可分为公文书吏、书信书吏、军队书吏、国王书吏、“圣书”书吏等。他们精于书写、通晓律法，有较高的文化水平，因而居官任职，享受特权和丰厚的待遇，是一般青年奴隶主奋斗的目标。为了满足这种需求，许多书吏便以教育为专业，广设书吏学校。埃及书吏，原出自民族贵族，世袭相传。随着书吏的需要量增大，书吏学校的招生对象有所扩大，家庭出身的限制较少，不过贫苦子弟无力交纳费用，仍然不得入学，奴隶子弟则根本被剥夺了入学的权利。书吏学校程度不齐，年限不等，通常教授阅读、书写、计算和法律知识，有的也讲授数学、天文学和医学等较高深的学问。富有者进入水平高、年限长的书吏学校，经济拮据者进入水平低、年限短的学校。

（二）古埃及学校教育的内容和方法

古埃及学校德育的主要内容就是要求学生尊奉日神、忠于法老、敬重官吏、孝顺双亲。古代埃及谚语说,“学神把教鞭送给人间”“男孩的耳朵是长在背上的,打他他才听。”①他们责令学生学习和抄录各种教诲式的格言、铭文、信札,借此使学生学会和掌握他们所需要的生活习惯、行为准则、各种忠告以及怎样对待上司、怎样为他们服役、如何保护和尊重私有财产等,以利于巩固奴隶制社会。

在教学内容方面,古埃及学校注重阅读、书写、“辞令”、计算、地理等,水准较高的学校更讲授高级数学、天文学、医学、建筑学、水利学等专门知识。显然,为了适应当时的现实需要,古埃及的学校课程是很广泛而丰富的。

在教学方法上,古埃及的教育方法十分简单粗暴,体罚、机械地反复练习被看作正常合理的手段。当时的书写用品昂贵,加上要求书写得正确、纯熟、秀丽,儿童只好利用陶片、石板反复习字,极尽艰难,书籍全靠手抄,故有爱书甚于爱母之说。教学多口授,教师讲一句,学生念一句,不重解释说明、不善启发理解,而以大量作业使学生反复进行机械性的练习。艰深的文字、庞杂的学习内容和简单机械的方法,扼杀了学生学习的积极性,遂使体罚不可避免。

第二节　古希伯来的学前教育

一、古希伯来的社会背景

古希伯来人由于长期处在动荡不定的战乱生活中,因此他们始终以宗教信仰来维系生存与发展,他们信奉犹太教,奉耶和华(上帝)为最高主宰。其经典是《圣经》,包括《律法书》《先知书》《圣录》三部分(后由基督教继承,并称为《旧约圣经》)。它不仅是每个犹太教徒必须诵记的宗教信仰经典,同时也是古希伯来人从小就学习的教育经典和核心内容。因此,古希伯来的学前教育是以犹太教及其《圣经》为主导思想和主要内容的。

二、古希伯来的学前教育概况

(一) 儿童观

古希伯来早期的家庭组织形式盛行以父权为主的家长制。犹太教《摩西十戒》中明确规定妻为夫之财产,受丈夫的严格约束,子女必须听命于父母。希伯来经典称:“我儿,要听你父亲的训诲,不可离弃你母亲的法则。”父训就是法律,经典要求父亲“殷勤教训你的儿女”,父亲的管教十分严格,儿童是在其棍棒下成长的,因为儿童被认为生性愚昧,又轻易堕落,因此必须严加管教和约束。

摩西带领古希伯来人返回故国后,被奉为“先知”,并推行了一些改革,古希伯来的家长制具有了民主色彩。儿童的家庭地位有所提升,家庭教育开始注重父子间的亲密感情,因为犹太教经典《塔木德》规定:子女并非父母私有物,而是未来的天国公民,他们赋有独立的人格;要求家长努力理解儿童,唤起他们的兴趣,赢得他们的积极同情,为儿童提供玩具,也可与儿童共同

① [苏]司徒卢威.古代的东方[M].陈文林,等,译.北京:人民教育出版社,1995:89.

游戏娱乐。[①]

（二）教育方法及内容

一般古代国家的家长制都给予父亲绝对的尊严和权利，他们有权惩戒和体罚子女。而古希伯来对儿童的教育方法与其他古代国家有所不同，随着儿童地位的逐步提高及待遇的逐步改善，其家庭教育常常采用积极影响的手段。

古希伯来人的教育以宗教教育为主，他们认为这种教育应从早期开始。《旧约》中所记载的最著名的先知以赛亚主张婴儿断奶时就应开始受教育。此外，在儿童教育中，作为宗教教育的附带，也教授简单的文化知识、民族传说和祖先的训诫。儿童稍长，家庭还对男孩进行职业技能的传授，而女孩基本上由母亲管教。经典中明确强调女孩的教育应操持在母亲之手，母亲在敬仰上帝、遵守律规、勤劳持家等方面应做出榜样，这是每一个母亲应尽的职责。

综上所述，古希伯来人十分重视早期教育，儿童从小就接受严格的宗教教育，教育内容狭窄，但是这种狭窄的、根深蒂固的宗教观念，把古希伯来人紧紧地团结在一起，纵然整个犹太民族屡遭战祸而散居各地，仍能保持其民族传统，这在历史上堪称奇迹。

第三节　古印度的学前教育

一、婆罗门教的学前教育

婆罗门教源于公元前2000年的印度吠陀教，约形成于公元前700年。以《吠陀》为最古经典。信奉梵天、毗湿奴和湿婆为三大主神，把人分为四种姓，主张吠陀天启、祭祀万能、婆罗门至上三大纲领。这些宗教信条，为婆罗门教的儿童教育提供了主导思想。

古印度盛行家长制，当时家庭的社会地位极其重要，它不仅是全家论事论政之所，也是父辈教育子女之地。父亲握有子女生死、买卖大权，也有教诲、培养儿童的义务。尤其婆罗门属最高一级的种姓，为保证种姓的世袭和尊严，父亲必须在家里悉心指导子女记诵吠陀经典。这种家庭教育从儿童幼年开始，教育内容除了身体养护和传授生活知识、行为规范和风俗习惯外，最主要的是传诵《吠陀》经。这些经集文献在婆罗门每个家庭中必定有其中部分藏书，以供长幼相传。传授时且不许儿童抄写笔录，全凭口耳相传，死记硬背，牢记心间，以便在宗教节日祭祀典礼时，跟着年长者一起诵读冗长的诗文，以表示对敬神的虔诚和婆罗门应尽的职责。可见当时的家庭教育带有浓郁的神学色彩。

二、佛教的学前教育

佛教的学前教育一般均在家庭中进行，一般家庭的儿童从懂事起就在父母的言传身教和日常生活中接受早期的教育。教育内容主要是信仰方面、公德意识的养成方面和良好行为习惯的培养方面，通过耳濡目染的方式初步了解有关知识和内容。具体来说，信仰方面要求儿童对佛祖释迦牟尼虔敬崇拜，定期跟随父母参加宗教仪式，吟诵简易经文；公德方面即要求儿童坚持慈悲为本、积德行善、普度众生、悲天悯人的做人准则；行为习惯方面即要求儿童逐步做到

① ［英］劳伦斯.现代教育的起源和发展［M］.纪晓林，译.北京：北京语言学院出版社，1992：25.

勤奋、早起、打坐、洁净、生活简朴、乐于吃苦。稍大一点即可皈依佛法、领受“五戒”，以便成为一个在家佛徒。这些在家僧称作“优婆塞”，在家尼称作“优婆夷”。如若终生想当僧、尼者，儿童到 8 岁时，则分别进入寺院和尼庵去专心一意地进行“出家”修行。寺、庵里的佛教教育更加重视道德品质教育和言行举止的训练，佛教经典、教义注释等则要天天背诵牢记，还要经常外出化缘行乞，求得信徒们的施舍，以维持平日生计。寺、庵里对僧徒们订有衣、食、住、行、学习和修行等方面的种种清规戒律，不得违反越轨，并定期集合，各自检查反省自己的言行是否有差错。这样经过 12 年的学习训练，经检验合格者，则可留寺、庵充当“比丘”(即和尚)、“比丘尼”(即尼姑)。

第四节　古希腊的学前教育

一、斯巴达的学前教育

(一) 斯巴达的社会背景

斯巴达位于希腊半岛南端的伯罗奔尼撒半岛，四周群山环绕，虽然交通阻塞，但土地肥沃，适宜农业经济发展，是古代希腊最大的农业城邦。

斯巴达人是外来的入侵者，属于奴隶主阶级。斯巴达人的残酷统治经常激起奴隶和平民的反抗与暴动，因此，为了对内平息暴动，对外侵略扩张，统治者在教育方面提出的任务是把全体奴隶主后代培养成性格坚定、身体健壮、英勇善战的军人。这决定了斯巴达整个教育十分重视军事体育的特点，而这种教育必须从婴儿一出生就开始抓起。

(二) 斯巴达的学前教育概况

在斯巴达，儿童属于国家所有，教育年轻一代也是国家的职责。为了确保新生一代体质的强健，国家只准许身体和情绪正常的成年男女结婚和生育。婴儿出生伊始，就受到国家长老的检视，凡身体畸形或孱弱的儿童就被抛到专门的弃婴场，检视合格的则由父母代替国家抚养直至 7 岁。在此期间，婴幼儿就开始接受斯巴达式的教育。“尽管从教育结果看，斯巴达教育毁了儿童的个性，但它仍然注意培养儿童在实际事物中的机智和聪明。”①斯巴达的妇女以善于抚养和调教孩子而著称。她们通常把新生儿放在酒中洗浴，认为这种洗浴能够祛除软弱，健体强身。斯巴达的母亲从不用衣物包裹婴儿，以便让婴儿的四肢能够自由运动，并增强其适应力。她们还努力使婴儿不计较食物的品种和好坏，不挑剔衣服的颜色和样式，要经受艰苦生活、吃苦耐劳和锻炼身体的种种考验，要始终保持知足和愉快，还要不怕黑暗和独处，并经常带他们到公共娱乐场所去观赏和聆听关于英雄事迹的演出和讲解，学习英雄们的伟大言行。因此，斯巴达的孩子自婴幼儿时起，便被教会面对饥饿与痛苦，心态宁静，听话顺从，也有了一定的爱国思想。当男孩长到五六岁时，便被其父带到斯巴达成年男子聚会或集体用膳的场所，通过观察成年人的活动，而受到斯巴达生活方式的初步熏陶。这些都为他们 7 岁以后接受正规的军事

① [英]威廉·博伊德，埃德蒙·金.西方教育史[M].任宝祥，吴元训，译.北京：人民教育出版社，1985：13.

训练打下了坚实的基础。

二、雅典的学前教育

（一）雅典的社会背景

雅典位于希腊半岛南端的阿提斯半岛，作为国家，约形成于公元前 8 世纪。此处有优良的港口、丰富的自然资源及发达的手工业。公元前 6 世纪末，通过经商发迹的新兴工商贵族战胜了保守的农业贵族确立了奴隶制度下的民主政体。在民主政治制度下，雅典全体公民都有参加公民大会的权利，这种政治要求雅典公民具有全面的认识与无所不包的才能和活动。

（二）雅典的学前教育概况

为了适应雅典的社会需要，尤其是民主政治的需要，雅典教育与斯巴达教育相比发生了根本的改变。

雅典教育的目标是多方面的，不仅要培养英勇善战的兵士，更要把年轻一代培养成有文化知识的政治家、能说善辩的思想家、精明能干的商人和善于出谋划策的国家上层统治人才。因此，雅典教育无论在组织形式上还是内容、方法上，都比斯巴达的教育更具有广泛性、灵活性和多样性。对青年一代不仅强调体育和道德教育，也十分重视智育和美育，对儿童实施德、智、体、美和谐发展的教育，这奠定了西方教育发展的基础。

雅典儿童在 7 岁以前，由家庭负责教养，男女儿童在家庭教育中享受同样的教育。孩子出生后，要受到严格的检查，只准许健壮儿童并由父母认可而留在家中养育。富裕人家主要由父母对他们进行合理的喂养，创造适宜的生活环境，并为儿童挑选身体健康、善于调教婴儿的斯巴达妇女来照看他们。起初是交给乳母，随后交给保姆和教仆。在雅典多重教育目标的指导下，雅典家庭教育的内容包括：① 音乐。包括听摇篮曲、唱歌等，其作用是陶冶性情。② 故事。包括寓言、童话和神话故事。在幼儿教育中，讲故事乃是必不可少的教育手段。成人经常给幼儿讲述《伊索寓言》、简单的神话以及荷马史诗中古老的英雄故事等。③ 游戏。包括掷骰子、猜单双玩球、与小动物嬉戏等。④ 玩具。在雅典幼儿教育中，对玩具的教育作用也较为重视。雅典幼儿有许多玩具，如彩陶娃娃、泥制动物、铁环、陀螺、玩具车、拨浪鼓等。⑤ 礼貌行为习惯的培养。

7 岁后，女孩仍在家中继续接受家庭教育，学习纺织、缝纫、烹饪、刺绣等；男孩则先后或同时进入文法学校、弦琴学校、体操学校等各类学校学习，获得德、智、体、美和谐发展的教育。

第五节　古罗马的学前教育

一、古罗马的社会背景

古罗马位于意大利半岛，是欧洲第二个典型的奴隶制国家。

古罗马的教育除了受本国政治历史演变的影响外，还深受古希腊的影响。起初，古罗马统治者全盘接受了希腊的文化和生活方式，在教育方面，同样把希腊的文字、语言、教学内容等全都承袭了下来，直到帝国时期才有了新的发展和认识。古罗马的学前教育也明显地带有古希腊学前教育的印记。古罗马对 7 岁前儿童的教育普遍是在家里进行的。父母是孩子的主要教师，父亲在家庭中的地位至高无上，儿童完全听父亲的指挥。虽然罗马文化是希腊文化的继承，但是，罗马在文化教育方面也有自己的特色，即注重实用性。

二、古罗马的学前教育概况

（一）共和时期的学前教育（公元前6世纪—前1世纪）

古罗马共和时期时间漫长，也称前期罗马，古罗马人经过几个世纪的征战，领土扩张、人口增多、城市兴起，促使其政治、经济文化日益发展和繁荣。儿童的抚养和教育主要在家庭进行。古罗马的教育以其父权的家长制著称，父母是孩子的主要教师。父亲在家庭中有绝对的权威，儿童须完全听父亲的指挥，父亲对他们握有生杀大权，实行家长制方式教育。但与雅典教育不同的是，在罗马的家庭里，母亲以自己能待在家里抚养孩子之责为荣，这说明妇女在家庭教育中居于中心地位，一些男子从关心子女教育的角度出发，注重择偶。当男孩满7岁时，由母亲承担主角的女性教育便宣告结束。从此时起，父亲被看作儿童的真正教师。男孩在跟随父亲出外工作或参加社会活动的过程中接受父亲的影响和教育，父亲在家庭中有绝对的权威，儿童须完全听从父亲的指挥，父亲对他们握有生杀大权，尤其对残疾儿童，出生后应“立即灭绝”，实行严格的家长制方式教育。[①] 也有些儿童进入学校学习文化知识。女孩则继续留在家里跟随母亲学习纺织羊毛及做家务活。

为适应共和制政治和文化生活需要，培养雄辩家成为这一时期教育的根本目的。尤其是到了公元前146年，整个希腊被征服以后，大量的奴隶和财富流入罗马，使古罗马变成了一个蓄奴制的强国。奴隶主贵族阶级逐渐向往东方的奢华，养成崇尚文明和鄙视体力劳动的习惯，过去精神上的单调和严酷都消失了。随着以上这些变化，家庭儿童教育的性质、内容和方法也发生了变化。以前是由父母自己教育子女，而此时家庭中出现了乳母和希腊保姆及希腊教仆（系被俘的有文化知识的奴隶），共同照管孩子，帮助儿童学习希腊文、拉丁文。儿童在家庭中有时也学习书写、计算以及骑马、游泳、作战和使用武器，直至成才。这也就是古罗马最早的家庭生活方式和儿童教育的内容与要求。儿童还从故事中学习勇敢的祖先和有名的战役及其英雄的事迹。许多奴隶主贵族为了避免自己的孩子与平民孩子接触，即使孩子到了上学年龄，也不把他们送到初等学校去求学而在家庭里施以初等教育。在思想意识上，则要求儿童养成对共和国负责与效忠的感情，发展其勇敢和坚强的意志，养成整洁、谦逊和严谨的习惯，提高其自尊心。有时还组织儿童访问裁判所、军营，使他们从小就懂得一点有关宗教信仰、军人品质和政治制度等方面的初步知识。

（二）帝国时期的学前教育（公元前1世纪—公元5世纪）

在帝国时期，罗马统治者为了有效而牢固地控制广大的领土和被征服的民族，对以前仅满足于培养有教养的雄辩家的教育做了改变，教育目的改为培养忠于帝国的官吏和进行文化思想灌输的教师。教育成为巩固其政权的重要手段。为此建立起了一套国家教育管理体系，采取用国库资助教育的措施，把一切教育置于国家的监督之下。国家规定教师享有一定的特权，免除教师的兵役和劳役；责成地方当局在各个城市开设一定数量的初等学校；保障教师的社会

---

① [美]克伯雷.外国教育史料[M].任宝祥、吴元训，译.武汉：华中师范大学出版社，1990：29.

地位和其他物质利益；领取国家薪水的教师必须经过皇帝的严格挑选，并由皇帝最后决定任免；责成地方当局对教师工作以及教学内容进行监督，对私立学校和私人教师要严格管制；帝国皇帝还专门开办对皇帝子孙进行教育的宫廷学校。最后几代罗马皇帝把基督教变成自己的精神支柱后，任用基督教徒来充当教师，致使宗教神学逐渐加强，到了中世纪则达到登峰造极的地步。

在这种情况下，帝国时期的学前教育也变成了一种忠实执行皇帝意志的工具。但不同阶级的儿童则被灌输不同的思想意识，奴隶主贵族的子弟从小就被培养成自命不凡、好逸恶劳、贪图享受、道德堕落的未来统治者；劳动群众的后代则被训练成麻木不仁、顺从的帝国顺民。这也可以说是双轨制教育模式之开端。

三、基督教的兴起对罗马帝国学前教育的影响

在公元1世纪，在罗马帝国统治的巴勒斯坦地区产生了基督教。起初它主要是在贫苦民众中传播，遭到罗马当局的严禁与迫害，后来又被罗马统治者接纳与利用，公元313年基督教在罗马帝国境内取得合法地位，325年又被宣布为国教，从而在罗马全境得到广泛传播。基督教宣扬上帝创造世界、创造人类，因此必须信仰上帝，祈求上帝保佑等教义。基督教的兴起及其宗教宣传，其中也有不少涉及对儿童的养育与教诲问题，应该说其既有积极的影响，又有消极的作用。

从积极的方面看，基督教的教义和经典论述了幼儿的独特性。如《圣经》中声称新生婴儿是具有灵魂的人，应该受到必要的保护，为此强烈谴责杀婴无异于谋杀或异教徒的邪恶行径，此举有力地改变了以往杀婴或弃婴的陋习。公元400年，罗马尼森宗教会议决定基督教会建立收养弃婴与孤儿的机构——“乡村之家”，开创了历史上收养遗弃儿童的福利机构。此后遍及全球开设的育婴堂、孤儿院等皆出于此。

从消极方面看，基督教的某些教义对儿童教育甚为不利。基督教神学理论家奥古斯丁在他的经典著作《上帝之城》中构建了一整套神学理论体系。主要观点是：原罪论。认为人类始祖亚当、夏娃犯了原罪，人生而有罪，本性恶；赎罪论。由于人是有原罪的，因此人生在世就要不断地用自己的血汗来洗涤自己的罪恶，只有依靠上帝才能解救；禁欲主义。由于主张人之初性本恶，故须压制人的情欲，摧残肉体以拯救灵魂。妄说新生婴儿生来就怀有嫉妒、贪婪之心，因此必须从小就加以体罚教育。这些对后来欧洲中世纪的学前教育曾产生过极为不良的影响。

本章小结

随着阶级和私有财产的出现，古代东、西方国家的学前教育开始带有明显的阶级性，成为传授统治经验、维护阶级统治的工具。这一时期古希伯来、古印度的学前教育与种姓和宗教紧密结合，古希腊、古罗马的学前教育则普遍由家庭负责，为实现教育目的打好早期的基础。本章我们介绍了东、西方不同古国奴隶社会学前教育的发展历程，并了解了不同时期学前教育的方法和内容。

思考题

1. 简述东方奴隶社会各国的学前教育概况。
2. 试比较古希腊和古罗马学前教育的异同。

拓展阅读

唐淑.学前教育史[M].北京:人民教育出版社,2019.

该书在叙述中外各历史阶段学前教育的发展过程时,力求根据唯物史观和现代学前教育理论进行实事求是的分析和评论。在叙述中外学前教育发展过程中的重大事件的同时,注重对各个时期代表人物学前教育思想及实践的论述,以展示各种学前教育思想和主张的形成与发展。同时,该书在全面阐述古今中外学前教育理论和实践发展的同时,对其中富有特色的学前教育理论、实践、制度、人物等进行了深入的介绍和论述,从一般和特殊相结合的层面构建出学前教育发展的完整图像。

第九章　中世纪和文艺复兴时期的学前教育

学习目标

1. 了解西欧中世纪的儿童观和各类学前教育的基本情况。
2. 掌握文艺复兴时期人本主义的主要思想和学前教育的概况。
3. 掌握夸美纽斯的学前教育思想。

关键词

性恶论　骑士早期教育　文艺复兴　夸美纽斯　母育学校

史学界对世界不同地区封建社会形成和发展的阶段划分存在较大差异。在西欧历史的划分上，一般认为封建社会始于公元476年——西罗马帝国灭亡，止于17世纪中叶的英国资产阶级革命时期。其中又划分为两个阶段：从5世纪末到14世纪中叶，是封建社会形成和发展的时期，史称中世纪；14世纪下半叶以后，资本主义开始萌芽，开始了封建社会向资本主义社会的过渡，史称文艺复兴时期。

第一节　西欧中世纪的学前教育

西欧在476年西罗马帝国灭亡后经历了一个相当漫长的时期，直到11世纪时才完成了封建化过程。由于摧毁西罗马帝国的日耳曼部族当时尚处于原始阶段，不懂得科学文化的价值及其重要性，愚昧地把古代文明的遗迹全部摧毁，宗教和僧侣趁机垄断了政治、经济、文化和思想等领域，因此这一时期的教育不可避免地具有浓厚的宗教性。同时由于西欧中世纪封建统治阶层实行等级森严的爵位制，以国王为首，其下分别为公、侯、伯、子、男以及爵士和骑士等诸多等级。这使得当时的世俗教育带有明显的等级性。因此，当时的学前教育在"君权神授"的基督教会"神化"下带有浓重的宗教性，在封建世俗领域则带有鲜明的等级性。

一、西欧中世纪的儿童观

（一）性恶论

在中世纪基督教会地位独尊，鼓吹由于儿童是带有"原罪"来到人世的，故生来性恶，人人必须历尽艰难生活的磨炼，不断赎罪，才能净化灵魂。为了得到未来天堂的幸福，人人应当听从教会的训诫，常年敬畏上帝，实行禁欲；应当从幼年起就抑制儿童嬉笑欢闹、游戏娱乐的愿望，并用严厉措施来禁止这类表现。

（二）预成论

按照预成论的观点，儿童与成人不应有重要区别，从幼儿开始，儿童的身体和个性已经成人化了。预成论的要点是否认儿童与成人在身心特点上的差异，也否认了儿童身心发展的节律性、阶段性。由于受预成论的影响，人们无论是在社会教育还是家庭教育中，都忽视儿童的身心特点，忽视儿童的爱好及需要，对儿童的要求整齐划一，方法简单粗暴。

二、西欧中世纪学前教育的实施

（一）基督教会的学前教育

1. 学前教育的目的

使受教育者虔信上帝、熟读《圣经》，以求做一个合格的基督徒。上帝的启示是知识的唯一来源。① 这种教育从儿童开始，基督教会的学前教育就是从小要把他们训练成为一个个笃信上帝、服从教会的“圣童”，从而为培养一个真正的基督徒奠定基础。

2. 学前教育的内容和方法

儿童接受教育主要是通过基督徒对子女进行宗教意识的熏陶与儿童跟随家长参加众多的圣事礼仪和节日活动来实施的。有时还组织儿童欣赏教会音乐、陶冶其宗教情感和增强对上帝的信仰。

（二）世俗封建主的学前教育

封建贵族的学前教育一般按等级分为两类。

1. 宫廷学校的教育

这一类是专为王室儿童实施的宫廷教育。

2. 骑士早期教育

骑士教育是集封建思想意识的熏陶与军事体育训练于一体的一种特殊形式的家庭教育。一般要经历三个阶段：出生至 7 岁为第一阶段；7 岁至 14 岁为第二阶段；14 岁至 21 岁为第三阶段。第一阶段即骑士养成的学前教育时期，是在自己家中完成，父母是教师，教育的目的是熏陶宗教意识，培养道德品质和身体养护。

第二节　文艺复兴时期的学前教育

欧洲文艺复兴最先在意大利各城邦兴起，以后扩展到西欧各国，于 16 世纪达到顶峰。这一时期的主要内容是批判封建主义旧文化，发展资本主义新文化。

随着资本主义的萌芽、新的生产技术的发展，新兴资产阶级在复兴古代灿烂文化和艺术的基础上，开始了资本主义新文化的创造，形成了以人性的解放为中心的人文主义世界观，鼓励人们去重新认识世界，大胆追求并享受一切，打破宗教对人们思想的束缚。就其实质来说，文艺复兴时期的人文主义精神是为创造现世的幸福而奋斗的乐观进取的精神。② 这一思潮促进了文学、艺术、科学、哲学等领域的蓬勃发展，对这一时期的教育也产生了重大影响。

这一时期教育的培养目标已不再是僧侣和神职人员，而是能积极从事社会、政治、文化、工商业等各种活动的实际活动家以及努力开拓事业的冒险家。这摆脱了中世纪只重视宗教信条、脱离现实生活、死记硬背教会法规、戕害自己的身体以求灵魂得救、束缚身心自然发展的教

① 穆尔. 基督教简史[M]. 郭舜平，等，译. 北京：商务印书馆，2000：62－69.

② 吴于廑，齐世荣. 世界史 · 近代史（上卷）[M]. 北京：高等教育出版社，1992：122.

会教育，促使人们相信每个人都有享受美好世界的权利和创造幸福生活的力量。

由于对人本身发展的重视，这一时期也开始重视并认真研究教育的作用，如对古希腊、古罗马的教育实施情况及柏拉图、亚里士多德、昆体良等人的教育思想进行了重新研究，推动了教育的理论化发展。

文艺复兴时期，教育对象的范围扩大了，除封建主和僧侣子弟，新兴资产阶级的子弟一般都要求进学校受教育，甚至少量的中下层城市平民的子弟也获得了一定的受教育机会。

随着文化事业的发展，这一时期教育的内容也得到了广泛发展，学科范围迅速扩大，增加了自然科学、历史、地理等课程，注重传授知识与发展智力并重，体育和美育也成为教育的内容，道德教育也摒弃了对神的绝对崇拜和对教会权威的绝对服从，要求民主、大胆追求知识、占有科学、为真理而献身等成为德育的核心。在教学方法上，与经院主义教育的死记硬背、压制儿童的方法相对立，开始注意启发儿童在教学过程中的兴趣和学习的主动性，开始注重实物教学的重要性。

文艺复兴的基本精神是“人文主义”，提倡以人为中心，反对以神为中心；歌颂人的伟大，实现人的尊严；强调个性解放，主张教育应该培养身心健康、知识广博、多才多艺的新人。以此为指导，文艺复兴时期的人文主义教育家和思想家反对把儿童看成是带有“原罪”的有待赎罪的“羔羊”，认为儿童是自然的人，应该得到成人的悉心关怀和照顾。他们重视人的身心全面发展，重视教育培养人的作用，关注儿童身心发展的一般规律和个别差异，强调体育和游戏的重要意义。他们重视家庭教育，认为儿童在入学之前，应该在家中受到良好的道德行为和语言文字方面的预备教育。他们看到了环境，尤其是家庭环境对儿童教育的影响，要求父母、教师或保育人员注意自身言行，为儿童树立表率。他们反对体罚儿童，提倡启发儿童的兴趣与积极性。

文艺复兴时期，有许多人文主义的思想家、文学家都非常关心教育问题，他们在自己的著作中，多从理论上加以论述，促进了这一时期教育理论的发展。

一、维多里诺论学前教育

意大利人文主义教育家维多里诺（1378—1446 年）反对压制儿童个性，提倡学前教育的人道化和人性化。

维多里诺就胎教以及婴幼儿的护理等问题提出了一些具体建议。例如，要保证生活环境的舒适、安静、愉快，以确保孕妇顺利分娩；新生儿应该母乳喂养；保证充足的睡眠；应该重视锻炼并增强幼儿的体质，保护幼儿的人身安全等。

他重视教育环境的作用，认为园舍必须宽敞、舒适、阳光充足，因为良好的环境会使儿童身心在愉快的气氛中得到和谐发展。

他提出教育的最终目的是培养精神、身体、道德都充分发展的人，重视智、体、美、德的普遍实施。他认为体育应被看作高尚的，与科学知识并重的教育内容。在德育方面，他要求发展儿童的优良品质，对儿童进行高尚的礼仪教育，强调父母的楷模作用，并特别注重教师对学生的示范。在教学方法上，他要求注意儿童的兴趣，多运用直观的方法，使教学做到生动、实际、有趣，以利于儿童个性的发展。

二、伊拉斯谟论学前教育

荷兰人文主义思想家伊拉斯谟(1466—1536年)认为,社会的一切罪恶全源于无知,因此他一生致力于发展文化。他认为只有教育能给人以知识,养成人的善良行为和高尚思想。教育的任务是在年轻人头脑中播下虔诚的种子,使之热爱并认真学习科学,习惯于基本礼仪,为生活做好准备。

他重视幼儿期良好环境的重要性,认为应该让儿童和品德优良、谦虚谨慎的孩子交朋友,使孩子避开品行不良的人,以免受到不良影响。

伊拉斯谟提出应对儿童及早进行教育,可从襁褓时期开始。他认为儿童尚处在有待成熟的过程中,稳定的习惯很少,他们喜欢模仿,容易效法良好的范例养成好的行为习惯,也容易接受负面的影响染上恶习。应及早给儿童以良好范例的影响,使有益的思想充满孩子的心灵。他认为从来没有什么东西像在早年学习的东西那样根深蒂固。

他强调儿童身心的均衡发展。首先要注意体育,但也要重视道德和知识教育。他还强调学前教育必须照顾到儿童由于天性爱好引起的个性差异。

在教学方法上,他特别注意培养儿童的记忆力,主张采用直观教具进行教学。他认为,应该通过游戏和故事来让儿童开始学习。在幼儿期的教育中,要注意培养儿童的记忆能力。

三、莫尔论学前教育

英国的人文主义者、早期空想社会主义思想家托马斯·莫尔(1478—1535年)在其代表作《乌托邦》中描绘了公有制社会的公共教育制度。在这里,所有儿童都受到公共的教育。儿童从懂事起就要进入相应的学校,并用本民族的语言学习他们感兴趣并对他们有用的知识,还要进行体育和军事游戏的训练,培养健美强壮的体格,在道德教育上着重于培养儿童热爱国家的意识和优良品德。

他还提出对儿童进行劳动教育,要求儿童从小就准备参加未来的劳动生活,要从事他们力所能及的农业劳动,以便发展他们的体力和技能,实现理论与实际的结合,培养手脑并用的新人。

四、蒙田论学前教育

法国的思想家和散文作家蒙田(1533—1592年)主张人的理性自由发展。他主张教育的主要目的不在于培养文法家、拉丁语学者之类,而在于培养健全有用、富有知识、能充分理解人生意义的人。

蒙田反对死读书本知识的教育,认为教师不应只是传授知识,更要注意让儿童理解所学的知识。判断儿童的进步不仅根据他的记忆力,还要考虑其他各方面能力的提高,看他能否用自己的话去表达所学到的知识,并能运用自如。要教育学生仔细筛选所学知识,不要盲从权威;要消化所学知识,将其化为己有。教育工作者应采取多种方法培养儿童的思考力、判断力和理解力。在教学方法上,他要求注重启发式,反对注入式,要求发展儿童的积极主动性和好奇心,使之从实践活动中获取丰富的知识。

蒙田非常重视体育,要求将体育与智育密切联系起来。他认为德育也很重要,教师应该用对道德的挚爱而不是对道德的尊崇来充塞孩子的心。他反对娇生惯养和溺爱孩子，并深入分析了父母溺爱子女的表现及其恶果。他认为，要使儿童变成一个有价值的人，就必须在他小的时候一点也不姑息迁就，锻炼他的灵魂和肉体。

五、康帕内拉论学前教育

意大利思想家及早期空想社会主义的代表康帕内拉(1568—1639年)在其代表作《太阳城》中描述了一个立足于科学和社会平等的共产主义的城市国家。在《太阳城》中，他主张国家办教育，普及教育，男女平等。

他大力倡导优生与胎教。他对男女的婚配原则、结婚的最佳年龄、妇女受孕的合适时机以及受孕前双方的准备工作都做了详细探讨，"以便后代成为最优秀的人物"。

他主张将新生儿送到公共育儿室，由母亲们对婴儿进行抚养、照料。婴儿哺乳期通常为两年，一经断奶，立即转到国立托儿所，由国家挑选的男女教养员实施抚育。儿童2—3岁时在房屋周围游戏，并学习读念字母，认识历史，学习各种语言，学习自然和日常生活中的基础知识。7岁后，儿童开始锻炼体力，同时学习科学知识、各种手工技术，教师从中观察他们将来的志向。8岁开始学习较为系统的科学文化知识。为保卫"太阳城"，儿童还要学习军事知识。

文艺复兴时期的人文主义思想家冲破了中世纪的思想桎梏，开始尊重儿童的天性，关注儿童的兴趣和需要，提出了一些适应儿童身心发展特点的学前教育内容和方法。虽然缺乏系统的理论论述和实践尝试，但这些思想为近代学前教育的发展奠定了坚实的基础。

第三节　夸美纽斯的学前教育思想

夸美纽斯(1592—1670年)是17世纪捷克著名教育家，欧洲近代教育理论的探索者。他生于磨坊主家庭，10岁时父母双亡，22岁起就担任一所文法学校的校长，后又曾任"捷克兄弟会"(捷克的一个民主教派，其成员多为贫苦农民、手工业者和小商人)的牧师和主教。他的著作主要有《母育学校》《泛智的先声》《论天赋才能的创造》《组织良好的学校的准则》《世界图解》等。《世界图解》是一本对儿童进行启蒙教育的有插图的教科书，也是世界上第一本有图的教科书，他因此也被称为"儿童插图书的始祖"。夸美纽斯于1632年发表的《大教学论》被称为世界教育史上第一部系统的教育学理论巨著。

夸美纽斯的学前教育思想主要体现在以下七个方面。

(一) 论学前教育的重要性

夸美纽斯非常重视学前教育，提出"一切都有赖于开端"的思想。他认为，智力极低的人是极少的，人人都可以接受教育，得到发展。"只有受过一种合适的教育之后，人才能成为一个人。"①人类的天性中蕴藏着知识、道德、宗教，应依靠教育的力量去启发、培植，而启发和培植应及时，因而提倡学前教育。其理由是：幼童虽然软弱，但也容易塑造；人的寿命有限而学问无穷，应尽早抓紧时间学习；神之所以赋予幼年特别长的时间，就是为了使儿童能接受充分的教

① ［捷克］夸美纽斯. 大教学论［M］. 傅任敢，译. 北京：人民教育出版社，1984：39.

育;幼年时所受教育的影响最大最久;人心好动,如不施教,则有损无益。因此,学前时期是接受教育的最佳期,是知识的播种期,如错过机会,以后将难以弥补。

在夸美纽斯看来,每一个家庭都可以成为一所学校,孩子的母亲便是主要教师。他认为,父母的义务不仅仅是生儿育女、让他们吃饱穿暖、为他们积攒钱财,更要注意孩子的灵魂培养,要以教育去滋补、抚爱和照管儿童的心智,施以包括虔信、德行、知识和体育在内的全面的训练,将其培养成为忠实的、能够智慧地管理自己各种事务的有才能的人。

(二)论学前教育课程的性质和教材的选择

夸美纽斯依据儿童的年龄特征,把人从出生到成年接受教育的过程分为四个前后衔接的时期,每个时期为六年,各由相应的学校进行教育。从出生到 6 岁是婴儿期,在母育学校即母亲的膝前接受家庭教育。

夸美纽斯在《母育学校》中认为,儿童生活的前六年是为以后学习打基础的时期。这一时期儿童所接受的课程是简易的实物课程,应教儿童认识植物和动物,自身肢体的名称和用途,辨识光亮和黑暗以及各种颜色,认识周围环境如房间、农场等。

夸美纽斯把学前教育课程定性为实物课程,是基于他对儿童、儿童的活动以及学前教育性质的认识。他认为,学前儿童爱好活动,其所有知识都通过感官获得。因此,为儿童提供的课程就应是实物课程。实物课程的具体内容包括:自然;光和光学;地理学;时间和年代;家庭和家务;国家等有关知识。除此之外,课程还包括语言、体育、道德和德行训练,这些内容也应是母育学校所开设的课程。

关于教材的选择,夸美纽斯认为,应根据儿童的年龄特点,切勿超过其理解程度,否则,教师将无法把握最佳时机,难让儿童做最大量的吸收;教材的选择应由浅入深,注意知识间的联系,应注重实用。

(三)论学前儿童健康教育

在《母育学校》中,夸美纽斯详细论述了儿童的健康教育问题。他提醒父母们应从胎儿期就开始关注其子女的健康问题。孕妇要严格控制自己的情绪,保持平静而愉快的心情。如果经常处于恐惧、愤怒、怨恨或伤感等不良情绪中,不仅会影响新生儿的情绪和气质,严重时甚至会造成流产或死胎。孕妇应进行适量的运动,不要过于贪睡、过于懒散。

婴儿降生后,应合理喂养,母亲应自己给儿童哺乳。婴儿断乳后的饮食要富有营养,量要适度,不要吃太辣的东西。不能给儿童随便用药,强调儿童宜于吃天然的、软的、容易消化的食物。要重视儿童的锻炼和娱乐,让他们生活有规律并保持愉快的心情。要建立合理的生活制度,使饮食、衣着、睡眠和活动都有一定的规律,为儿童以后良好生活习惯的养成打好基础。所有的父母必须竭力设法为幼儿安排各种娱乐活动,如散步、做游戏、唱歌、讲故事、看图画等,使他们的生活充满快乐。

(四)论学前儿童智育

夸美纽斯认为,父母不仅要使儿童健康地生活,还要尽力做到使他们的头脑充满智慧,这样才能成为一个真正幸福的人。成人不应以为儿童无须多大努力就能自行获得知识,就能使智力发展起来。父母应尽最大努力去启发儿童养成学习的习惯,并对他们进行初步的智力教育。

夸美纽斯认为儿童时期智育的主要任务是训练儿童的外部感觉、观察力及获得各类知识,同时发展语言、思维，训练手的初步技能，为他们以后的学校学习做准备。在《母育学校》中，他详细列举了幼儿百科全书式的启蒙教育学习科目，要求儿童了解和掌握自然、天文、光、地理、年代、家务、政治、辩证法、算术、几何、音乐、语言等学科的一些初步概念。他要求儿童学习这些学科中最普遍、最通俗和最粗浅的内容。

夸美纽斯重视训练儿童的感觉，尤其是视觉，对发展儿童的视觉，培养儿童的观察力，提出了相当细致的意见。例如，他建议儿童2—3岁时就让他们接触涂过颜色的东西，带他们去看天空、树木、花朵和客流等。4岁后可以带他们到户外去观察各种动植物，或欣赏书中的图画。随着年龄增长，应该不断扩展观察的范围。儿童的视觉和观察能力有了发展，也就会获得关于天文、地理和自然等方面的初步知识了。

（五）论学前儿童德育

夸美纽斯强调在对儿童进行智育的同时还进行德育，他十分重视儿童应该从小打下良好的德行基础。

在德育内容方面，夸美纽斯强调儿童应学习有关德行的初步知识，包括节制、整洁、理解、尊敬长辈、诚实、不损害他人、不嫉妒、落落大方和爱劳动等。他特别重视节俭和勤劳等良好品质的培养。

夸美纽斯提出三种德育方法：训斥、榜样和练习，认为练习法最重要，宜多采用。例如，可以在吃饭、穿衣服和玩玩具的过程中练习整洁，在帮助别人的过程中练习助人为乐，在与人的交往过程中练习礼貌等。他坚决反对父母和成人溺爱和放纵孩子，容忍他们在毫无纪律约束下为所欲为。他要求从小培养儿童的纪律观念，但也不要过于严厉，应以温和的态度对儿童提出合理要求，反对中世纪以来在家庭教育中广泛采用的体罚，主张在万不得已时才可使用。

（六）论学前教育的原则和方法

夸美纽斯在《大教学论》中阐述了两个教学的基本思想：一是教学必须遵循自然的顺序；二是对儿童传授知识，必须依靠感官进行。因此，他特别强调，对学前教育，第一年必须在摇篮里进行，让儿童听大人唱歌和细语，带儿童到大自然中，尽量给予温暖和安全。第二年，应经常与儿童做游戏，或让他们自己玩耍、跑动和追逐，并利用音乐及适合的图片增进儿童的身心愉快。要发展幼儿的感知能力，重视儿童的活动。

可见，夸美纽斯的教育适应自然原则强调两点：一是强调教育要遵循自然秩序，二是强调教育要依据儿童天性。

夸美纽斯认为，秩序是“事物的灵魂”。世界之所以稳定，正是由于有了秩序，秩序是把一切事物教给一切人们的教学艺术的主导原则。夸美纽斯解释道：所谓“秩序”就是按照地点、时间、数目、大小和重量把先来的和后来的、高级的和低级的、大的和小的、相同的和相异的种种事物加以合适的区分，使每件事物都能好好地实践它的功用。一切事物只要按照秩序和谐组合就能发挥其正常功能。

夸美纽斯还认为，教育应当考虑儿童的性格和年龄特征。教育应针对儿童的性格有针对性地开展。此外，他还要求学校教学要适合学生的年龄，凡是超出了他们的理解的东西就不要让他们去学习。

夸美纽斯提出，父母和成人一定要采取符合儿童发展水平的恰当方法去教育孩子。在智力教育上，最有效的方法是让儿童通过自己的感官去认识外部世界。他具体建议运用故事和语言来发展儿童的智力，因为故事和语言听起来不但觉得生动有趣，而且易于理解和记忆。

至于活动的方式，夸美纽斯认为游戏是最适合儿童的。夸美纽斯对游戏有很高的评价，认为游戏是在母育学校时期对儿童进行全面教育的手段。游戏可以给儿童三大好处：一是可锻炼身体，增进健康；二是可运用和磨炼思想；三是可使四肢五官更为灵活。

夸美纽斯对玩具也提出了详细意见。他认为真的工具常会给儿童带来危险，所以必须找些可取代的玩具，如小的铁刀、木剑、锄头、小车、滑板、踏车、建筑物等。儿童也可以用自己所喜欢的泥土、木片、木块或石头搭盖小房子，来表现他们初步的建筑认识。他还提议要为儿童的感官发展提供一些小的作业，以增强其身心能力的发展。

（七）论儿童入学前的准备

夸美纽斯在《母育学校》中还详细论述了儿童在何时入小学以及入学前应做些什么准备的问题。他认为儿童6岁前入小学是不合适的。一方面，稚龄儿童需要较多的监护和照顾，这远非一位教育许多儿童的学校教师力所能及；另一方面，在儿童五六岁之前，其头脑还未“凝固”，对于该年龄的儿童来说，使其在游戏、生活中自然地、不自觉地感知事物就可以了。但儿童到6岁时，他的骨骼和头脑的发育日趋完善，已经能容易地学完需要在家庭里学会的东西，这时如果再不把他送到真正的学校中去，会使他习惯于无益的休闲，甚至养成类似粗野的缺点。

夸美纽斯提出，某儿童是否适宜进入公共学校学习，可以参考如下标准：该儿童是否真正获得了在母育学校所应学会的东西；他对问题是否有注意和辨别、判断的能力；他是否有进一步学习的要求和愿望。

夸美纽斯指出，父母没有准备就将其子女送往学校是不智之举。正确的准备是：在儿童接近入学的时候，父母、家庭教师和监护人应当以快乐的心情尽力鼓舞儿童，告诉儿童入学获得学问是何等美好的事情；应当用各种方法努力激发儿童对于未来教师的信心和爱戴。千万不应用学校和教师来恐吓儿童，使儿童心怀畏惧而不愿入学。

夸美纽斯对世界学前教育的发展做出了重要贡献。他在历史上第一次把学前教育纳入其充满民族色彩的单轨学制，撰写了历史上第一部学前教育专著《母育学校》、历史上第一本看图识字课本《世界图解》，首次深入研究了家庭条件下学前教育的完整体系，规定了其目的、内容和基本方法。他在论述学前教育时，不仅广泛汲取了以往和当时教育思想发展的成果，还力图在当时科学发展的水平以及他个人对儿童生理及心理发展的认识水平上，把学前教育建立在一定的科学基础上。夸美纽斯的学前教育理论，为近代西方学前教育理论的发展奠定了一定的基础，标志着西方学前教育研究从神学化向人本化的方向转变。

本章小结

西欧中世纪的学前教育还不是一个独立划分的阶段，这一时期的学前教育带有宗教性和等级性，教育任务、内容和方法都是简单、粗浅的，并没有设立专门的教育机构。随着欧洲文艺复兴的兴起，学前教育开始尊重儿童的天性，并提出了一些适应儿童身心发展特点的教育内容和方法，为近代学前教育的发展奠定了基础。

本章介绍了西欧中世纪具有宗教性和等级性的学前教育，以及文艺复兴时期“人文主义”的学前教育思想概况：尊重儿童天性、关注儿童兴趣和需要，强调儿童个性的解放等。在此基础上，重点介绍了夸美纽斯的教育思想：他认为应根据儿童的年龄特点选择教材；提出了儿童健康教育、智育、德育的内容和方法；提出了教育应该遵循自然和儿童天性的原则，并介绍了通过故事、语言、游戏促进儿童发展的方法。

思考题

1. 西欧中世纪和文艺复兴时期的学前教育各有什么特点？
2. 简述夸美纽斯的学前教育思想，并谈谈其思想对今天学前教育的启示。

拓展阅读

[捷]夸美纽斯.母育学校.

该书是夸美纽斯主要代表著作之一。“母育学校”不是通常意义上的学校，而是“母亲膝前”教育的意思，可以说，《母育学校》是一部关于幼儿家庭教育的专著。该书是夸美纽斯于1628年用捷克文写成，1632年出版。书前有给父母、教师等的“献辞”。共分12章，论述幼儿教育的性质；身体训练的价值；强调幼儿对自然界的初步认识是智慧发展的开端及对幼儿进行道德训练和宗教教育的重要性；指明幼儿进入国语学校学习前应做的准备。

第五编

外国近代学前教育

第十章　外国近代学前教育概况

学习目标

1. 了解近代六国创办的学前教育发展的历程。
2. 理解并掌握各国在学前教育发展中出现的重要教育机构、教育文件和教育法规。
3. 了解近代六国学前教育实践的主要特点。

关键词

近代　学前教育机构　学前教育政策

17 世纪至 19 世纪，是欧美和日本历史上资本主义制度确立和发展的时期。这一时期政治、经济的发展也推动了近代学前教育事业的前进，出现了公共学前教育机构并很快发展，政府在学前教育事业上的作用日益加强。虽然近代各国的学前教育都获得了发展，但由于社会条件和教育传统的不同，各国在创办学前教育机构的形式、内容、方法、速度和特点等方面也各有差异。

第一节　近代英国的学前教育

英国是最早进行资产阶级革命的国家。1640—1688 年的革命在英国建立了君主立宪制，但由于这一政体是资产阶级和封建贵族妥协的产物，因此这一时期学前教育也带有浓重的传统教育色彩。18 世纪 60 年代，英国开始了工业革命，由此进入资本主义社会。英国的学前教育也以此为界，分为革命初期的学前教育和资本主义生产关系下的学前教育两个阶段。

一、革命初期的学前教育

在 18 世纪工业革命以前，英国还没有学前公共教育。宗教改革后出现的极个别的儿童收容机构仍属于慈善、福利事业，不属于学前公共教育。虽然这一时期的教育带有浓重的封建色彩，但在这一时期，政府对生活在城市的儿童的隔离、保护和教育开始慢慢被纳入国家管理的范畴。

1696年，就国王关注的保护和繁荣的施策问题，英国贸易殖民地委员会向国王提交了两份咨询报告，其中“纺织学校”和“劳动学校”分别是中心议题。该报告提议，在“纺织学校”里，年收入不足40先令的家庭，其4—6岁的儿童可自由入学，6—14岁的男女儿童全部实行免费的义务教育；在“劳动学校”里，教区内受救济的贫民，其3—14岁的儿童可接受义务教育。咨询报告还认为，提倡儿童3岁入学会对母亲和儿童带来双重利益，因为母亲能够从养育儿童的含辛茹苦中解放出来，自由地参加工作，而儿童则可以在良好的秩序中得到培养，从小养成劳动的习惯。咨询报告还设想，要特别建立起一种普通托儿所性质的学校。

虽然在这一时期还没有产生公共的学前教育，但是，从这些咨询报告中不难看出，儿童的保教问题已经开始成为社会乃至政府日益关注的议题。尤其值得指出的是，这种发端于英国的、作为贫民政策的儿童保护和养育设施是近代欧洲儿童教育设施的根源和胚胎。后来欧文创办的幼儿学校以及怀尔德斯平等创办的学前教育设施，均属于贫民救济设施体系。

二、资本主义生产关系下的学前教育

（一）19世纪上半期幼儿学校运动的开展

18世纪60年代，以蒸汽机为标志的第一次工业革命冲破了体力的限制，使妇女和儿童成了劳动力。为了生活，他们不得不出卖自己的劳动力，致死致伤，备受摧残。这时，一些慈善家为了改变残酷摧残儿童的状况，在自己的工厂里明文禁止雇用童工，并为已在工厂中的童工开办业余学校；同时，为了无人照管的孩子，还在自己的工厂里开办了一些幼儿学校、婴儿学校或苦难儿童保护所。罗伯特·欧文（1771—1858年）就是其中之一。

1816年，欧文在自己经营的新拉纳克纺织厂内创办了世界上第一所为工人阶级子女创办的学前教育机构，规定凡工人子女满2周岁的都可入学，由专门教师养护并进行教育；还规定，在工人区中，10岁以下的儿童不能当童工，并从6岁起进入幼儿学校学习文化知识。欧文的“幼儿学校”的实施获得了良好效果，又经过他的理论宣传，在当时社会上取得很大赞誉，许多慈善家、工厂主纷纷效仿，一时形成了幼儿学校运动。1824年英国全国性的“幼儿教育协会”成立，持续了20年之久。此后，幼儿学校传入美国。

在幼儿学校运动中，英国政府也发挥了重要作用，主要体现在两个方面：一是给予幼儿学校国库补助。1833年，英国国会实行国库补助政策，但幼儿学校不在其内。1839年，枢密院教育委员会成立，通过积极努力使幼儿学校真正成为国库补助的对象。二是专门制定“有资格教师”和“注册教师”等级考核制度，规定只有在幼儿学校教学实际能力方面的实地考试和口试中成绩合格后，才能成为“注册教师”。而“注册教师”只有学完女子师范学校的全部课程，成绩合格者方可获得“有资格教师”称号，而其所在的幼儿学校也将得到补助金。这样，国家通过教师资格的考试，促进了幼儿学校教师质量的提高。

（二）19世纪下半期的学前教育

在英国，如果说19世纪上半期是幼儿学校运动占主导地位的话，那么19世纪下半期幼儿教育的发展则主要是受福禄贝尔幼儿园的影响。19世纪50年代，德国的伦克夫妇和别劳夫人将福禄贝尔幼儿园传入英国，但发展缓慢，直至1870年英国《初等教育法》颁布以后才得到快速发展。

1851 年，伦克夫妇在英国设立德语幼儿园，招收侨居英国的德国人子女。1854 年，开始招收英国儿童，并改用英语教学。1855 年，伦克夫妇出版了他们的编著《英语幼儿园入园手册》，并开办了福禄贝尔初等学校，作为幼儿园的延伸。1861 年，福禄贝尔幼儿园受英国政府试图减少教育补助的政策的影响，教育精神大为受挫，怀尔德斯平的幼儿学校又占了统治地位。

1870 年颁布的《初等教育法》所倡导的自由主义精神使福禄贝尔教育又获生机。1873 年和 1874 年，曼彻斯特和伦敦相继成立了“福禄贝尔协会”。1875 年，福禄贝尔协会在伦敦开设了教养员培训所，并附设幼儿园。1876 年，实行幼儿园教师资格考试。与此同时，伦敦福禄贝尔幼儿园协会还积极争取政府的支持，在 1881 年教育法及 1892 年修订后的教育法中规定：采用福禄贝尔幼儿园的恩物和作业；“女助教”的资格是必须持有福禄贝尔协会的资格证明；不对幼儿进行读、写、算的学力考试等。

总的来讲，福禄贝尔幼儿园的发展成为这一时期英国学前教育的主流。自从引进福禄贝尔幼儿园以后，英国的幼儿教育呈现出双轨发展的局面：一种是以贫民和工人子女为对象的幼儿学校，一种是以中上层阶级子女为对象的幼儿园。尽管如此，英国传统的幼儿学校实际上也逐渐受到了福禄贝尔运动的影响。

第二节　近代德国的学前教育

17 世纪至 19 世纪，德国国家不统一，国内小邦林立，资本主义发展相当缓慢，极大地影响了教育包括学前教育的发展。直到 19 世纪，德国的学前教育才真正开始有了较快发展。近代德国的学前教育实践可以分为两个阶段，19 世纪上半期主要受幼儿学校运动思潮的影响，下半期主要受福禄贝尔幼儿园运动思潮的影响。

一、19 世纪上半期的学前教育

在 19 世纪最初 20 年左右的时间里，德国的学前教育主要是为解决妇女劳动就业、儿童无人看管的问题，各地纷纷建立了不少私立的、冠以各种名称的学前教育设施，其目的是保护婴幼儿的安全和健康，多为季节性机构。20 年代中期以后，一方面受英国的幼教政策，尤其是怀尔德斯平幼教思想的影响，另一方面也为了与本国的产业革命发展所带来的社会政治、经济的变化相适应，德国政府对学前教育开始重视起来，学前教育也由此得到了比较快速的发展。需要指出的是，这一时期创办的学前教育机构，绝大部分仍属于慈善机构，各邦政府并没有从财政上给予必要的资助，也不热心支持，同英法政府较为支持的立场形成鲜明的对照。

（一）巴乌利美保育所

在德国的学前教育设施中，其中最早也最应给予注意的是 1802 年由巴乌利美（1769—1820 年）侯爵夫人设立的一个保育所。这是一个为救济贫民而设立的教育机构，目的是为了让穷苦孩子的母亲们去安心劳动，不用为了留在家中的孩子而牵肠挂肚。

巴乌利美保育所招收的对象是 1—4 岁半的农村儿童，是季节性的托儿所，从初夏开始，到晚秋结束。教育内容有语言训练、唱歌、社会道德训练和生活规律的培养。重点放在儿童的健康上，有良好的卫生条件和营养丰富的饮食，大力提倡户外活动。但作为农忙时的保育所，教育只是处于附带和从属的地位。

巴乌利美保育所是巴乌利美夫人从人道主义立场出发，出于对贫穷的母亲们的深刻理解和对穷苦孩子们健康的关心而建立起来的，是德国最早出现的幼儿保育和教育设施，它的创立掀开了德国学前教育史上光辉的一页。

在19世纪的前20年里，像巴乌利美倡导的这类保育所相继在德国各地开办起来。各地的办学者一般都把这种保育所视为贫民救济与儿童教养相结合的设施。

（二）弗利托娜幼儿学校运动

弗利托娜（1800—1864年），是德国阿尔萨斯州的一个新教派牧师。1835年5月，她在自己的教区创办了奥柏林式的编制学校，一年后更名为幼儿学校。幼儿学校专为贫穷工人的子女而建，招收2岁至义务教育年龄阶段的孩子，学校里有宽敞的校舍和良好的游戏场地。

在幼儿学校里，儿童每天活动8小时，并制定了一份时间表，但她又认为，不能像普通初等学校里那样严格遵守这个时间表，而应该按照孩子的心情、需求以及天气、季节情况等来适当调整。当时德国大部分幼儿学校较为普遍地使用这个课程表。

弗利托娜幼儿学校的教育内容和方法主要集中在两个方面：重视幼儿的游戏活动；重视幼儿的知识教育、宗教教育和道德教育。幼儿学校的最终目的主要在于对工人阶级的孩子进行宗教教化和道德教化。

弗利托娜的这种幼儿学校给以莱茵省为中心的地区带来了深远的影响。在她的带动下，1842年，这样的幼儿学校就发展到27所。

19世纪上半期德国幼儿教育的基本特点是：以保护婴幼儿的健康和解除父母工作后顾之忧为主，教育是附带的；托儿所或幼儿学校是慈善机构，主要靠富裕人的慈善捐助。政府只是采取鼓励私人开办并加以监督管理的政策，并不出资设立幼教机构。

二、19世纪下半期的学前教育

1848年，德国的工人革命运动失败。1849年普鲁士国王威廉四世急不可耐地在教师会议上对教育进行指责，指责教师用反君主主义的精神教育儿童，借口对教育进行严格的限制和监督，幼儿园事业也遭到严重破坏。直到1860年，普鲁士政府解除了对幼儿园发展的禁令，各地的福禄贝尔幼儿园才纷纷建立，学前教育又重获生机，取得了较快发展。

在福禄贝尔之前的学前教育设施，基本上都是贫民救济性设施，还不能算是正规的教育设施。直到1840年福禄贝尔幼儿园成立，德国才算有了真正的学前教育机构。1860年，幼儿园禁令解除之后，各地相继出现了许多幼儿园协会，它们对幼儿园教育的普及做出了重要贡献。

福禄贝尔幼儿园的教育内容主要包括：福禄贝尔为幼儿园儿童编制了多种游戏活动，其中最主要的一种就是运用他所设计的玩具——“恩物”进行的游戏；为幼儿安排多种作业活动，通过作业对幼儿进行初步的教学；重视幼儿的语言发展，通过唱歌、讲故事、朗诵和游戏等方式来培养儿童的语言能力。

除了福禄贝尔本人以外，他的一些女弟子在推广普及幼儿园方面也做出了很大贡献。其中影响最大的是两个团体：一个是1860年成立的以玛伦霍尔兹·别劳夫人为名誉会长的“柏林福禄贝尔主义幼儿园促进妇女会”，另外一个也是由别劳夫人于1863年春天设立的“家庭教育和民众教育协会”。1874年，这两个协会合并为“柏林福禄贝尔协会”，而别劳夫人在德国福禄贝尔幼儿园运动中是一个很有影响的人物，她作为运动的领袖，积极地创办“福禄贝尔协会”，尽量多地设立幼儿园。另外，她还多次访问英国、法国、瑞士、比利时、荷兰和意大利等国，大力宣传福禄贝尔的幼儿教育思想，为福禄贝尔幼儿园在德国的普及以及推介到国外做出了重要贡献。

第三节　近代法国的学前教育

1789 年，法国爆发了资产阶级革命，推翻了波旁王朝。在随后的几次复辟与反复辟、前进与倒退的激烈的政治斗争中，社会学前教育逐渐建立和成长起来。近代法国的学前教育可以分为两个阶段，18 世纪 70 年代至 19 世纪 30 年代为第一阶段，在这一阶段，出现了社会学前教育机构、慈善性质的贫民育儿院和幼教机构托儿所，在内容与教法方面深受英国幼儿学校运动思潮的影响。19 世纪 30 年代中期至 19 世纪末为第二阶段，在这一阶段，政府日益重视学前社会教育，将其纳入中央集权教育行政管理体制，加强财政资助，把托儿所视为公共教育体系的有机组成部分，确立了近代学前教育制度，在内容与教法方面受福禄贝尔幼儿园教育理论的影响很大。

一、奥柏林的编织学校

1770 年，法国新教派的一名牧师奥柏林（1740—1826 年）创办了编织学校，这是法国历史上最早有记录的幼儿教育机构。在学前教育史上，人们一般把奥柏林的编织学校看作法国近代学前教育设施的萌芽，视为近代幼儿教育设施历史开端的象征。

编织学校专门在农忙季节收容幼儿和学童，是一个以 3 岁以上的幼儿和年幼的学童为对象的保育所。学校有两位指导老师，分别负责文化、游戏的指导和手工技术方面的指导。编织学校的教育内容包括：标准法语、宗教赞美歌、格言和童话故事、采集和观察植物、绘画、地理等。在对学前学童进行缝纫、纺织编织方法的传授，教授历史、农村经济常识等方面的知识之余，也带领儿童做游戏。实际上，奥柏林的编织学校把教育置于比保育更重要的地位。

奥柏林的编织学校和当时普遍存在的教会学校有相同的性质，都是一种慈善机构。虽然它并没有得到政府的支持，但在当时却有一定的影响，在奥柏林去世以前，附近的 5 个村庄办起了同类的学校。奥柏林创办的编织学校，拉开了法国近代学前教育历史的序幕。

二、柯夏的托儿所

柯夏（1789—1841 年）是法国七月王朝时期巴黎第 12 区的区长，也是一个很有见识、关心民众教育的事业家。他曾多次到英国考察教育，对欧文创办的幼儿学校产生了浓厚兴趣。1828 年，在借鉴英国开办幼儿学校经验的基础上，柯夏在巴黎开办了专门招收贫穷家庭儿童的托儿所。1830 年，托儿所发展到 6 所，入托儿童数达到 990 多名。1836 年，托儿所又发展到 24 所，入托儿童数已超过 3 600 多名。在此期间，托儿所的发展得到了社会各界的关注与支持。从 1826 年起，巴黎塞纳县的“贫民救济会”开始资助托儿所的发展，并且资助金年年增加，极大促进了巴黎地区乃至整个法国学前教育的发展。

柯夏托儿所的教育内容主要包括宗教、读写算、几何、地理、历史、博物、图画、体育等，这同当时的初等学校的教育内容是完全一样的，只是在教学程度上有所差别。在方法上使用的是直观教学法，以实物教学为主。尽管柯夏的托儿所具有偏重智育的倾向，但在道德教育方面和对待孩子的方法上，远比英国的怀尔德斯平幼儿学校更具有合理性和人道主义的特点。

三、福禄贝尔幼儿园对法国学前教育的影响

19 世纪中叶，在法国政府的支持与帮助下，德国的别劳夫人把福禄贝尔幼儿园教育方法传入法国。别劳夫人在法国的三年时间里讲演 100 多次，系统介绍了福禄贝尔幼儿园教育思想及其幼儿园事业。同时，积极谋求法国政府对其教育事业的支持，使福禄贝尔幼儿园教育顺利地登陆法国并生根发芽。

福禄贝尔幼儿园教育思想及实践的传入，推动了法国学前教育事业的发展，使法国的学前教育开始注重儿童的游戏和户外运动。与此同时，法国的学前教育机构也开始向双轨制方向发展。福禄贝尔幼儿园的设施、质量都比托儿所好得多，当然相应的费用也高，因而贫穷的市民和工人阶级家庭没有能力把自己的孩子送进幼儿园。因此，普通民众的儿童被送往专门接收劳动人民儿童的、数量较多的、简陋的托儿所；上层社会的儿童则被送往极为少数、条件优越的幼儿园。这样就形成了法国学前教育等级性明显的双轨制发展趋向。

四、19 世纪末的《费里法案》和母育学校

1879 年至 1898 年，是法国历史上温和共和派执政期。在此期间，费里 3 次担任教育部长。1881 年、1882 年，法国政府先后通过了《第一费里法案》和《第二费里法案》，最终确立了法国初等教育的“义务”“免费”和“世俗化”三条原则，并规定该原则同样适用于母育学校。

在 1881 年 6 月 16 日颁布的文件里，还对母育学校作出了如下的界定：母育学校是初等教育的设施，那里的男女儿童将共同接受体、德、智全面发展的教育；同时还规定，进入母育学校的儿童为 2—6 岁，并且根据孩子的年龄发展阶段分成男女儿童混合编制的班级。母育学校的保育内容包括：初步的道德教育，如向儿童灌输对家庭、祖国和上帝尽义务的观念；日常生活中的实用知识；唱歌、绘画、书法、初步阅读、语言练习、儿童故事、博物和地理的基础概念等；手工作业的训练；按年龄阶段进行的身体锻炼。母育学校偏重智育，学习范围较广，注意让儿童学习日常生活中的实用知识，根据儿童的身心发展水平进行教学，采取直观教学法，注意儿童的游戏活动。

《费里法案》及其政令统一了各种幼教机构的名称，将母育学校纳入公共教育系统；以道德教育取代宗教教育，以按年龄分班取代按性别分班。这些在法国近代教育史上具有重要意义，该政令的颁布意味着法国基本确立了近代学前教育制度，并产生了深远的影响。

第四节　近代美国的学前教育

美国在 1775 年独立战争以后才成为一个独立的资本主义国家。19 世纪以前，美国的学前教育是在家庭中进行的；19 世纪上半期，出现了学前公共教育，各类公立幼儿学校得到了普遍发展；19 世纪中期，出现了福禄贝尔幼儿园，并在 70 年代得到了大发展；到 20 世纪初，美国的学前教育已由当初的以私立幼儿园为主转变为以公立为主、慈善幼儿园和私立幼儿园多种形式并存的格局，形成了比较完整的学前教育体系。美国的学前教育实际上是在学习他国的过

程中发展起来的。

一、幼儿学校的兴衰和家庭学校的回归

美国最早的学前教育机构是在欧文影响下建立的幼儿学校。1816 年，英国空想社会主义者欧文于 1809 年所创立的工厂附设幼儿学校开始传入美国，并很快风靡全国。幼儿学校招收 4—8 岁的儿童，强调幼儿的健康保护和户外活动。后来，由于教育部门不愿承担相应的经费，教育对象也只是有限的上层家庭的儿童，学校仅靠收费或慈善团体很少的捐款来维持，再加上由于教学方法上出现的机械化倾向等原因，幼儿学校在美国的发展举步维艰。到 19 世纪中叶，美国的幼儿学校逐渐和初等学校合并为公立初等小学。就这样，幼儿学校在美国不久就销声匿迹了。

在欧文的幼儿学校传入之前，美国流行的是裴斯泰洛齐的家庭式教育。19 世纪 30 年代，在欧文幼儿学校影响的高潮过后，美国出现了家庭学校。家庭式教育主张对儿童的教育在家庭中进行，强调运用直观教具和家庭式的爱的环境来影响儿童，但这种家庭学校并不是严格意义上的学前教育机构，主要是教育家或教育爱好者通过出版《家庭指南》来影响家长，难以见到实效，故而在美国也没有产生大范围的影响。

二、福禄贝尔式幼儿园的创建和发展

幼儿学校在美国存在的时间虽然不长，但它却在民众中传播了重视幼儿教育的思想。1854 年，美国联邦政府教育官员贝利・巴拿多博士出席了在英国伦敦举办的一个教育博览会。他在详细地参观福禄贝尔幼儿园的展览后深受启发，回国后就在《美国教育杂志》第二卷（1856 年）上，发表了一篇介绍福禄贝尔幼儿园的文章。这是美国历史上最早的一篇关于幼儿园的文章，在美国产生了很大的影响，之后出现了一批福禄贝尔式的幼儿园和一批决心献身于幼儿教育事业的有志之士。巴拿多博士成为美国幼儿园运动的倡导者之一。

1856 年，德国教育家卡莱・舒尔茨夫人在威斯康星州自己的家中创办了美国第一所幼儿园。舒尔茨夫人是德国人，曾在德国受到福禄贝尔的亲自指导，在美国，她先是出于对自己孩子进行教育的目的而开设了幼儿园，后又吸收邻近朋友、亲戚的孩子参加。幼儿园采用福禄贝尔的教育方法指导孩子进行游戏、唱歌和作业，用德语进行教学。在她的带动下，幼儿园在美国得到了较快发展，到 1870 年 15 年间，福禄贝尔式德语幼儿园就有 10 所左右。

1859 年的一个夏日，舒尔茨夫人访问波士顿，与美国妇女伊丽莎白・皮博迪（1804—1894 年）不期而遇。皮博迪是美国幼儿教育的积极支持者，在与舒尔茨夫人的这次邂逅中，她得到了舒尔茨在幼儿园教育方法方面的详细指导，并进一步坚定了她从事幼儿教育事业的决心。1860 年，皮博迪在波士顿自己的私人住宅里创办了美国历史上第一所英语幼儿园。1863 年，为了宣传福禄贝尔的幼儿园思想，皮博迪发表了《幼儿园指南》，着重阐述了幼儿园和小学的区别，指出幼儿园不同于原来的幼儿学校，也区别于初等学校，它是儿童的乐园，鼓励儿童自主的活动和游戏，并强调教师和儿童一起做游戏。

1867 年，在办幼儿园六七年之后，皮博迪深感自己教育理论的缺乏，于是，她关闭幼儿园专程赴德国学习。在福禄贝尔的遗孀霍夫曼斯特夫人的直接指导下，皮博迪系统地学习了福禄贝尔的教育方法。1868 年，皮博迪在德国学习 15 个月后回国，在波士顿的幼儿园中，开办了幼

儿园教师培训所，这是美国历史上第一所幼儿教师培训机构。该机构由皮博迪从德国聘请的福禄贝尔的门生担任第一任教师，为美国社会输送了大批优秀的幼儿园教师。这些教师成为幼儿园教育普及运动的骨干力量，为美国初期幼儿教育的发展做出了很大贡献。皮博迪为自己心爱的幼教事业贡献了一生，成为美国幼儿教育事业的先驱和福禄贝尔幼儿园运动的倡导人。

三、教会、慈善团体主办的幼儿园和幼儿园协会的发展

美国早期幼儿教育发展的另一种表现形式，是教会和慈善团体主办的慈善幼儿园。这类幼儿园主要由个人、教会及各种社会团体开办，招收贫穷家庭幼儿，它们虽属于私立幼儿园，但大都免收学费。虽然教会幼儿园教育质量低下，但它们的建立却推动了幼儿园事业在美国的发展，为公立幼儿园的发展奠定了一定基础，后来的很多公立幼儿园就是从这些慈善幼儿园转变而来的。

1877 年，伦理文化社的领导人弗利克斯・阿德勒在纽约创办了美国历史上第一所慈善幼儿园。此后，在波士顿等州又出现了许多类似的作为贫民救济设施的慈善幼儿园。

美国最早建立幼儿园的教会是俄亥俄州的托里尼特教会。1877 年，该教会在自己的教区内创办了幼儿园，并把幼儿园变成教会进行宗教教育和传教活动的一个场所，使幼儿园披上了面向社会下层开放的贫民救济慈善事业的面纱。1878 年，纽约市的安东纪念教会也设立了幼儿园。在牧师维・牛顿的监督下，幼儿园办得相当成功，在当时远近闻名，并被推举为纽约的一个模范教区。教会利用幼儿教育机构进行宗教活动，最初并未引起上层教会的重视。但随着幼儿园运动的发展和对幼儿园教师培训事业认识的提高，幼儿教育就日益被看作教会传道的重要手段，到 1912 年，教会开办幼儿园达到顶峰，全美共 108 所。此后，教会幼儿园就开始走下坡路了。

随着幼儿园数量的骤增和各种幼儿园运动的发展，幼儿园协会应运而生，它的出现又促进了美国幼儿园事业的发展。1870 年，美国第一个幼儿园协会在密尔沃基成立，在随后的二十多年的时间里，协会数量不断扩大，到 1897 年已超过 400 个。其中影响较大的是旧金山金门幼儿园协会，该协会最多时曾拥有四十余所慈善幼儿园，到 1896 年，该协会已先后接收儿童达 18 000 名。

四、公立幼儿园的发展

继皮博迪夫人建立民族化的幼儿园之后，1873 年，圣路易斯市的教育委员会主任威廉・哈里斯博士向地方教育董事会提出，要把幼儿园作为公立学校系统的一个重要组成部分，这个请求得到了有关部门的批准。于是，威廉・哈里斯便开始了把幼儿园作为公立学校组成部分的实验并取得了成功。1874 年，圣路易斯市只有 4 所公立幼儿园，到 1878 年发展到 53 所，1903 年发展到 125 所。

在圣路易斯市的公立幼儿园取得成功后，美国的其他州纷纷效仿。同时，一些私立幼儿园和慈善幼儿园逐步被纳入公立学校系统，在 1873—1901 年短短的 28 年时间里，幼儿园的数量猛增了 120 多倍，入园儿童数则增加了近 200 倍。其中虽然私立幼儿园的数量仍占很大比重，但是到了 1901 年，公立幼儿园在数量上已超过私立幼儿园。1914 年，几乎美国所有稍大的城

市都建立了公立幼儿园系统。

在美国幼儿园公立化运动过程中，布洛（1843—1916年）的贡献不能湮没。作为圣路易斯市公立学校幼儿园的教师和监督人，她数十年如一日，努力贯彻福禄贝尔教育思想，在许多方面做出了贡献。1886年，她曾因身体不适而中断了一段时间的教育工作。但当身体恢复之后，她又积极举办幼儿教育讲座、著书立说或进行实践指导，促使美国的幼儿园运动进入了一个全盛时期。因此，布洛被誉为美国公立学校的“幼儿园之母”。

发生在19世纪末期的公立幼儿园运动，是美国学前教育发展史上具有里程碑意义的事件。它既促进了幼儿园在美国的本土化、普及化，又推动了美国学前教育理论的发展，为后来的进步主义幼儿园运动奠定了基础。

第五节　近代俄国的学前教育

一、18世纪下半期到19世纪上半期的学前教育

18世纪下半期，俄国的封建农奴制开始解体，法国资产阶级启蒙运动也影响到俄国，沙俄政府曾实行一些开明政策。为解决弃婴和孤儿的收容问题，1763年，在俄国开办了第一所教养院和产科医院。19世纪上半期，社会上一些进步人士组成各种慈善团体，为外出谋生的母亲照顾孩子。这些团体开办了收容所和孤儿院。

在俄国慈善教育机构的创办过程中，最具代表性的是伊万诺维奇·别茨考伊。别茨考伊于1763年向沙俄女皇呈奏折，要求在莫斯科开办“教养院”，收容弃婴和孤儿，同时还要求为贫民开办一所产科医院，附设于教养院内。1763年，俄国第一所教养院和产科医院成立，别茨考伊任教养院院长。

别茨考伊的教养院不只是单纯的慈善机构，他还非常重视对儿童的教育。别茨考伊特别强调教育在社会生活中的作用。他认为通过教育可以培养具有良好的道德和行为的“新型的人”，希望通过这些人的努力进而达到改良社会的目的，基于这种认识，别茨考伊很重视教养院的道德教育，他把道德教育看作“人心的教育”。在知识教育方面，别茨考伊正确地指出，学习过程对儿童来说应当是愉快的，不能强迫儿童学习知识，而应根据儿童的爱好去进行。他还主张学习活动中禁止体罚。别茨考伊也很重视儿童的体育锻炼。

二、19世纪下半期到俄国十月革命前的学前教育

19世纪60年代，俄国出现了以废除农奴制为核心的社会改革运动。学前儿童的家庭教育和社会教育问题引起人们的注意，与此同时，福禄贝尔幼儿园运动波及俄国，这两种运动推动了俄国学前教育的发展。

1860年，在俄国出现了第一所幼儿园。1869年，在彼得堡发行了俄国最早的学前教育刊物《幼儿园》。这份杂志的发行对促进学前教育成为俄国教育学中的一个独立分支，发挥了积极的作用。1871年，在彼得堡创立了福禄贝尔学院。

19世纪后半期，俄国涌现了一批学前教育活动家。他们受到福禄贝尔的教育方法和俄国教育家乌申斯基的教育民族性原则的影响，进一步研究幼儿园工作的内容和方法，以其创造性

的教育学理论和教育实践，促进了俄国学前教育学从普通教育学中分立出来的过程。

19 世纪末，俄国政府继续推广孤儿院。此外，在俄国各大城市出现的一些资产阶级慈善团体，也为孤儿设立了各种慈善机构，如育婴堂、育婴孤儿院和平民幼儿园等。19 世纪末，某些省的自治机关开始为乡村儿童设立婴幼儿托儿所。与此同时，俄国绝大多数的幼儿园都变成升入各种学校的预备机构。

第六节　近代日本的学前教育

1868 年发生的轰轰烈烈的明治维新运动及其后的工业革命，使日本逐渐走上了资本主义道路。在福禄贝尔幼儿教育理论和美国幼儿园运动影响下，伴随着国家的全面变革，日本的近代学前教育也开始了它的近代化和社会化历程。到 19 世纪末，日本的学前教育已初具规模，并逐步趋向普及，为日本现代学前教育的进一步发展奠定了基础。

一、学前教育机构的建立和发展

(一)《学制令》中有关学前教育机构的规定

1871 年，日本设立文部省主管全国的文化教育事业。1872 年颁布的《学制令》是近代日本的第一个教育法令，具体规定了日本教育的领导体制和学校制度，标志着日本教育进入了一个新的历史时期。《学制令》第 22 章对日本学前教育机构的设立也做了明确的规定，要求开设幼稚学校，招收 6 岁以下的男女儿童，实施入小学之前的教育。虽然这项规定并未真正实施，但这毕竟是日本近代有关学前教育设施方面的最早的一个规定。

(二) 国立幼儿园的建立与发展

1874 年 3 月，文部省决定成立以培养幼儿教育师资为目的的东京女子师范学校，这是日本有史以来第一所幼儿教师培养机构。1876 年，日本政府在东京女子师范学校开办附属幼儿园，这是日本学前教育史上的第一所公共学前教育机构，在日本教育史上占有重要地位，对后来全国各地幼儿园的兴办起了示范和推动的作用。但是它并不是为广大民众子女所设立的幼儿园，这种只为少数特权阶级的子女服务的教育机构，在当时日本经济尚不发达、生产力水平还较低的情况下，自然是难以普及的。

1882 年，为了扭转幼儿园发展缓慢的局面、增加幼儿园数量，也为了使一般贫民子女能接受学前教育，文部省在《关于幼儿园制补充规定》里明确规定：文部省所属的幼儿园，办园的一切费用完全由政府承担，各地方幼儿园也是这样。同时指出，幼儿园的规模不宜过大，办园的方式可以任意选择，并提倡设置简易幼儿园，认为这样就可以大量收容那些贫民劳动者的子女，或者是招收没有时间、精力照顾和养育的那些人的子女。文部省还规定，简易幼儿园在设施、编制上要从简。简易幼儿园主要是为贫民子女所办的幼儿园，这种幼儿园收费低廉，入园者可免费或只交少量入园费。由于这一政策的实施，加速了幼儿园的普及，促进了日本学前教育的发展。

二、日本政府的学前教育政策和措施

（一）福禄贝尔学前教育思想的影响

福禄贝尔教育理论在日本受到高度评价，甚至被冠誉为“在保育学科中占有最高地位”。一般认为，最早介绍福禄贝尔思想的是时任东京师范学校协理的中村正直。1876 年日本《新闻杂报》刊登了中村正直编译的《福禄贝尔幼儿园理论摘要》，产生了良好的影响。除中村正直以外，这一时期推崇并积极宣传福禄贝尔思想的，还有关信三等其他教育界人士。关信三是东京女子师范学校附属幼儿园的监事，是日本明治维新时期的学前教育家。他曾留学英国，回国后从事女子教育和学前教育。1876 年，他译著了《幼儿园记》，还编写《幼儿园二十例游戏》，把福禄贝尔的“恩物”以“20 种游戏”的方式进行了图解。当时这本书曾作为学前教育的基础教材被广泛地使用。这样，福禄贝尔发明的教具——“恩物”就被介绍到了日本，并成为幼儿园教学的重点。

随着福禄贝尔学前教育理论的进一步研究和推广，19 世纪末，日本各地还纷纷成立了福禄贝尔学会。

（二）《幼儿园保育及设备规程》的制定

1899 年 6 月，在社会各界的关注呼吁下，文部省颁布了《幼儿园保育及设备规程》。这是日本首次由政府颁布的有关幼儿园的正式法令，该规程的颁布，标志着日本近代学前教育进入了一个新的历史时期。

《幼儿园保育及设备规程》共有 7 条，内容包括：① 幼儿园为年满 3 岁至学龄前儿童开设的保育场所。② 保育时间（包括吃饭时间），每日为 5 小时以内。③ 一名保姆可保育 40 名以内儿童。④ 一所幼儿园可招收 100 名儿童，个别情况可招收 150 名儿童。⑤ 对儿童进行教育，是为了使其身心得到健全的发展，养成良好习惯以及辅助家庭教育；保育方法应以坚持适应儿童身心发展、教授其难易程度相应的事物为本职业的根本；要时常注意纠正儿童的德行仪表；因幼儿模仿能力极强，所以平素应使他们多接触嘉言懿行。⑥ 儿童的保育项目：游戏、唱歌、会话及手工作业。⑦ 幼儿园所需设备的规定。

《幼儿园保育及设备规程》对幼儿园的设置标准，编制规模，保育的时间、内容、目的都做了明文规定，并具有一定的合理性和可操作性，是日本学前教育走向制度化的重要开端，在日本教育史上具有重要意义。此后，幼儿园规程虽经多次修订，但基本上保持了第一个幼儿园规定的本来面貌，直至 1947 年制定的《学校教育法》对幼儿园做了新的规定。

本章小结

17 世纪到 19 世纪，欧美、俄国和日本政治、经济的发展推动了近代学前教育事业的发展，近代各国的学前教育都获得了不同程度的发展，表现在各国学校运动、福禄贝尔幼儿园运动的开展，私立幼儿园、贫民育儿院、幼教托幼机构、公立幼儿园、慈善幼儿园等各种形式的学前教育机构纷纷设立，使得这一时期的学前教育无论从内容上，还是教法上都有明显的进步。

福禄贝尔幼儿园运动广泛而深刻地影响着近代各国的学前教育发展，各国的学前教育学校大都为慈善机构。英国是世界上最早建立资本主义制度的国家，也是最早产生近代学前教育机构的国家。英国 19 世纪前期的幼儿学校运动中，欧文的幼儿学校和福禄贝尔幼儿园的发展最为重要。19 世纪起，德国的学前教育有了较快发展，托儿所和幼儿学校大都为慈善机构，1840 年，德国建立了真正的学前教育机构——福禄贝尔幼儿园，之后学前教育逐步普及。法国将学前教育纳入中央集权行政管理体制，不断加强财政资助，逐步确立了近代学前教育制度。英国、法国的幼儿园教育都呈现出双轨发展的局面。20 世纪初，美国的学前教育已经由当初的私立幼儿园为主转变为公立为主、慈善幼儿园和私立幼儿园多种形式并存的格局，形成了比较完整的学前教育体系。1860 年，在俄国出现了第一所幼儿园。1869 年，在彼得堡发行了俄国最早的学前教育刊物《幼儿园》，促进了俄国学前教育学从普通教育学中分立出来的过程。明治维新运动后，日本近代学前教育也已经初具规模，并日趋普及，于 1876 年，建立了日本第一所公共学前教育机构。

思考题

1. 近代英国革命初期的学前教育与资本主义生产关系下的学前教育有什么不同？
2. 简述近代德国学前教育实践的主要特点。
3. 分析近代法国学前教育实践快速发展的主要表现及其原因。
4. 简述近代美国学前教育发展的主要表现。
5. 简述近代日本学前教育发展的主要表现。

拓展阅读

郭法奇. 学前教育史[M]. 北京：北京大学出版社，2022.

该书全面把握中外学前教育发展的基本线索、特征和趋势；注重学前教育的历史与逻辑的统一，通过各章节的阐述客观反映从古代社会到现代社会演进过程中学前教育发展的历史脉络和基本逻辑；在兼顾学前教育思想和学前教育实践的基础上，注重历史的纵向演进与问题的横向维度的统一；该书结构均衡、主题突出，注重学习目的与问题反思的结合，有利于读者更好地把握学前教育史的基本内容。本书适合学前教育专业学生以及对学前教育史感兴趣的读者阅读。

第十一章　外国近代主要的学前教育思想

学习目标

1. 掌握卢梭的自然教育理论。
2. 了解洛克的儿童体育思想和道德教育思想。
3. 掌握裴斯泰洛齐的学前教育思想。
4. 掌握福禄贝尔的学前教育思想。
5. 能结合当前学前教育发展对教育家的学前教育思想进行客观评析。

关键词

卢梭　洛克　裴斯泰洛齐　福禄贝尔　学前教育

第一节　洛克的学前教育思想

约翰·洛克(1632—1704年)是英国资产阶级唯物主义的哲学家、政治思想家和教育家。他提出了绅士教育理论,竭力主张培养资产阶级化的贵族或贵族化的资产阶级。他撰写的《教育漫话》一书从理论上为英国的绅士教育提供了一个完整的体系。

一、生平简介

1632年,洛克出生在一个律师家庭,幼时受过严格的家庭教育。他继承培根和霍布斯的唯物主义经验论,论证了知识和观念起源于感性认识的基本原则。他反对天赋观念论,提出了著名的"白板说",认为儿童的心灵生来就像"一张白纸或一块蜡",任你在上面写上什么或把它塑造成什么。洛克的主要教育思想是"绅士教育"论,就是要通过体育、德育和智育等世俗教育,把资产阶级子弟培养成为与世俗贵族没有多大区别的新贵族——绅士。他认为绅士既要有贵族气派,又要有资产阶级的创造精神和才干,还要有健壮的身体。他重视培养能力,注意训练的意义,他的哲学思想和教育思想对后世影响很大。洛克的主要著作有《政府论》(1689)、《人类理解论》(1690)、《教育漫话》(1693)等。

二、关于教育的作用、目的和途径

(一)教育的作用

洛克从反对天赋观念倡导白板论出发,极为重视教育的作用。他在《教育漫话》一开始就指出:"我们日常所见的人中,他们之所以或好或坏,或有用或无用,十分之九都是由他们的教育所决定的。人类之所以千差万别,便是由于教育之故。"[①]这一论断显然过高地估计了教育的

① [英]洛克.教育漫话[M].傅任敢,译.北京:人民教育出版社,1983:7.

作用，没能认识到教育与环境、遗传之间的辩证关系，更没能认识到教育受经济、政治制约的本质。但它否定了天赋观念等神秘主义说法，强调了人不是生来就有优劣，因而有力地打击了封建贵族为维护等级差别而鼓吹的遗传决定论，为资产阶级要求政治平等、教育民主提供了理论根据。

（二）教育的目的

洛克认为教育的目的是培养“绅士”，他所说的“绅士”是指贵族出身、有“文雅风度”和资产阶级事业家品质与才能的人。洛克对劳动人民子女的教育是持反对态度的。他认为教育的目的在于培养有德行有才干并善于处理自己事业的“绅士”，这一目的反映了英国资产阶级新贵族培养新人的思想。

（三）教育的途径

洛克认为绅士教育应在家庭里进行，并请家庭教师授业。这暴露了他对学校教育的轻视和对上流社会旧传统的偏爱。

三、论教育的内容和方法

（一）关于体育

洛克在他的绅士教育体系中体育被放在第一位，他有句名言：“有健康的身体才有健全的精神。”

他从当时英国资产阶级开拓资本主义事业着想，根据他的精湛医学知识拟定了一个锻炼“小绅士”的健康教育计划。首先，身体锻炼要从小抓起。他反对对儿童的娇生惯养，主张儿童要多进行户外锻炼，养成适应冷热变化的习惯。其次，要多运动，保证睡眠。最后，每天的饮食要清淡、简单。

（二）关于德育

洛克认为德育是形成人的健康精神至关重要的环节，德行是人生最重要、最不可缺少的品德。

洛克要求在未来的绅士身上培养出坚强的意志和性格，善于克制自己的欲望，服从理性的命令，养成遵守道德法律的习惯等品质，因此，对儿童决不能溺爱和放纵，而要早加管教，严加管束，但要宽严适度；子女要绝对服从父母的意愿，但父母对儿童的合理愿望也应当给予满足，教育的方法要奖惩得宜，培养羞耻心和荣誉感，要坚持说理，提出儿童应遵循的规范，并注意示范和周围环境的影响。

洛克认为，理性教育在德育中起着至关重要的作用。他认为理性教育要从幼儿期抓起。

关于理性教育的方法，洛克反对滥用惩罚和奖励，主张在孩子面前要树立榜样，儿童看到这些感性的东西自然就会在父母的说理教育下明白什么是美。这样，他就会模仿好的行为而抵制坏的行为。要帮助孩子树立起名誉心和羞辱感，他主张对孩子要少限制，多练习，认为练习可以帮助孩子养成好的习惯，这显然要比给孩子定下限制或规则要有用得多。

（三）关于智育

洛克从培养资产阶级事业家的立场出发，认为智育固然必要，但与德行相比却居次要地位。为了使未来的绅士善于处理自己的事业和有才干，洛克提出了一个内容广泛的教学计划。他认为人们的心灵具有各种不同的官能，而每一种官能都可以选择一种难度较高的教材，通过教学加以训练，使之充分发展，然后用它来学习其他不同的教材，广泛发展其智力，因而开了“形式教育”的先河。为了传授知识以发展能力，洛克还提出了许多有价值的教学方法，如教学应启发儿童的求学欲望，激起读书兴趣；鼓励和培养儿童的好奇心；集中和保持学生的注意力；由简及繁、循序渐进等。

四、评价

继夸美纽斯之后，洛克进一步发展了世俗的、理性的新教育。他高度评价了教育在人的形成中的重要作用，重视儿童的早期教育，强调教育者必须考虑儿童的年龄特点和个性差异，并在教育内容方面提出了很多有价值的主张。洛克对体育、德育和智育的论述，不仅从理论上扩展了教育科学的研究领域，而且在实践上也为英国教育的双轨制提供了一定的根据。当然，他的“工人学校计划”反映了他歧视劳动人民及其子女、轻视国民教育的思想倾向，也充分暴露了资产阶级榨取贫苦儿童的剥削本性。他的哲学思想和教育思想对后来西欧的教育思想，特别是 18 世纪法国的教育思想有很大影响。

第二节　卢梭的学前教育思想

一、生平简介

让·雅克·卢梭(1712—1778 年)，法国人，生于瑞士日内瓦，是法国伟大的启蒙思想家、哲学家、教育家、文学家，是 18 世纪法国大革命的思想先驱，启蒙运动最卓越的代表人物之一。

卢梭自幼跟其父亲一起阅读了大量的历史和文学书籍并养成了良好的阅读习惯。他只在正规学校学习过两三年的拉丁文、数学和绘画，所以其一生所学知识主要来源于其不间断的刻苦阅读。他以孜孜不倦的精神阅读了大量的古代名著。此外，他还结识了当时启蒙思想家中的先锋人物伏尔泰、狄德罗等并接触了当时最新的科学知识和思想成果。

卢梭的成名始于 1749 年第戎学院的一次有奖征文《论科学和艺术的复兴是否有助于敦风化俗》。此后，卢梭又发表了一系列重要的著作。如他于 1754 年出版了著名的政治理论著作《论人类不平等的起源和基础》，1762 年发表了《社会契约论》和《爱弥儿》。卢梭在《爱弥儿》一书中，全面阐述了他的教育思想。

1778 年，卢梭在法国巴黎东北面的阿蒙农维拉去世，安葬于巴黎先贤祠。

二、卢梭的自然教育理论

1. 自然主义教育的来源

针对传统教育违反自然、残害人性的弊病，卢梭提出了自然主义教育理论，即教育要“归于自然”。这是他政治观、哲学观和宗教观的基础，也是其教育观的基础。卢梭的自然主义教育理论集中体现在他的重要著作《爱弥儿》一书中。

卢梭认为，对儿童进行教育必须遵循自然的要求，顺应人的自然本性；反对成人不顾儿童的特点，按照传统与偏见强制儿童接受违反自然的所谓教育，干涉或限制儿童的自由发展。卢梭否认先天观念和先天道德，认为人的教育来源于三方面，即自然、人和事物。他说：“我们的才能和器官的内在的发展，是自然的教育；别人教我们如何利用这种发展，是人的教育；我们对影响我们的事物获得良好的经验，是事物的教育。”①只有当三种教育的方向一致，又能够圆满地配合时，儿童才能受到良好的教育。因此，他要求后两种教育必须与人们无法控制的“自然的教育”配合起来，也就是与儿童天性的自然发展一致起来，按照儿童自然发展的要求和顺序去进行教育。自然教育的目标，是培养“自然人”，即“有见识、有性格、身体和头脑都健康的人”。②

2. 自然主义教育的目的

卢梭认为，自然主义教育的目的是培养“自然人”，即完全自由成长、身心协调发达、能自食其力、不受传统束缚、能够适应社会生活的一代新人。这种“自然人”从小就被训练尽可能地自食其力，既没有永远求助于人的习惯，也没有向人夸耀的习惯；能够对事物进行观察、判断、独立的思考和分析；从小就以自然为师获得许多经验，而不以人为师；身体和头脑同时都得到锻炼，不仅身体健壮，而且头脑聪明，富有见识。这种“自然人”，是生活在社会中的自然人，是能够尽到社会职责的社会成员，而不是回到原始社会的没有文化的人，也不是脱离现实的野蛮人。

应该看到，卢梭所憧憬的“自然人”具有以下特征：

第一，不受传统（等级、阶段、职业）的束缚，按本性发展；

第二，不依附于他人，能够自食其力，具有独立性；

第三，具有社会适应性，能够承担社会责任；

第四，体脑发达，身心健康，具有独立思考能力。

三、教育的年龄分期思想

卢梭按照儿童年龄发展的自然进程，把儿童受教育划分为四个阶段，并提出对不同年龄阶段的儿童实施教育的原则、内容和方法。这四个阶段分别是 0—2 岁婴儿期的教育，以身体的养护为主；2—12 岁儿童期的教育，以体育锻炼和感观训练为主；12—15 岁青年期的教育，以知识教育为主；15—20 岁青春期的教育，以道德教育为主。

（一）论儿童身体的养护和锻炼

卢梭认为，0—2 岁婴儿时期的教育，主要是让儿童的四肢和各个器官得到自然发展，保证儿童的身体健康，锻炼和增强儿童的体质。卢梭有关儿童身体发育和养护的论述，很多地方是借鉴了洛克的体育观点。

卢梭还提到，自由人的培养要从婴儿时期开始。

（二）论儿童的感觉教育

卢梭认为，2—12 岁这个阶段的儿童的语言有所发展，但是理智还没有开发，因此教育的重点应放在儿童的感觉发展方面，他认为这个时期主要是进行感觉教育。

卢梭从其哲学的认识论出发，非常强调人的感觉经验的作用，他认为，感觉经验是理性发

① ［法］卢梭. 爱弥儿（上卷）［M］. 李平沤，译. 北京：商务印书馆，1983：7.

② ［法］卢梭. 爱弥儿（上卷）［M］. 李平沤，译. 北京：商务印书馆，1983：128.

达的凭借，要培养人的理性，必须充实人的感觉经验。他又认为，儿童的感觉必须要通过教育才能够发达。卢梭强调，训练感觉并非仅仅是单纯地使用感觉，重要的是通过训练学会怎样去感受、怎样去看、怎样去听等。感觉教育的重要作用是有助于儿童智力的开发，能激发儿童的智慧。可以说，感觉是儿童智力发展的先决条件。但是，感觉教育必须要以体育作为基础。

卢梭认为，2—12 岁这个阶段的教育，重点不在于知识教育和道德教育，而是要防止儿童沾染上不良习气。他认为这个阶段是人生最危险的时期，即罪恶滋生期，所以要特别地防范儿童的不良行为，净化其灵魂。这个阶段主要是获取感性知识。

在教育方法上，他提倡"自然后果法"，他不赞成洛克那种"和儿童讲道理"的做法，他反对进行道德说教，同时也反对实施惩罚，而主张以儿童的行为所产生的自然后果去惩罚他，使儿童从自己的行为后果中得到自然教育。

四、评价

卢梭的民主主义教育思想，是当时最具进步意义的教育理论。他的教育理论可以说是开辟了资产阶级教育理论的新阶段。他在自然教育理论中提出，通过教育培养自然人，教育要顺应儿童的天性发展，把儿童作为教育的主体，这些思想具有很强的反封建性，反映了新兴资产阶级的新教育。另外，他从教育内容和教育方法上对封建教育进行了全面声讨，主张改革封建的教育，建立以发展儿童天性为目的的资产阶级的新教育。卢梭的教育思想对欧美近、现代教育理论的发展产生过重要影响，很多教育家都从他的自然教育理论中得到启发，并在此基础上形成自己的教育观点，如裴斯泰洛齐、福禄贝尔、杜威等。

但是，卢梭的教育理论也有其局限性，在理论和实践方面存在一定的矛盾，如片面强调教育要顺应自然，把儿童的天性过分理想化，在教育的年龄分期方面缺乏科学依据。还有，卢梭过分强调儿童的个人生活经验，过分强调感觉，而忽视了理论知识的学习等。而最根本的缺陷是，卢梭还没有认识到教育首先受到社会、政治、经济等方面因素的制约和影响，而他一味强调通过教育来改变社会，可以说这是资产阶级教育家的通病。

第三节　裴斯泰洛齐的学前教育思想

约翰·亨里希·裴斯泰洛齐(1746—1827 年)是瑞士著名的民主主义教育家，也是世界上享有盛誉的教育理论家、实践家和改革家。他提倡爱的教育理论，以忘我的精神从事教育实践活动，把毕生的精力献给了贫苦儿童的教育事业，曾以"贫苦者之友"称誉世界。他的学前教育思想对后来的欧文、福禄贝尔都有着深刻的影响。

一、生平简介

1746 年，裴斯泰洛齐生于瑞士苏黎世的一个医生家庭。幼年时的裴斯泰洛齐经常随做牧师的祖父深入农村，对于生活在封建地主和新兴资产阶级双重压迫下的农民怀抱深刻的理解与同情，青年时代便确立了拯民于水火、改造社会的人生奋斗目标。

17 岁中学毕业后，裴斯泰洛齐进入苏黎世大学的加洛林学院学习法律，在此期间深受卢梭《社会契约论》及《爱弥儿》的影响，坚信自然教育是帮助人们打开眼界，看到自己的使命、自己生活的价值，以及自身被埋没的心灵的金钥匙，进而走上“拯救农村，教育救民”的道路。

在随后的若干年里，裴斯泰洛齐主要从事写作，发表了大量关于社会和教育问题的文章、著作。主要有：《隐士的黄昏》(1780)、《林哈德和葛笃德》(1781—1787)、《葛笃德怎样教育他的孩子》(1800)、《母子篇》(1818)、《天鹅之歌》(1826)等。1827年，裴斯泰洛齐在故乡涅霍夫去世。

二、关于和谐发展教育

裴斯泰洛齐认为，教育必须成为所有人的财富，学校是改造社会的最重要的杠杆之一。教育的主要原则是“遵循自然”。所谓教育遵循自然，是指教育必须激发和发展儿童的天赋能力和力量。他认为人生来就蕴藏着各种能力和力量的萌芽，只有教育才能把它们发掘出来，教育对人的发展的作用莫过于此，只有依赖于教育，人才能成为人。

裴斯泰洛齐认为，教育的目的就在于发展人的天性和形成完善的人，即在天赋充分、和谐发展的基础上，成为一个有智慧、有德行、身体强健、能劳动并有一定劳动技能的人。其核心是强调体、智、德、劳和谐发展的教育，这是裴斯泰洛齐全部教育活动和教育理论的立足点。裴斯泰洛齐的和谐发展教育的内容，主要包括体育和劳动教育、德育和智育三个方面。

1. 关于体育和劳动教育

裴斯泰洛齐重视体育教育并把它作为和谐发展教育的重要内容。他认为体育教育的目的，就是把潜藏在人身上的天赋的生理力量全部发展出来。体操是裴斯泰洛齐最为重视的一项内容。他认为儿童通过基本动作的锻炼，可以使其天赋的关节活动的能力得以发展，还能够不断发展身体的力量和各种技巧。而且，在体育获得发展的同时，也促进了智力和体力的和谐发展。

裴斯泰洛齐把体育看成是劳动教育最基本的和初步的阶段，认为没有体力的发展，劳动教育就是空谈，主张把体育和劳动锻炼及生活习惯的养成有机结合起来。他认为合理组织的劳动能促使儿童智慧和道德力量的发展。

2. 关于德育

裴斯泰洛齐非常重视德育，认为这是整个教育体系的关键问题。德育的主要任务，就是通过发展人的各种天赋的道德力量的萌芽，唤起儿童的道德情感，形成儿童的道德观念，进而养成道德习惯。

关于德育的内容，他认为首先要唤起儿童的道德情感。学校德育和家庭教育相联系，通过对儿童的慈母般的热爱、信任等情感，来激发、唤起儿童的爱、信任和感激的种子，“爱、信任和感激交织在一起，发展着良心的萌芽”。儿童对于母亲的爱，进而就会扩展到兄弟姐妹、周围的人，最后到所有的人。其次，道德教育还要培养儿童的自我克制力。他认为儿童的自我克制力的养成是长期不断训练的结果，需要母亲以身作则，用自己理智的爱来感化孩子，发展他们的道德力量，激发他们的爱的思想感情。此外，鼓励儿童逐步独立也是道德教育的重要任务。对此，母亲要多鼓励孩子，使其通过观察他人的言行，逐步形成自己对人对物的评价和判断。

关于德育的方法，裴斯泰洛齐特别重视教师以身作则的示范作用和学生对道德行为的实际练习。在《林哈德和葛笃德》一书中，裴斯泰洛齐举了许多有关儿童道德行为练习的事例。

3. 关于智育

裴斯泰洛齐重视智力教育，认为智育的任务，就在于激发儿童天赋的各种才能和能力，发展他们的心智。

关于智育的内容，裴斯泰洛齐认为应包括三个方面，即认识能力、语言能力和思考能力，在幼年时期，主要是认识和语言两个方面。

关于智育的原则和方法，他认为智力的发展离不开知识的积累，主张让儿童多通过观察和练习去获得知识。他主张多采用实物而不是用词语来进行教学，始终坚持让儿童直观某件事物的同时说出事物的名称。他重视感官的训练，编制了训练感官的特定练习，以发展和完善眼睛和耳朵。他还建议用游戏的方式进行感官练习，不要有任何的强制。他重视激发学习兴趣在智育中的重要性，主张多用问题和范例来启发引导儿童。

三、关于早期教育和家庭教育

裴斯泰洛齐认为儿童应当尽可能早地接受教育，最好从出生时就开始，越早就越有利于儿童朝着完善人的一切的方向发展。在早期教育中，母亲与儿童的关系最为重要。母亲对儿童的教育要把握好两条法则：一是既不能过度溺爱，又不能放任自流；二是不仅要让儿童被动地受教育，而且要使其成为教育中的动因。

裴斯泰洛齐在其大部分教育著作中，反复强调家庭在早期教育中的重要性。他认为家庭是教育的起点，是培养人品和公民品德的大学校，家庭是“人类教育的圣地”。在家庭教育中，父母发挥的作用非常重要，因此，教育父母是教师最重要的任务，要激发父母的自觉性，要通过编辑合适的书籍等途径来提升父母的教育素养等。虽然裴斯泰洛齐对家庭教育有理想化的倾向，但他提出的关于家庭教育的一些思想和观点，至今对我们仍富有启发意义和现实价值。

四、评价

裴斯泰洛齐既是一位教育理论家，又是一位教育实践家。他怀着教育使人完善并进而改良社会的夙愿，为教育事业奉献了自己的一生。他提出了教育要遵循自然的思想以及“教育心理化”的口号，开启了 19 世纪欧洲的教育心理化的先河。他在教育史上第一个建立了初等教育的理论和分科教学法，推动了近代国民教育的普及与发展。他重视早期教育和家庭教育，提出了要素教育方法等很多有价值的理论观点。尽管他的教育理论中也不乏不尽完善和缺乏理论逻辑的地方，但是，他的教育理论与实践对福禄贝尔、欧文、赫尔巴特、第斯多惠等人及对近代学前教育的发展均产生了积极的促进作用。

第四节　福禄贝尔的学前教育思想

一、生平简介

福禄贝尔（1782—1852 年）是德国著名的教育家，幼儿园运动的创始人。他出身于牧师家庭，自幼丧母，童年没受过严格的教育。中学毕业后，从事过几年林业工作。1799 年进入耶拿大学，两年后又因贫困而失学。此后，他一边工作一边自学。1805 年，他受聘担任一所学校的教师，从此开始了他的教育生涯。由于该校崇尚裴斯泰洛齐的教育思想，福禄贝尔也对裴斯泰洛齐产生了兴趣。他先后两次前往裴斯泰洛齐工作的学校参观学习，第二次留在裴斯泰洛齐身边工作了两年。1811年，福禄贝尔重返大学，学习数学、自然科学等。此后他当过兵，也在大学从事过科研工作。

1817年，福禄贝尔在家乡创办了一所学校，实验裴斯泰洛齐的教育主张并取得了成功。1826年，他的著名教育代表作《人的教育》一书问世。1829年，激进的福禄贝尔受到政府当局的迫害，学校被迫关闭，他本人也流亡到了瑞士。流亡期间，福禄贝尔在瑞士相继开办了几所学校，继续他的教育实验，并将研究重点转向了幼儿教育。1837年，福禄贝尔重返家园，为学龄前儿童创办了一所活动学校。几年后，该校正式改名为幼儿园。与此同时，他还开设了幼儿教师培训班。福禄贝尔的其他教育著作也在这一时期相继出版，如《慈母曲及唱歌游戏集》《幼儿园教育学》等。福禄贝尔的幼儿园活动受到了社会的重视，幼儿园在各地相继建立。1851年，德国当局下令关闭所有的幼儿园。次年，福禄贝尔在悲愤中离开了人世。

二、论教育的原则

福禄贝尔的教育理论，既受到了裴斯泰洛齐、卢梭、夸美纽斯教育思想的影响，又受到了费希特、谢林等哲学思想的影响。因此，在他的教育思想当中，既强调了人的发展和教育适应自然的观点，又体现了万物有神论，带有宗教神秘主义的色彩。1826年，福禄贝尔发表了他的重要著作《人的教育》。

（一）教育的目的是发展

福禄贝尔受裴斯泰洛齐教育思想的影响，认为人具有天赋的力量，对儿童进行教育，就是通过各种活动，使这种内在的力量得到发展。“发展”是福禄贝尔教育思想中十分重要的一条教育原则。

福禄贝尔认为，教育的目的是发展，是指导儿童发展神性的、自由的人格。他说：“儿童的全部在于儿童自身，无论何种轻微的现象，过去的在于儿童，未来改变的仍在于儿童，而且整个儿童只由从内向外的发展而获得。”关于发展的形态，他认为是遵照既定的设计而发展的，就像种子对于植物：种子虽小，却包含着整个植物的完美形态与缩影在内，植物日后的发展，就是沿着这粒种子原本就有的内蕴而成。

另外，福禄贝尔还认为，个体发展的途径与其种族发展的途径是相平行的，因此它的发展也是一个连续的历程。福禄贝尔有儿童天生而善的观念，他认为：人的本性确实是善的，教育的本质在于唤醒个体内在的精神本性，发展个体内蕴的神性。

（二）发展儿童秉性的方法是自我活动的表现

受卢梭的影响，福禄贝尔认为，人的天性是善的，而教育的目的是使儿童原有的天性得到发展，由此出发，他认为儿童的发展不应是受到压制、束缚和干涉的发展，促使儿童发展的各种活动不应来自外部刺激，而应该是自动的，是自我活动。在《人的教育》一书中，福禄贝尔多次批判一切专断的、命令的、绝对的和干涉的教育、教学和训练，认为它们会阻挠、破坏甚至毁灭儿童善良天性的发展。

福禄贝尔认为，发展儿童秉性的方法是自我活动的表现。儿童的自我活动以游戏表现最为显著，儿童通过游戏把其内在心理历程表现在外显行为上。他把这种游戏的自我活动价值看得非常重大。他说："它是儿童期发展的最高阶段，是人类在此时期的最高发展；游戏是个体儿童期最纯洁、最高精神性的活动，是人生全程的典型活动，是蕴藏在人及一切事物之自然生活的典型。因此游戏给予儿童欢乐、自由、满足，它把握了一切善的泉源。"①

福禄贝尔设计了"恩物"和手工材料，这是他借以唤起儿童自我活动表现的两种重要媒介。

福禄贝尔既反对成人对儿童压制、干涉过多，束缚儿童的发展，又反对成人给予儿童过分的帮助与照顾，从而损害其发展。他特别强调教育要适应自然，要对儿童进行合理的教育，必须观察和遵循自然万物发展的正确道路，观察和研究儿童的天性，在顺应儿童天性的基础上进行教育。福禄贝尔还曾以修剪葡萄为例，提出如果园丁的工作违背植物的本性及其发展的正确道路，即使出于好心，也会损害葡萄的生长，降低它的产量。

(三) 发展儿童的方法是让儿童从事创造性活动、参与社会活动

福禄贝尔认为，上帝是富有创造精神的，上帝按照自己的形象创造了人，人也应该能够像上帝那样从事创造性的活动。因此，我们应该尽早地为年轻一代提供从事外部工作和生产活动的训练机会，使他们通过劳动、生活和行动来学习。

福禄贝尔认为，发展儿童的最好方法就是让儿童参与社会活动，促使其完全的群性尽量获得发展。与赫尔巴特一样，福禄贝尔也特别看重教育的社会价值，认为人是社会性动物，不能离群而独立生存；人必须与人合作，才能有所发展。因此，他主张学校应该是一个雏形的社会，教室应该就是一种社会活动情境，教师应配合社会实际情境而设计各种戏剧化的游戏及系统化的活动，使儿童在自我活动中培养其礼让、互助、互爱、互敬和团结合作的精神。

三、论入学前幼儿的教育

福禄贝尔在其著作《人的教育》中，把儿童受教育的过程划分为三个时期，即出生的婴儿期，从婴儿能够直立和学会说话直到入学以前是幼儿期，从入学开始的学生期。福禄贝尔详细讨论了这几个时期的教育，他对幼儿教育的研究和幼儿园实际经验的总结内容尤其丰富。

福禄贝尔非常重视幼儿时期的教育，重视童年生活对人一生的影响，把学前教育放在人生发展历程中极其重要的地位。他认为，幼儿期是人的发展中一个非常重要的阶段，"人的整个未来生活，直到他将要重新离开人间的时刻，其根源全在于这一生命阶段，不管这未来的生活是纯洁的还是污浊的，是温和的还是粗暴的，是平静的还是充满风浪的，是勤劳的还是懒惰的，是功绩卓著的还是无所作为的，是迟钝而优柔寡断的还是敏锐而富有创造的，是麻木不仁的、畏首畏尾的还是富有远见的，是建设性的还是破坏性的，是和睦待人的还是生性好斗的，是惹是生非的还是给人以安宁的。他将来对父亲和母亲、家庭和兄弟姊妹的关系，对社会和人类、自然和上帝的关系，按照儿童固有的和天然的禀赋，主要取决于他在这一年龄阶段的生活方式"。

福禄贝尔认为，相对于婴儿期，幼儿期对幼儿身体的养护和保育减少，而智育却加强了。他指出：游戏和说话是儿童这时生活的要素。借助于语言和游戏的方式，儿童开始把他内在的本质向外表现。受夸美纽斯和裴斯泰洛齐的影响，福禄贝尔十分重视家庭和父母在儿童教育

---

① [德]福禄贝尔．人的教育[M]．孙祖复，译．北京：人民教育出版社，1991：33.

中的重要作用。要求母亲们要始终如一地把言语同行动结合起来对幼儿进行教育。其内容应包括情感的激发、自制习惯的养成、由观察事物引向图画和对数目的认识。他在《人的教育》一书中论述到这一阶段的教育时曾说:"在这一时期,孩子和教育是完全托付给母亲、父亲和家庭的。"他认为家庭生活对于儿童的成长和发展,甚至于其整个一生,都是至关重要的。

四、论学前教育的内容和方法

(一)游戏及"恩物"

福禄贝尔阐述了游戏对于儿童发展的重要意义。他认为,游戏在学前教育体系中占有独特的地位,它既是组成儿童生活的一个重要方面,也是学前教育中一种主要的教育手段。游戏还能预示儿童未来能力的发展倾向。福禄贝尔认为,在游戏过程中最能表现出儿童的积极性、主动性和创造性。但是,福禄贝尔又从宗教观念出发,把游戏解释为是儿童内部本能的表现。

福禄贝尔通过长期的研究把游戏分为三种:第一种是身体的游戏。这是一种模仿自然界的某些现象和周围成人生活中某些动作技能的游戏,如"磨坊""蜗牛"等,主要是为了锻炼儿童的身体,既可以是作为力量和灵活性的练习,也可以是内在的生活勇气和生活乐趣的表达。第二种是感官的游戏,既可以是听觉的练习,如捉迷藏等,也可以是视觉的练习,如辨别色彩的游戏等。第三种是精神的游戏,主要是为了训练儿童的思考和判断能力等。

"恩物"(Gift)是福禄贝尔设计的一系列玩具,供儿童游戏时使用,之所以叫"恩物",按照福禄贝尔的理解,这些玩具都是上帝恩赐给儿童用来发展儿童各方面的能力的,是上帝恩赐物。福禄贝尔力图用"恩物"来发展儿童的认识能力和创造性,训练他们手的活动技能。"恩物"通常有六种。

第一种恩物是 6 个不同色彩(红、绿、蓝、黄、紫、橙)的绒线球。所有的绒线球都呈圆形,代表球状的太阳、月亮、地球等大自然。每个球各系一线,线色与球色一致。当儿童在尚未说话之前或稍后,母亲指引着儿童观察、抓弄这些柔软的小圆球,让他初步熟悉它们的形状、颜色和动静状态,发展儿童的辨色能力。随着儿童知觉和思维语言的发展,母亲一边把球向各方甩动,一边说前后、上下、左右,以发展儿童的空间观念;还可把球放于掌心,表示"有",然后提起来,空出掌心,表示"无",借以发展儿童肯定和否定的观念。福禄贝尔从观察和实验中运用 6 个小球设想出 50 种玩法,系统地训练了儿童的各种能力。

第二种恩物是木制的球体、立方体和圆柱体,其高度和直径都是一寸半,后两者有穿孔,并附有木棒和细绳。福禄贝尔认为,圆球是运动的象征,立方体是静止的象征,而圆柱体则动、静兼备,它树立时是静止的,它卧倒时是运动的。这三者构成了宇宙中的万物。通过这种"恩物",可以使儿童认识物体的各种形状、性质和彼此的关系,并且可以用它们拼成小桌子、小凳子、炉灶及其他物体。通过种种玩法和组合方法,来发展儿童的创造力和想象力。

第一、二种恩物供 3 岁以前儿童游戏时使用,以下四种恩物供 3—7 岁儿童游戏时使用。

第三种恩物是木制立方体(积木)。可以分为 8 个同样大小的小立方体,合起来成为一个大的正立方体。通过对它们的分割组合,可以使儿童认识物体的各种形状、性质以及理解部分与整体的关系及其观念。另外,通过各种形状的堆砌,利用 8 个小正方体构成宇宙中万物的形状,如桌子、椅子、桥、塔等,还能锻炼儿童创造性的组合能力以及造型、建筑艺术、象征性联想的能力等。

第四种恩物是一个可以分为8个小长方体的木制大立方体。8块长方体木块各长5厘米，宽2.5厘米，厚1.25厘米，合起来成为5厘米的正立方体。通过它们的组合与分割，能使幼儿认识到长方体与正方体的异同；同时，儿童在游戏中可通过长方体的比较获得长、宽、厚的观念，还能激发幼儿的建造能力等。

第五种恩物是一个可以分为27个等值的小立方体的木制立方体。其中有3个小立方体又分别对分，形成6个三角体；有3个小立方体分别4等分，形成12个三角体。通过它们的组合与分割，能使幼儿认识正方形、长方形和三角形的异同，以及不同角度的变化。

第六种恩物是一个可以分成18个相同的小长方体、6个相同的小方柱体和12个相同的小四角体的木制大立方体。借助于这种恩物，可以使幼儿获得更多的练习机会训练他们的建造能力，进一步发展他们的组合能力和想象力。

另外，第五、六种积木游戏还可以给儿童提供各种形状的几何图形，为儿童未来学习几何和数学打下基础。

除上述六种恩物以外，福禄贝尔还主张使用各种纸片、小木棒和小珠(或环)，认为这些材料也可以为儿童提供从事多种活动的可能性。这三种材料有时就被称为第七、八、九种恩物。

在以后的福禄贝尔运动中，福禄贝尔主义者把福禄贝尔创制的恩物扩大为20种，并分为游戏恩物和作业恩物两类。除前述的6种恩物之外，又增加了面、线、环、点四种恩物。作业恩物是幼儿作业的材料，包括墙纸、面点、剪纸、贴纸、编纸、组纸、折纸、豆细工和黏土细工等。实际上，这已经不符合福禄贝尔创制“恩物”的原意。

福禄贝尔为幼儿园制造教学材料、玩具，设计了一整套作业体系的思想和方法，在整个幼儿教育史上是首创，具有重大的历史意义。虽然他在利用“恩物”等玩具和材料进行教学和作业的方法过于枯燥和形式主义，但他所创制的恩物客观上有助于扩大幼儿的知识，发展他们的想象力和创造力，如果教师能结合儿童实际灵活运用这套“恩物”和作业体系，确实可以发展儿童的各种能力。后来，福禄贝尔的“恩物”和作业体系在西方各国的幼儿园中被广泛采用，影响很大。

(二) 幼儿园教育的其他内容

福禄贝尔为幼儿园确立了一种教育活动形式——作业。作业的种类有很多，有绘画、纸工(如编纸、折纸、剪纸等)、用小木棒或小环拼图、刺绣、图片上色等，还有利用恩物，按照成人绘制的图形镶嵌起来的作业等。在每一种作业中，又包括一系列的作业活动。福禄贝尔认为，通过作业活动不仅可以扩大儿童对于多种图形的认识，而且可以帮助儿童认识点、线和平面，并练习利用它们去组成整体，对儿童发展具有重要的作用。

福禄贝尔认为，通过作业活动，可以对儿童进行初步的教育，是促进儿童体力、智力和道德和谐发展的一个主要方法。为此，他制定了一套详细的幼儿园作业大纲，要求儿童的作业活动严格遵循从简单到复杂的原则。例如，绘画活动应当从画点开始，然后画横线、画竖线、画横竖线的组合，最后再画物体。在作业的方法上，福禄贝尔要求从简到繁，循序进行。

在福禄贝尔的作业体系中，纸工、泥工等都是他较为推崇的活动。他认为通过这些练习不仅可以系统地发展儿童的语言，而且还可以发展儿童的模仿力、创造力。福禄贝尔还为儿童准备“图画箱”，儿童可以在各种图画上涂色，不但要区分颜色的明暗，还要使颜色协调、美观，孩子们非常喜欢。此外，幼儿园的作业还有音乐(节奏运动及唱歌)、故事、穿珠等，还包括一些劳动活动，如初步的自我服务、照料植物等。他主张为儿童开辟小块劳动园地，除了组织集体共同种植的苗床，还可以让儿童自由种植个人的小苗床。他正确地指出，让儿童在自然的环境中进行观察和活动，对他们的发展是有益的。但他又认为，自然界生物的发展会向儿童显示万物所包含的“神的本源”，这显然是错误的。

五、评价

福禄贝尔是幼稚园的创始人、近代学前教育的奠基人，他以其学前教育的理论和方法，特别是倡导的幼儿教育运动，获得了蜚声世界的声誉，世人尊称他为“幼儿园教育之父”。

福禄贝尔详细研究了学前教育理论和幼儿园的教学方法，并在教育实践和教育理论研究的基础上创立了完整的学前教育理论体系。他明确指出了幼儿园的任务，建立了游戏的理论体系，制造了一系列的玩具，提出了一套作业体系和教育方法。他的恩物作为幼儿活动玩具，具有广泛的影响，现代的儿童玩具中仍包含它的某些基本形式。他还热情地宣传幼儿教育思想，培养了不少幼儿园教师。但是由于他的整个教育理论体系是建立在唯心论哲学基础上的，因此带有宗教神秘主义的色彩，具有一定的局限性。

本章小结

近代是学前教育思想发展的重要时期，随着政治、经济、学前教育实践及近代各种进步思想的影响，卢梭、洛克、裴斯泰洛齐、福禄贝尔等学前教育思想家们逐步认识到学前儿童教育的相对独立性，他们提倡遵从儿童身心发展的自然规律，重视儿童体育、智育、德育的全面发展，重视游戏在儿童发展中的作用，创设幼儿园，可以说为近代学前教育理论和实践的发展做出了卓越贡献。

作为性善论者，卢梭提出了自然教育理论，即教育目的是培养自然人：身体强壮、心智发达、能力强胜的新人。他将儿童教育划分为四个阶段：婴孩期，以身体的养护和锻炼为主；儿童期，以感官教育为主；少年期，以智育和劳动教育为主；青年期，以道德教育为主。在对儿童进行道德教育时，卢梭提倡自然后果法。

洛克在提到教育作用时提出了白板说，强调感觉和经验在获取知识中的作用；他认为教育的目的是培养绅士，绅士教育应在家庭里进行，并将体育放在绅士教育体系的第一位，第一次较为明确地提出了一个包含德智体三育的教育体系。

裴斯泰洛齐认为教育的目的是促进人的一切天赋能力和力量的全面、和谐的发展，在西方教育史上第一个提出“教育心理学化”并付诸实践，此外，他提出儿童教育应从最简单的要素开始，促进儿童发展。他在教育史上第一个建立了初等学校各科教学法。

福禄贝尔建立了世界上第一所幼儿园，明确提出了幼儿园的任务，创制了“恩物”，并使其作为幼儿认识万物的初步手段，此外他还强调游戏和作业在儿童发展中的作用。作为近代幼儿教育理论的奠基人，福禄贝尔的幼儿教育理论和实践对世界各国幼儿园的发展与幼儿教育体系的形成和发展都产生了广泛的影响。

思考题

1. 简述卢梭的自然主义教育思想,及其对今天学前教育的启示。
2. 简述洛克的绅士教育理论的主要内容。
3. 简述裴斯泰洛齐的和谐发展教育思想及其对现代幼儿教育的启示。
4. 什么是恩物? 福禄贝尔为幼儿设计恩物有什么意义?

拓展阅读

[法]卢梭.爱弥儿[M].李平沤,译.北京:商务印书馆,2008.

本书根据法文原版全文译出,分上下两册出版。全书共分五卷。在第一卷中,着重论述对两岁以前的婴儿如何进行体育教育,使儿童能自然发展。在第二卷中,卢梭认为两岁至十二岁的儿童在智力方面还处于睡眠时期,缺乏思维能力,因此主张对这一时期的儿童进行感官教育。在第三卷中,他认为十二岁至十五岁的少年由于通过感官的感受,已经具有一些经验,所以主要论述对他们的智育教育。在第四卷中,他认为十五岁至二十岁的青年开始进入社会,所以主要论述对他们的德育教育。在第五卷中,他认为男女青年由于自然发展的需要,所以主要论述对女子的教育以及男女青年的爱情教育。

第六编

外国现当代学前教育

第十二章　外国现当代学前教育概况

学习目标

1. 了解现代英国、法国、德国、美国、日本和苏联各国学前教育概况。
2. 掌握现代英国、法国、德国、美国、日本和苏联各国学前教育立法。
3. 了解现代英国、法国、德国、美国、日本和苏联各国学前教育特色与该国国情之间的关系。

关键词

母育学校　保育学校　开端计划　学前教育

第一节　英国的学前教育

与其他发达国家相比，英国的现代儿童教育发展是比较缓慢的。英国历届政府只重视初等教育与中等教育而不重视学前教育，只是在有限人力和物力条件下去实施学前教育。1972年12月，英国教育和科学部为此发表了题为《扩大教育计划》的白皮书，并制订了幼儿教育计划。由于英国政府还增加了对幼儿教育事业的投资，加上发展幼儿教育计划的实施，使得英国的幼儿教育水平提高到一个新的水平。这极大地推动了英国社会上下对幼儿教育的关心和支持，从而在20世纪80年代兴起了“尽快行动起来普及幼儿教育”的热潮。

一、20世纪前半期的学前教育

（一）麦克米伦姐妹创立的保育学校

英国1870年颁布的《初等教育法》规定5岁为义务教育开始的年龄，国家所关心的是5—11岁儿童的初等义务教育，而把5岁以下儿童的教育留给社会去解决。当时的学校出现了5岁以下儿童因无人看管而随其兄长或姐姐入学的问题，严重影响了5岁以下儿童的身心健康。1905年教育院提出要为3—5岁的儿童设立保育学校。这项开创性的工作是由英国教育家麦克米伦姐妹来完成的。麦克米伦姐妹最初于1908年开设的是“实验诊疗所”，后来改名为“学校治疗中心”，在此基础上，1913 年发展成为“野外保育学校”。这所学校是以确保贫民和工人家庭子女的健康、预防流行疾病为宗旨的。后来，在她们的大力推广下，又开办了多所保育学校。麦克米伦姐妹开设的保育学校，主要宗旨可概括为两点：一是确保学龄前儿童的身体健康；二是提供适应儿童心理发展的环境。她们以福禄贝尔方法为基础，又从蒙台梭利的环境论及其设计的教具中得到许多启发，并进一步感觉到必须重视每个儿童的个性发展。她们重视孩子们的自由游戏，反对一切拘谨的形式主义的教学，并提出应该为所有儿童提供良好的教育环境。麦克米伦保育学校招收贫民和工人的儿童，取得了成功，受到社会的好评。

（二）费舍法案

1918 年，英国国会通过《费舍法案》，正式将保育学校纳入国民教育制度中。其中规定：地方教育当局应为 2—5 岁儿童设立保育学校，教学内容以活动和艺术课为主，强调“以儿童为中心”，使儿童身心得到发展；除伙食费和医疗费外，对保育学校实行免费入学；承认了 13 所保育学校，并决定对这 13 所保育学校实行国库补助。

（三）哈多报告

以哈多爵士为主席的教育咨询机构于 1933 年公布的《关于幼儿学校以及保育学校的报告》是推动学前教育理论和实践发展的重要文献。该报告认为：① 良好的家庭是 5 岁以下儿童的最佳环境，但同时认为保育学校对城市儿童智力的发展具有重要作用，建议将保育学校作为“国民教育制度中理想的附属机构”，提倡大量增设麦克米伦式的保育学校、幼儿学校和幼儿部附设的保育班；② 5 岁以下不应区分儿童发展阶段的界限，而向 7 岁以上的少年学校过渡才是其重要的发展阶段，主张对 7 岁以上的幼儿实行一贯教育，成立以 7 岁以下幼儿为对象的独立的幼儿学校；③ 幼儿学校的教师也应遵循保育学校的原理，对 6 岁以下幼儿主要通过开展户外体育、游戏等自然性活动和会话、唱歌、舞蹈、手工、图画等活动让幼儿获得知识。

哈多报告立足于儿童中心主义，集欧文、裴斯泰洛齐、蒙台梭利、福禄贝尔和麦克米伦等人的幼儿教育思想之大成，被认为是英国学前教育史上具有划时代意义的文献。但由于 1929 年经济危机的余波尚未平息，哈多报告暂时被搁置起来。直至 1936 年，教育委员会要求地方教育行政调查保育学校的情况，保育学校的发展才出现新的转机。

二、20 世纪后半期的学前教育

第二次世界大战爆发后，因军需生产的需要，大批妇女参加了工作，同时带来了对幼儿教育的迫切需要。为了满足社会的需要，英国一些慈善机构和福利团体开办的保育设施应运而生，出现了全日制、半日制幼儿学校及附设的保育班等形式并存的学前教育机构，收效颇佳。第二次世界大战后，所有这些机构于 1946 年 4 月 1 日都移交地方教育当局。这时，幼儿保育机构已达 353 所，到 1948 年时则超过了 398 所。

（一）巴特勒法案

1944 年英国政府颁布了一个重要的教育改革法令，即《巴特勒法案》。这个法案以 1918 年的《费舍法案》为蓝本，确定了英国现代教育体系的基础。其中对幼儿教育做了重要的规定：地方教育当局应当为那些未达 5 岁的儿童做好开办保育学校的准备，或在一些学校内设置幼儿班，以方便儿童入学。此后，幼儿教育就处于国家和地方的双重管辖之下，促进了幼儿教育事业的发展。

(二) 幼儿游戏小组运动

由于战后英国的经济非常困难,幼儿教育设施不够,师资也极端缺乏。同时,随着大城市逐渐出现高楼大厦,儿童失去了集体游戏的机会。在这种情况下,1961年,家长们自发兴起的"游戏小组运动",以大城市和工业地区为中心,蓬勃发展起来。幼儿游戏小组的特点可概括为:① 以为幼儿提供游戏场所为明确目的,幼儿游戏小组可收容2—5岁的幼儿;② 几乎都没有自己独立的设施,而是无偿借用成人俱乐部、教堂、婴幼儿福利中心、旧学校等机构房屋设施的一部分作为活动场所;③ 游戏小组的管理人员主要是中产阶级家庭妇女,教师和保育员多半由孩子的母亲自愿承担,轮流值班;④ 多在早晨和晚上活动,保育时间为2—3小时,保育人数每班15—20人,其设备、玩具和电费均由儿童救济基金会承担;⑤ 每次活动内容分成三个部分:一是自由游戏,二是吃点心及自我服务,三是室外活动或室内活动等。在正规的幼儿教育设施不足的情况下,幼儿游戏小组担负起了弥补不足的过渡性任务,并发挥了较大作用。

三、21世纪的英国学前教育

(一)"儿童保育十年战略"政策的出台

2004年12月由英国财政部、教育与技术部和劳工部等部门联合发布的《家长的选择与儿童最好的开端:儿童保育十年战略》(以下简称"十年战略")是该政策出台的标志性文本。"十年战略"是在"每个孩子都重要"的规划基础上,对其中的关键部分——学前教育与保育问题而制定的专门而深入的战略规划。该政策对21世纪第一个10年内英国学前教育发展的宗旨、原则、核心目标等做出了阐释与规划,是指导当前英国学前教育发展的基本政策[①]。

"十年战略"提出了英国学前教育与保育改革发展的多项核心目标:① 自2007年4月开始,将母亲带薪产假延长至9个月,此后远期目标则为1年;② 为家长提供更多的财政援助,从2005年4月始,增加"儿童保育个人所得税"减免额度(每个孩子175英镑);③ 将3—4岁儿童免费学前教育服务时间从2006年起延长至每年38周,长远的目标是每周20小时;④ 到2010年,每个社区均要有"确保开端"儿童中心,提供整合的学前教育、保育和家庭服务活动。该政策对上述几项核心目标均有具体的推进措施与达标期限,对政策的细化、落实及其评价都极为重要。

(二) 可持续的财政保障

英国政府先后推出多项学前教育改革政策,往往是先前政策的有效性使后续政策不断对其进行强化与拓展,由此使得政策之间具有较好的衔接性。而保障这些政策实施效果的一个重要因素是英国政府10年来切实保障并连年增加对其财政投入。

数据显示,英国对学前教育的财政拨款呈连年持续增加态势,2001—2002年度用于"确保开端"项目的联邦预算为1.8亿英镑,2002—2003、2003—2004、2004—2005年度该项预算拨款分别为4.5亿、5.3亿和8.9亿英镑,2005—2006财政年度则攀升到11.58亿英镑。这还不包括用于其他学前教育项目、提高幼儿师资水平方面的财政投入。目前,英国学前教育已经取得

---

① 庞丽娟,沙莉,刘小蕊.英国布莱尔政府学前教育改革政策及其主要特点[J].比较教育研究,2008(8).

多方面的显著成效。

(三) 英国学前教育政策的战略性与前瞻性

英国政府在制定学前教育政策的过程中对英国社会政治、经济、教育、文化等各方面因素进行了综合、全局的考察与权衡，将英国学前教育发展提升到事关英国社会政治稳定、经济繁荣、终身教育体系建构与国际竞争力增强的战略高度予以思考与谋划。可以说，英国学前教育政策制定的前提或者出发点就是为了保障推进强调公民责任、鼓励就业的积极福利政策的实施，促进英国经济发展、社会稳定。

基于学前教育的公益性、福利性、奠基性和长效性，英国政府学前教育政策体现出对儿童终身学习与发展，一生幸福与成就的高度关注；体现出对未来英国公民培养及其国际竞争力的长远考虑；同时，更体现出对学前教育之于英国未来经济繁荣、社会稳定与国家人力资源储备与综合国力提升的高瞻远瞩。

四、英国学前教育机构的类型

从机构类型上看，目前英国已经形成以地方公立为主、社会自愿团体和私人为补充的多元发展格局。公立幼教机构当中又以地方教育当局开办或资助的为主，部分为地方社会机构开办，但也有二者合办的。

(一) 保育学校和保育班

保育学校是独立的幼儿教育机构，招收 2—5 岁的儿童。保育班附设在小学里，招收 3—5 岁的儿童。根据 1945 年英国政府颁布的《保育学校规程》，保育学校和保育班的目的是：为幼儿提供医疗服务；培养幼儿良好的习惯和品行；为幼儿提供良好的学习环境，使他们能够学到适合于他们年龄的知识。在行政管理上，保育学校和保育班归国家教育和科学部以及地方教育当局管辖。地方教育当局享有实际的自治权，负责提供保育学校和保育班的经费及教师的聘任。在教育内容上，保育学校和保育班没有正式的课程，教育内容主要由校长决定，儿童以自由游戏为主，儿童可根据自己的兴趣自由选择活动内容。有时教师也组织一些唱歌、跳舞、讲故事等集体活动。保育学校和保育班的教学方法是以个别指导来进行的。

(二) 日托中心

日托中心主要招收由社会救济部门送来的或母亲外出工作无人照管的 5 岁以下的儿童，一般属社会服务性质，由卫生部门领导。日托中心以照顾为主要目的，教育相对薄弱。日托中心以全日制为主，半日制极少，其经费来源是多种多样的，来自地方当局、工厂、私人等，是一种为少数幼儿服务的特殊设施。

(三) 游戏小组

参见前面“幼儿游戏小组运动”中的有关介绍。

(四) 学前学校

1961 年，游戏团体应时代要求而产生。这些游戏团体被称为学前学校，学前学校在很多方面都与公立幼儿园和托儿班非常相似，都是通过游戏课程教给儿童一些基本知识。学前学校一般都是由家长来经营和管理的。这为家长提供了参与整个社区活动的机会，家长可获得更多的知识，其经费几乎全由家长们来承担。

（五）幼儿玩具图书馆

20世纪70年代前后，一些智力障碍儿童的家长自发组织起来把各家的玩具、图书聚集在一起，形成了"幼儿玩具图书馆"。它集社区中心、收藏馆和学校为一体。玩具馆酷似图书馆，所不同的是书架上陈列的是玩具而非书籍。这一观念得到迅速传播，很快发展到大多数玩具图书馆都是面向一般儿童。其经费主要来源于社会募捐，儿童可借玩具回家玩，同时鼓励成年人与儿童一起玩耍。

总的来说，英国的学前教育发展是十分缓慢的，5岁以下儿童的入园率较低。近年来，英国民众越来越感到幼儿教育的重要性，希望进保育学校和保育班的儿童人数日渐增多，这将会影响英国的幼儿教育发展。

第二节　法国的学前教育

在中央集权的教育行政体制下，法国一直比较重视学前教育。19世纪末，法国已基本确立起近代学前教育制度。进入20世纪以后，特别是第二次世界大战后，法国政府不断进行学前教育的改革，尤其自20世纪70年代中期以来，法国公立的学前教育取得了许多重大进展。

一、20世纪前半期的学前教育

到20世纪初，法国进入母育学校或幼儿学校的儿童已多达60多万人，为法国幼儿教育的发展打下良好的基础。这一时期在学前教育机构的管理方面已形成制度，公立的母育学校由国家和地方自治团体开办并支付经费，对儿童实行免费制度。私立幼儿园的监督由教育部的母育学校女视学官负责。多数私立幼儿班则由小学的督学官监督。1949年，法国的公立母育学校有3 653所，私立母育学校有217所，公立幼儿班有4 285个，私立幼儿班有397个。

二、第二次世界大战后法国的学前教育

第二次世界大战后，法国政府十分重视教育的改革及幼儿教育的振兴。法国从1957年起开始把儿童入学年龄提前至5岁9个月。1969年，法国政府对母育学校的学习计划和教育方法进行了改革，改革后的幼儿教育采取与小学教育相同的"三段分期教育法"，亦称"三分制教学"。进入70年代，法国政府更加重视公立学前教育的发展，1976年12月28日，政府颁布关于母育学校的法令指出母育学校在普通教育中的重要意义。该法令要求全面发展城市和农村的学前教育，要求所有5岁儿童进入母育学校和小学幼儿班，在母育学校的教学内容、方法和管理等方面提出了一系列要求。

20世纪八九十年代，法国的教育改革以全方位方式展开。1989年的《教育方针法》的附加报告明确规定了学前教育的目标："通过对美感的启蒙，对身体的意识，对灵巧动作的掌握和对集体生活的学习，发展幼儿的语言实践能力和个性，同时还应注意发现儿童在感觉、运动或智力方面的障碍，并作及早诊治。"①该报告对20世纪末的法国学前教育起着重要的指导作用。

---

① 邢克超. 战后法国教育研究[M]. 南昌：江西教育出版社，1993：170.

90 年代法国学前教育的改革与初等教育的改革紧密联系。1992—1993 学年的这项改革把学前教育与小学教育合为一体，2—11 岁儿童的教育被分为三个连续学习阶段，每个学习阶段一般由三个学年组成：初步学习阶段(2—5 岁)包括幼儿学校的小班和中班；基础学习阶段(5—8 岁)包括母育学校大班和小学前 2 年；深入学习阶段(8—11 岁)包括小学的后 3 年。每个阶段的教学活动按学生的能力和水平实行同学科同水平分组教学。

为使幼儿教育与小学教育既体现出合理的层次性，又体现出它们之间良好的过渡性，法国在 1975 年颁布的《哈比改革法案》、1989 年 7 月颁布的《教育方针法》以及 1990 年 9 月颁布的《教育法案实施条例》的有关条文中均提出要加强幼小衔接，其具体措施如下：增加男性教师；科学划分母育学校和小学的学习阶段；合并母育学校与小学的监督视导工作，以进一步做好母育学校与小学的衔接；母育学校教师与初等教育教师接受同样的培训也是法国幼小衔接的一个有效措施。

随着社会的发展、经济条件的好转和整个教育事业的发展，特别是由于人们对早期发展的重视，法国的学前教育进入 20 世纪 70 年代以后受到各方面更多的重视，在入学率和教育质量方面都有突出进步，被认为是法国在教育方面的骄傲之一。例如 20 世纪 70 年代后，幼儿入园率跃居世界首位。据统计，1990 年，法国 2—6 岁儿童入园率：2 岁为 36.2%，3 岁为 98%，4—6 岁为 100%。①

三、法国学前教育机构的类型

法国的幼儿教育机构主要有：托儿所、幼儿班、母育学校以及保育室和日间托儿所等。

(一) 托儿所

这是法国学前教育机构最古老的一种形式，招收 2—5 岁儿童，其任务是通过适合幼儿年龄特点的幼儿教育课程，使幼儿接受良好的礼貌和行为的教育，逐渐适应未来的初等教育。

(二) 幼儿班

这是在法国学前教育发展中占有主要地位的教育机构，招收 2—6 岁儿童，以前是作为初等学校的附属班的形式存在，现在有些幼儿班已独立开办。

(三) 母育学校

法国的母育学校与其他国家的幼儿园相似，是法国学前教育机构的主要形式，也称“幼儿学校”，招收 2—6 岁的儿童，按年龄分为三个班：小班(2—4 岁)、中班(4—5 岁)、大班(5—6 岁)，其教学内容最初是游戏、唱歌、体操，随后是美术、工艺、手工、语言和观察能力的训练，最后是教儿童读、写、算的初步知识。

(四) 保育室和日间托儿所

这是法国在第二次世界大战后为适应劳动妇女的需要而开办的教育机构。

(五) 其他教育机构

20 世纪 80 年代以来，法国除了继续发展母育学校，还开办了一些民间托幼组织和实验性的学前教育机构，这些机构的特点是适应性强，可根据不同职业家长的需要因地制宜，方便灵

---

① 邢克超. 战后法国教育研究[M]. 南昌：江西教育出版社，1993：340.

活，期限短，费用少。例如，有一种称为“温和过渡形式”的实验性机构，收托16个月至5岁的儿童，每天活动2小时，主要内容是游戏、画图、唱歌、阅读等。又如“假期中心”和“休息中心”，每期20—22天，招收4—6岁儿童。再如，“微型托儿所”，在新建公寓中留出部分房间，招收10—12个3岁以下儿童，以解决就近入托问题。

第三节　德国的学前教育

20世纪后，德国学前教育的基本方针是由1920年的全国学校会议和1922年颁布的《儿童福利法》决定的。其主要特点是：幼儿园不是教育制度的一环，而是社会福利制度的一环。这一直影响着德国现代学前教育的发展模式。

一、第二次世界大战以前德国的学前教育

1922年，德国政府制定了《青少年法》，其中强调要建立“白天的幼儿之家”，包括幼儿园、托儿所及幼儿保护机构等。此时期，幼儿园发展成为德国学前教育的主流。政府还颁布了幼儿园条例，提出建立各种各样的学前教育机构，指出凡招收2—5岁儿童者，均可称为幼儿园。政府还规定，一切幼儿园的政府监督，均隶属于教育、卫生两部；凡儿童在家得不到正常教养者，应由儿童局遣送入学或入园。儿童保护局是当时政府设立的公共儿童保护机构，负责监督和指导民间儿童福利事业。

1933年，德国陷入纳粹党统治时期，确立了法西斯教育体制，建立了中央集权的学校管理制度，幼儿园、托儿所都必须进行所谓的“种族教育”，所有的幼儿教育设置及教师、保育员等都置于法西斯政权统治之下，纳粹政党对各种民主的幼儿教育理论严加抵制，幼儿教育遭到严重破坏。

二、战后德国的学前教育

1945年德国宣布投降，德国被一分为二——德意志联邦共和国（联邦德国）与德意志民主共和国（民主德国）。受苏联影响，民主德国的学前教育属于基础教育的一个阶段，全日制公办幼儿园较为普遍；联邦德国则秉承了魏玛共和国时期的传统，以半日制私立幼儿园为主。

（一）联邦德国的学前教育

1. 联邦德国的学前教育概况

1945年德国被迫宣布无条件投降。1949年9月，德意志联邦共和国建立，其教育进入恢复阶段。联邦德国的幼儿教育不属于国家规定的义务教育范围，主要由教会、普通慈善机构、民间团体和福利组织开办，国家不要求每个儿童必须在入学前一定要进幼儿园，因而德国各州幼儿教育发展存在很大的差距。

20世纪70年代以来，在美国及其他发达国家的影响下，联邦德国开始重视幼儿教育。1970年，联邦教育审议会公布了包括学前教育在内的全国教育制度改革方案。此方案将整个教育系统划分为初等教育、中等教育、继续教育三个领域，并把幼儿园3—4岁的幼儿教育纳入了教育体系的基础部分，列入初等教育；把5—6岁的幼儿教育纳入了义务教育。此后，联邦德国的幼儿教育得到迅速发展。

2. 联邦德国学前教育机构的类型

联邦德国的学前教育机构类型大致分为幼儿园和托儿所，其中幼儿园又分为大众幼儿园、学校附属幼儿园、特殊幼儿园等。

（1）大众幼儿园

这种幼儿园多数由地方政府、社会团体、教会、慈善机构和私人开办，多为全日制，主要招收下层社会家庭的儿童。大众幼儿园设备比较简陋，收费较少。

（2）学校附属幼儿园

这种幼儿园最初是1939年创立于汉堡的幼儿园，附设在小学校内，招收对象是那些到了入学年龄，但身心还不成熟尚不适合入小学的儿童及下半年才满6岁的儿童，为他们提供为期1年的特别准备。学校附设幼儿园实行免费制度。学校幼儿园的任务是使儿童身心发展达到小学第一学年的要求，但不进行读、写、算的教育。其主要内容分为两大类：一是语言能力，包括听、说、会话、看图、唱歌、诗朗诵、游戏等；二是培养观察能力和思维能力。

（3）特殊幼儿园

这是专门为那些身体有残疾、智力发展不正常或聋哑儿童开设的幼儿教育机构。这种幼儿园承担双重职能：医疗和教育。其目的在于对儿童进行特殊的治疗和教育活动，使他们最大限度地恢复身体和智力，并使其身心得到最理想的发展，以便使他们今后能更好、更快地适应特殊学校或基础学校的学习条件以及生活环境。

（4）上午制幼儿园

这是为那些家庭经济条件比较优越，母亲一般都不工作的儿童开办的幼儿园。这种幼儿园规定，家长上午把孩子送去，下午把孩子领回家。家长上午把孩子送到幼儿园，主要目的是让孩子在入小学前培养起一定的独立生活能力，增强其社会和集体观念，促使他们更快地认识周围世界，以便更快地适应小学学习的环境。这种幼儿园一般由私人开办，设备条件和教师素质比较好，但收费较多。

（5）托儿所

招收双职工的0—3岁的儿童，主要实行保育。

（6）店铺幼儿园

1968年在西柏林出现了一种新的反对权威主义的“店铺幼儿园”，实行自由的解放式的教育，反对过去对儿童进行顺从、纪律、性的压抑及家长式的教育。教育内容和方法由家长讨论决定，并轮流担当保育工作。有时也聘请专家指导。

（7）“白天的母亲”

1974年，由联邦青年、家庭、健康教育部核准设立了另一新型的幼儿保育机构——“白天的母亲”。主要做法是：政府提供少量的经费，让一些年轻的妇女在照管自己孩子之余，在白天帮助邻近的职业妇女照管1—2个小孩，以解决其实际困难。这些“白天的母亲”必须参加短期培训，以获得科学的育儿知识。

（8）“儿童之屋”

“儿童之屋”招收1—12岁的儿童，它兼具了托儿、幼教及安亲的职能，使幼稚园的功能多样化了。其设立的缘由在于解决上半天课的小学生放学后无人照管及急需工作而家中有3岁以下幼儿的父母的困境。

3. 联邦德国学前教育的特点

与世界其他发达国家相比，联邦德国的学前教育有不足之处。但是，经过长期的发展，联邦德国的学前教育也形成了许多自己的特色。

(1) 混龄编班。德国所有的幼稚园不分公立私立全采取混龄编班。德国幼儿园招收0—10岁的儿童，包括0—3岁的婴幼儿、3—6岁的幼儿和6—10岁的小学生。一个班内，各个年龄段的孩子都有。为了更好地开展活动，他们一般将年龄不同的孩子分成不同的组，每组由不同的教师负责。德国的幼教界一致认为，幼儿在混龄的班组里可以熟悉各种社会行为，幼儿可以在类似家庭中有兄弟姊妹的环境下学习必要的礼让及如何处理冲突。

(2) 大部分的幼稚园只提供半天班，只有少数的幼稚园提供全天班。原则上，只有来自单亲家庭及双亲均为大学生或正在接受职业训练的儿童才能得到全天班的位置。

(3) 公立私立幼儿园收费大致相同。德国所有的公私立幼稚园全部接受政府的补助。大部分幼稚园收费，半天班为95～110马克，全天班为220～240马克(包括早餐、点心及午餐费)。负担不起的父母还可以向社会局申请补贴。

(4) 幼儿教育课程的特点可归纳如下：① 幼儿园教育的目标是加强孩子的自我意识，并进一步挖掘其个性特征；② 加强幼儿的积极性和生活的体验，强调在游戏和运动中发展幼儿的自我；③ 强调保育员是孩子的伙伴，应持有特别的耐心，鼓励幼儿的自主活动和学习；④ 课程应该促进幼儿的全面和谐的发展，即促进幼儿社会性行为(通过创造性合作或合作游戏)，锻炼其自我尝试的能力。据此，幼儿的课程被视为体验领域，包括游戏、社会教育、语言教育、动作教育、韵律与音乐教育、图像与劳作性教育、事实与环境教育、实际生活与家政教育八个方面。

(5) 政府对幼儿教育的高投入。在德国，幼儿教育机构可以分为州立、私人或教会举办等几种类型。所有幼教机构的运作经费绝大部分由国家提供。政府在制定教育收费时，考虑到了不同家庭的收入以及各家庭的幼儿人数情况。家长将个人收入的3%交给区教育行政部门，就可以送孩子入园。

(6) 家长是教育的主人。德国幼儿教育突出的一点是把教育的责任归之于父母，认为婴幼儿阶段父母是家庭教育的主人。德国宪法明文规定：教养儿童是父母的自然权利和义务。政府对幼儿教育站在辅助的立场。真正担任教育责任的是父母。

(二) 民主德国的学前教育

1. 民主德国学前教育面临的问题

民主德国的学前教育的核心任务是恢复被战争破坏的教育系统，重建被战争摧毁的幼儿园。民主德国学前教育除了完成基本的教育任务，政府还要求学前教育放弃德国原有的民族主义教育，清除纳粹思想的危害，对儿童进行“社会主义思想”教育。学前教育的目的具有双重性，其一是促进儿童的成长，其二是思想政治教育。此外，战后民主德国劳动力严重不足，许多女性不得不加入劳动力大军中，这一时期的学前教育政策把重心放在扩大学前教育规模，增加幼儿园学位，为进入职场的女性们解决后顾之忧上。

2. 民主德国的学前教育政策

民主德国学前教育管理机构颁布了《德国教育民主化的基本原则》，进一步加强苏占区学校民主化改革，《德国教育民主化的基本原则》规定，要保障所有儿童享有平等的受教育权利，所有学前教育机构都是免费的，如果儿童生活困难可以申请补助金。1963年，民主德国社会主义统一党通过社会主义纲领，认为幼儿园教育应该为儿童上学做准备。1965 年，民主德国颁布了《统一社会主义教育制度法》，该法第 11 节中规定，幼儿园教育必须足以让儿童适应小学的教育，且要准备学习并熟悉社会主义生活。为此，政府制定了幼儿园的教育和养育计划，该计划强调幼儿园的生活是社会主义生活的一部分，学前教育的任务是训练儿童身体与心理能力和技能，以及发展他们的语言、思维能力和社交能力。在 1971 年的民主德国社会主义统一党会议上，提出了另一个教育目标：青少年社会主义教育和社会主义意识的形成，学前教育的社会主义教育逐步加强。1976 年社会主义统一党的会议结果表明，要增加幼儿园的数量以满足社会发展的需求，另一方面继续在民主德国建设发达的社会主义社会，为共产主义奠定基础。同年民主德国《儿童学前教育条例》出台，要求幼儿园、家长与公众之间要进行合作，并强调对儿童社会主义教育的责任。1985 年，教育部发行了《幼儿园教育工作计划》，对教学工作进行了详细规定。

3. 民主德国幼儿入园率基本状况

这段时间民主德国通过学前教育改革，将学前教育划入教育体系，与基础教育、中等教育和高等教育并列，同时又通过《德国教育民主化的基本原则》的实施，免去了幼儿学前教育的费用，这些举措大大促进了民主德国学前教育的发展，提高了民主德国学龄前儿童的入园率，到 1989 年两德统一前夕，民主德国 3—6 岁儿童中有将近 98%上幼儿园，也因为要促进女性就业、高生育率等，民主德国政府大力发展 3 岁以下儿童的托育，到 20 世纪 90 年代末，3 岁以下儿童的托育率已接近 30%。

三、两德统一后的德国学前教育

两德统一后，德国在政体上沿袭了联邦德国的资本主义政体，在教育体制上也是如此，与原联邦德国保持一致。此时德国学前教育首要目标在于统一两德的教育制度、教学理念，促进民族融合。

（一）两德统一后的幼儿入园率状况

1990 年德国统一时，3—6 岁学前儿童的入园率为 73.7%，到 2002 年增长为 93%，之后又有小幅度增长。2005 年德国 3 岁儿童入园率为 82%，4—5 岁儿童入园率增长为 93%，6 岁儿童为 96%。2011 年，德国 3 岁儿童入园率为 89%，4 岁和 5 岁儿童入园率分别达到 96%和 97%，6 岁儿童入园率为 98%。但在原民主德国和原联邦德国地区间发展很不平衡，3－6 岁儿童的入园率有很大差异。原民主德国 3—6 岁儿童的入园率早在 20 世纪 70 年代就超过了 80%，80 年代达到 90%，1990 年德国统一后，入园率稳定在 100%左右。原民主德国地区的母亲通常在产后第 1 年休假在家，当孩子 1 周岁以后即可选择由托幼机构负责托管，母亲可以重新回到就业市场。负责 3—6 岁儿童保育教育的多是全日制的幼儿园。这类幼儿园按年龄分班，课程大纲也很少有地方和区域特色。因此，德国政府对原民主德国地区学前教育的发展策略是支持混龄的半日制幼儿园以及其他灵活多样的托管形式。

（二）德国的学前师资状况

德国统一后，原民主德国的学前教师队伍人数急剧下降，1991 年在职教师有 10.63 万人，到 2002 年，在职教师人数仅为 6.63 万人。这与原民主德国人口出生率的大幅下降直接相关。除了人数的减少，新入职教师比例较低，1998—2002 年之间新入职教师仅占 7%，40 岁以上教师比例为69%。原联邦德国学前教师队伍在1992年到1998年间有较大增幅,2002年学前在职教师有23.48万人。教师队伍的壮大主要是因为政府在1992年和1996年颁布的相关法规。1992年联邦政府提出要保证3—6岁儿童接受学前教育的权益,1996年提出托幼机构要保证为每一个3—6岁儿童提供至少半日的托管服务。相比原民主德国,原联邦德国新入职教师较多,1998—2002年之间新入职教师占17%,40岁以上教师比例为42%。2002年之后,德国学前教师人数有所增长。2006年原民主德国学前教师人数增长到6.9万人,2010年达到7.99万人。原联邦德国2006年学前教师人数为24.82万人,2010年达到29.9万人。2013年德国学前教师人数为44.42万人,其中原民主德国有9.33万人,原联邦德国有35.09万人。

(三)德国的学前财政投入状况

德国的学前教育财政投入由联邦、州和地方政府共同负责。学前教育的公共财政投入联邦政府占50%,另外50%由州和地方政府承担。而联邦政府投入的这部分资金中约有2/3来自社会保险,另外1/3属于其他税收型支出。2005年,德国的学前教育经费投入为109亿欧元,其中91%来自政府公共投入,8.7%来自私人、父母或其他非公立机构的投入,6岁以下每名幼儿的教育经费投入为3 793欧元。与欧洲其他国家相比,德国在学前教育经费上的投入相对较低。2002年,德国学前教育总经费仅占其GDP的0.2%;2004年德国学前教育投入占GDP的0.53%,占教育财政投入的9.3%。学前财政投入中91%属于公共财政投入,另有8.7%来自私人捐赠。2009年学前教育财政投入占GDP的0.63%,其中公共投入占70.2%,其他非政府投入占9.8%。联邦财政投入的使用限制很多,一般仅用于基础设施。州和地方政府灵活支配自己投入的部分,因此,整个德国的学前教育在州和地方之间差异非常大。

第四节　美国的学前教育

19世纪末20世纪初,美国的工业总产值已超过了其他资本主义国家,直至整个20世纪继续处于领先地位。这固然有其政治、经济、文化、民族等多方面的原因,但重视教育和重视人才的培养、使用不能不说是其中一个重要因素。在这种背景下,美国的学前教育在20世纪以后,尤其是在第二次世界大战以后得到了迅速的发展。

一、20世纪前半期的学前教育

在20世纪前20多年间,美国的学前教育没有得到应有的发展。直至第二次世界大战爆发以后,美国成为盟军的大后方和军火供应基地,致使大量妇女投入生产过程,才使美国的学前教育发展有了转机。

(一)“蒙台梭利运动”的兴起

意大利幼儿教育家蒙台梭利在罗马创办的“儿童之家”获得了成功,蒙台梭利方法也引起了世人的关注,各国纷纷引进和学习蒙台梭利教育,从而出现了“蒙台梭利运动”。其中美国走在世界各国的前列。1910年,蒙台梭利方法及教具传入美国。1912年,《蒙台梭利方法》英译本在美国出版。1913年前后,美国报刊大量登载介绍蒙台梭利方法的文章。蒙台梭利本人也在这一年访问了美国,促使了“美国蒙台梭利协会”的成立,蒙台梭利学校纷纷建立。但是不久,这场运动便冷却下来。其主要原因是蒙台梭利方法遭到行为主义心理学家的猛烈攻击。

他们指责蒙台梭利所实施的感官教育是一种严重脱离儿童实际生活的孤立的教育等。虽然这场“蒙台梭利运动”时间短促,但它对美国学前教育的影响却是十分深远的,特别是促使人们去重新思考幼儿教育的原则、内容与方法问题。

(二) 保育学校的兴办

1915 年,美国一批上层知识妇女——芝加哥大学教授夫人组织,因受麦克米伦姐妹的影响也自发地以集体协作形式开办了美国第一所保育学校,大力倡导及移植麦氏保育学校理论和实践。1919 年,美国第一所公立常设保育学校成立,10 年后成立了“全国保育协会”。美国的保育学校从引进的那一刻开始,就非常重视教育的作用,重视儿童的发展。1933 年,美国设立的保育学校已达 600 多所,第二次世界大战期间,数量猛增,到 1945 年 2 月止,全国共有 1 481 所保育学校,招收幼儿 69 000 名。

二、20 世纪后半期的学前教育

(一) 50 年代至 80 年代初的学前教育

1. “开端计划”的实施

20 世纪 50 年代以后,美国学前教育的重要动向是顺应教育民主化的潮流,开展了教育机会均等运动,旨在使贫困儿童获得与富裕儿童同等的环境和教育机会。

1965 年秋,美国开始在全国范围内实行旨在为贫穷、环境不利和少数民族儿童提供补偿教育的“开端计划”。开端计划是美国联邦政府以追求教育公平,改善人群代际恶性循环的一个早期儿童项目。具体计划是:由联邦政府拨款将贫困而缺乏文化条件的家庭中 4—5 岁的儿童免费收容到公立特设的学前班,进行为期数月至 1 年的保育,内容包括:体检、治病、自由游戏、集体活动、户外锻炼、校外活动、文化活动(如手工、绘画、听故事、搭积木、欣赏音乐等)等,以消除他们与其他儿童入学前形成的差异,实现“教育机会均等”。

2. 幼儿智力开发运动

从 50 年代末 60 年代初开始,美国在新传统派教育思想及结构主义的影响下,进行了“十年改革”运动,由此展开了大规模的幼儿智力开发运动,成为美国现代幼儿教育的重要特色。美国学前教育界日益重视幼儿智力开发,强调对幼儿进行科学教育。1963 年,美国科学促进协会出版了适用于幼儿园和小学低年级的《科学教育新闻》。智力开发运动还注意利用各种媒体来进行,其中一项重要内容是广播电视节目《芝麻街》的播放,每天播放 1 小时的科学启蒙教育内容,适应了儿童的年龄需要,受到儿童欢迎。

3. 蒙台梭利的复兴和发展

20 世纪 50 年代后期,蒙台梭利方法在美国又重新引起人们的注意。重新恢复的第一所蒙台梭利学校是由冉布什女士于 1958 年在康涅狄格州格林尼治城建立的“菲特比学校”。蒙台梭利方法由原来只在私立幼儿园转为在公立幼儿园中得到推广。美国公共教育家们认为,地方的教育标准大都能够与蒙台梭利方法融合起来,蒙氏教学法在计算机教育、艺术教育和其他公共教育领域也都大有可为。

(二) 80 年代至 90 年代的学前教育

进入 80 年代以后,美国学前教育在教育理论、教育观念和教育实施等方面都开始了以整体性、综合性为特点的教育改革。

1. 学前教育观念的演进

随着美国现代社会的发展，学前教育理论得到发展，人们对学前教育的看法较之前期发生了新的变化，主要表现在：学前教育得到人们空前的重视，幼儿园逐渐成为公立学校系统的一部分；在学前教育功能上，强调教育和保育二者的统一；在教育目标上，越来越强调儿童的整体发展；在教育内容上，注重对学前儿童进行社会教育；在教育对象上，强调学前教育面向全体儿童：既面向社会各阶层的儿童，也面向包括残疾儿童在内的所有儿童。

2. 学前教育的发展和实施

美国当代学前教育整体改革的另一特点是联邦及各地方政府加入了重视学前教育的行列，把学前教育发展视为政府的一项重要工作来抓，其中包括以下措施：加强立法，促进学前教育发展；增加学前教育的政府拨款；加强了对学前教育的管理，公立学前教育由各州教育主管部门统一管理，许多州还专设了学前教育协调员或顾问，专门负责各州的学前教育事宜。

（三）21 世纪的美国学前教育

1. 强调均衡发展

均衡发展是学前教育发展的战略性任务，努力构建覆盖各州、布局合理的学前教育公共服务体系，保障每个适龄儿童都能接受基本的、高质量的学前教育是美国政府的职责，是建立人力资源强国的基础。

2. 进步主义幼儿园运动

奥巴马总统执政后，提出了“0—5 岁教育计划”，每年由联邦政府拨款 100 亿美元，使每个幼儿都能获得平等的教育。进步主义幼儿园运动强调研究儿童，注重幼儿教育与实际生活的联系，开展多方面的实验活动，在实践中突破幼儿园闭关自守的局面，使幼儿园教育逐渐发展成为一种同小学教育紧密结合的新型机构。

三、美国学前教育机构的类型

美国实施学前教育的机构类型既有公立的，也有私立的，名目繁多。除了保育学校、各种类型的日托中心（如私立营利性日托中心、私立非营利日托中心、公立日托中心、工商企业办的日托中心和日托之家等），还出现以下几种类型：

（一）幼儿家庭教育组织

从母亲怀孕到孩子 1 岁这个阶段，教育孩子的责任是属于父母的。当胎儿还在母体内时，就应给予父母正确的指导，让他们学一些心理学、教育学的知识，为此，特设了训练学校和指导中心。婴儿出生后，就有志愿者组织和政府机构人员到家庭里对新生儿进行教育。

（二）托儿所

托儿所是从 1 岁以后开始进行教育的托幼机构。开办托儿所的目的是为儿童的生活做出适当安排，通过科学的育儿方式使他们的生活社会化。

（三）幼儿园

美国把幼儿园教育放在学前儿童教育的优先地位，一般招收 5—6 岁儿童，但也招收 3 岁或 3 岁以下的儿童，采用半日制的幼儿园为主，也有的采用全日制。幼儿园的任务首先是照顾好儿童的健康，为他们安排好各种小组游戏和集体活动，培养他们独立活动的能力和良好的行为品质，其次是培养儿童对教育的兴趣。幼儿园主要通过游戏、讲故事、音乐、美术和手工等活动，促进儿童各方面发展，为入小学做准备。

四、美国学前教育的特点

（一）学前教育机构的目标

学前教育工作者认为，学前教育机构是儿童初次离开父母而独立生活的地方，学前教育机构应为儿童提供一个安全的、有教育意义的、社会化的环境，使儿童能自然地离开家庭，自信地在学前教育机构中学习。学前教育机构的目标主要包括以下几个方面：

（1）激发儿童的好奇心，以儿童个体发展的水平为基础，充分发挥他们的潜力，鼓励他们在各方面都得到发展。

（2）鼓励儿童与别人相互作用，帮助儿童学会友好地与同伴交往，能够相信成人，并能对成人的各种要求做出反应，拥有责任感。

（3）帮助儿童理解并尊重他们自己的文化传统和其他儿童的种族文化。

（4）鼓励儿童发现问题、解决问题，使他们能够表达自己的需要，学会与人分享和合作。

（5）发展儿童的社会性和情感，培养儿童的艺术技能和认知技能。

（6）提高儿童肢体动作的准确性、手眼动作的协调性，发展儿童的独立精神和探索精神。

（7）培养儿童学习的技能，如读写算的技能。

（8）通过游戏丰富儿童的知识经验，并帮助儿童对知识经验进行总结、分类；增进儿童的友谊，发展儿童的自尊心、想象力和创造力。

（二）开放多样的学前教育途径

1. 形式多样的儿童活动

在学前教育机构的一日活动中，儿童活动的内容和形式多种多样，既有生活活动，也有学习活动、游戏活动；既有动脑活动，也有动手活动、动口活动；既有自由活动，也有教师规定的活动；既有个人活动，也有小组活动、大组活动；既有室内活动，也有室外活动等，做到动静交替，劳逸结合，促进了儿童身心的健康发展。

2. 丰富多样的区角活动

（1）活动区的共性和个性。几乎在每个班级都设立的活动区有：电脑区、科学区、图书区、计算区、戏剧游戏区、积木（积塑）区、操作区等；有的班级还设立了家庭区或玩沙区、玩水区、玩球区（打保龄球或篮球）、手工区、绘画区、泥塑区、木工区、实验区、烹调区、劳动区等。

（2）活动区的位置和面积。靠近班级门口的地方一般是动态活动区，如玩沙区、玩水区、玩球区，远离班级门口的地方主要是静态活动区，如图书区、电脑区、计算区。不同的区域占地面积不同，相对来讲，图书区、积木区、戏剧游戏区、绘画区等占地面积较大，计算区、电脑区、手工区、烹调区等占地面积较小。

（3）活动区的材料和陈列。各个活动区的材料都非常丰富，种类齐全，全部开放，置于低矮处，儿童选用十分便利。例如，在图书区内，既有录音机、桌椅、沙发，也有图书、耳机、靠垫；在科学区中，既有多种动物模型、标本，也有尺寸不同的烧杯、放大镜；在玩水区里，不但有会沉或浮的物体，而且还有漏斗、水桶；在积木区内，不仅有空心、实心的积木，而且也有形状、颜色不同的积木。

（4）活动区的分隔和人数。图书柜、玩具柜和操作台是常见的分隔物。不同的活动区对儿童有着不同的吸引力，相比而言，在戏剧游戏区、积木区、玩球区进行活动的儿童人数最多，其次是电脑区、操作区、手工区，最后是科学区、图书区、玩水区、玩沙区。

3. 自由自在的游戏活动

（1）游戏的种类及主题。“游戏自然地走向儿童”，在开展各类游戏活动时，教师总是鼓励儿童自己进行选择、做出决定。

（2）游戏的材料及构思。“游戏是儿童学习的主要方式”，材料是儿童游戏的支撑，为此，教师十分尊重儿童对材料的取舍和操作的方式，还注意为儿童创设轻松愉快的游戏氛围，保护儿童游戏的积极性，赞赏儿童的不同观点。

（3）游戏的时间及场地。儿童在上午、下午都有很长的一段时间进行游戏，能够尽情尽兴地玩耍；游戏场地开阔、安全，室内以地板、地毯为主，室外以木屑、胶粒为主，如果天气允许的话，儿童会有大量的时间在室外游戏场地上度过。

4. 走进社会的实践活动

教师注意从儿童的特点和兴趣出发，利用社区丰富的教育资源开展实践活动，为儿童的发展寻找契机和突破口。教师定期带儿童到当地的各种博物馆参观，丰富儿童对国家发展和世界文化的感性知识。教师有时还带儿童到农场、马戏团、水族宫、公园、街道、广场等地方游玩，以开阔儿童的眼界，增强儿童的体力，陶冶儿童的情感。

（三）千姿百态的学前儿童教师

执教于学前教育机构的教师在诸多方面表现出不同：

1. 学历、职称不同

学前教育工作者除了达到国家、州、市规定的基本标准，还根据所担任的工作类型，有着不同的要求。比如，园长一般为教育硕士，做过教师助手、教师、主班教师、园长助理；教师通常都修过学前教育专业课程，有的正在申请学前教育副学位。

2. 经验、特点不同

不同的教师有着不同的职业素养和个性特征，有的很了解儿童，很热爱工作；有的极具耐心，理解力强，责任感强；有的经验丰富，幽默风趣；有的温暖热情，喜欢动物；有的多才多艺，会作曲，能弹吉他。在管理者看来，教师的这些特点都很宝贵，都是学前教育机构的巨大财富，都对提高教育质量起着重要的作用。

第五节　日本的学前教育

日本自明治维新后至第一次世界大战时期，已发展成为资本主义列强和亚洲最发达的国家之一。它的学前教育正是适应其政治和经济，特别是军事上的起伏跌宕而不断变化。第二次世界大战后，日本政府采取特殊的保护措施大力恢复和发展教育，推动了学前教育的发展。

一、第二次世界大战前日本的学前教育

1926年，日本政府颁布了《幼儿园令》，这是日本学前教育史上的第一部较为完整而又独立的法令。该法令首次明确了幼儿园在日本教育制度的位置，规定幼儿园教育为学校教育体系中的一环；幼儿园以保育幼儿身心健康发展、培养善良性格、辅助家庭教育为目的；放宽幼儿入

园年龄的限制，由原来的3岁入园改为不满3岁也可入园。《幼儿园令》中颇有特色的地方是规定幼儿园是为父母都从事生产劳动、无暇进行家庭教育阶层的幼儿而设的保育机构，其中较以前有明显变化的是：将幼儿园招收对象界定为劳动者子女，而不是富裕家庭子女；招收3岁以下幼儿，将幼儿所纳入幼儿园体系。《幼儿园令》的颁布促进了日本幼儿园的迅速发展。

二、第二次世界大战后日本学前教育的改革与发展

由于战争带来的灾难，日本在经济、教育等方面的状况混乱不堪。美国以及盟军在日本本土实行军事占领，敦促并迫使日本进行战后的民主改革，包括教育改革。

（一）战后及20世纪50年代的学前教育

1947年3月，日本颁布两个重要教育法案：《教育基本法》和《学校教育法》。《教育基本法》确定了教育要采取尊重学术自由、机会均等的方针，提出了鼓励发展幼儿教育和家庭、社会教育等方面的原则性条款。《学校教育法》详尽地阐述了各级各类教育的目标，其中第77条中规定：幼儿园以保育幼儿，创造适宜的环境去促进幼儿身体和精神发展为目的。第78条规定了幼儿园教育要达到的五个目标：① 为了健康、安全和幸福的生活，培养幼儿日常生活中必要的生活习惯，求得身体诸机能的协调发展；② 通过园内集体生活，培养幼儿愉快参加集体生活的态度以及合作、自主、自立的精神；③ 培养幼儿正确认识和对待周围的社会生活及事物的态度；④ 引导幼儿正确使用语言，培养对童话、画册等的兴趣；⑤ 通过音乐、游戏、绘画以及其他活动，培养幼儿的创作兴趣。《学校教育法》对幼儿园的这些规定与以往相比具有划时代的意义，表明日本战后以民主主义教育观为指导来开展幼儿教育的趋势。

随着战后日本经济、社会政治的迅速恢复与改革，日本社会在国际环境下认识到幼儿教育的重要性和意义，从20世纪50年代开始的学前教育事业呈蓬勃上升的趋势，全国国立、公立、私立幼儿园及保育园如雨后春笋般地出现。

（二）20世纪60年代至80年代的学前教育

1. 三次幼儿教育振兴计划的制订

20世纪60年代以来，重视学前教育的世界潮流迭起，日本政府也采取了振兴幼儿教育的措施，促进了60年代后日本学前教育事业的迅猛发展。

1961年6月，日本参议院文教委员会通过了振兴幼儿教育的决议。决议提出：要采取根本措施，处理好幼儿园教育与保育的关系；重新研究幼儿园设置基准，以便进一步促进幼儿的发展；充分调查公立幼儿园职员的实际待遇状况，从速采取改善措施；为便于宗教法人所设立的幼儿园转为学校法人，要采取特别法律措施；采取财政上的措施，以帮助私立幼儿园的经营。

1972年文部省又制订了《振兴幼儿园十年计划》，其目标是实现4—5岁儿童全部入园（所），为此实行了学前儿童入园奖励制度，即对于将子女送入公立或私立幼儿园的收入微薄的家庭，减免保育费。这一计划大大推动了日本学前教育事业的发展。

1991年，文部省又制订了第三次幼儿教育振兴计划，其目标是确保今后10年3—5岁儿童有充分的入园机会。由于4—5岁儿童教育基本普及，因此新计划重点放在3岁儿童的保育上。为此，政府还特别划拨专项资金，供新建或改建幼儿园之用。此外，将入园奖励制度扩大到3岁儿童，规定低收入家庭的儿童学杂费减免标准。

日本的三次幼儿教育振兴计划把幼儿教育作为人才培养的基础环节来抓，以提高幼儿入

园率为落脚点，彻底改变了以往家庭和社会不重视幼儿教育的观念，有力地促进了日本幼教事业的发展。

2. 幼儿园教育大纲的制定与修改

1948年3月，文部省颁布了《保育大纲》，这是由国家编制的日本第一部学前教育大纲。1956年，《保育大纲》被修订，并在此基础上推出《幼儿园教育大纲》。1964年，为配合“人才开发”政策，文部省对《幼儿园教育大纲》进行修订并予以颁布。修订后的《幼儿园教育大纲》正式作为国家标准而具有法律效力。修订后的大纲规定日本幼儿园教育的基本方针是：① 力求幼儿身心得到协调发展；② 培养基本的生活习惯和正确的人生态度；③ 激发关心自然和社会现象的兴趣，培养初步思考能力；④ 提高幼儿的语言能力；⑤ 通过各种表达活动丰富幼儿的创造力；⑥ 培养幼儿的自立性；⑦ 因材施教；⑧ 结合幼儿的生活经验、兴趣、要求，全面教育；⑨ 完善幼儿园生活环境；⑩ 突出幼儿园特点，有别于小学教育；⑪ 与幼儿家庭教育密切配合。

1989年3月15日，日本又颁布了一个新的《幼儿园教育大纲》，新大纲提出：“幼儿园教育是通过环境进行的。”新大纲同时提出必须重视三个问题：努力促进幼儿主体性活动；以游戏指导为中心；指导方法需适合每个幼儿的特点。新大纲将上述要求定为幼儿园教育的基本原则，还将幼儿园教学内容由原来的6个方面改为健康、人际关系、环境、语言、表现5个方面。

（三）20世纪90年代以来的学前教育

20世纪90年代，日本的幼儿教育已经走在世界的前列，视野比较宽广，从政府部门开始，已经为学前教育的稳步发展设计了一幅蓝图。作为日本当代幼儿教育制度基本特征的“天使计划”是1994年年底由日本几个政府部门联合颁布的一个政策性文件，旨在面对本国儿童教育发展的现状及问题，指出本国未来一个阶段促进儿童教育发展的方向和措施。为了配合各地区实施“天使计划”，日本政府有关部门又相继颁布了《紧急保育对策等五年事业》和《儿童育成计划制定指针》两个重要文件。可以说，这是儿童教育走向社会化的一个重要发展趋势。

1. “天使计划”的颁布

近年来，日本人口出生率逐年降低，造成少子化现象，引起了日本各界的广泛关注。日本有关方面认为，少子化现象不利于儿童自主性和社会性等方面的发展，对社会保障、劳动就业等造成很大负担，为此，日本政府感到必须尽快改善这一局面。1994年12月16日，日本文部省、厚生省、劳动省和建设省联合制定并颁布了《关于今后为了支援育子而进行施策的基本方向》（即“天使计划”）文件，并负责协调实施。“天使计划”的基本方向及其施策重点是：支援家庭育子；强化支援家庭育子的政策，完善能使母亲安心生育子女的母子保健医疗体制；实现宽松式的教育，促使人才的健全育成。

2.《紧急保育对策等五年事业》与《儿童育成计划制定指针》

1994年，厚生省、大藏省以及自治省三个政府部门经过共同商议，制定并颁布了《推进目前紧急保育对策的基本思路》（即《紧急保育对策等五年事业》）文件。这一文件围绕“天使计划”中有关的保育对策，确定了今后五年所要达到的总目标数值。

日本厚生省为了实现《紧急保育对策等五年事业》中所要达成的目标数值，于1995年6月27日又制定了《儿童育成计划制定指针》（即地方版“天使计划”）。这一指针制定的目的在于，指导各州道府县以及下属的市镇村根据当地的实际情况和需要，制订出本地区的儿童育成计划，确定与本地区居民的需要相适应的保育服务等事业的具体目标数值，以确保总目标的实现。

日本政府力图动员全社会的力量,同心协力,共同建构起全社会对育子进行有效支援的网络与系统工程,其结果必将有利于社会文化、教育、福利等方面的改革与繁荣,有利于儿童的健康成长。这充分体现了一种思想观念:儿童的教育不仅仅是家庭和教育机构的事情,更是全社会的事情,需要全社会的共同帮助、支援与合作。

(四) 21 世纪的日本学前教育

1. 加强立法,规范办园

2004 年 12 月,日本中央教育审议会发表了《关于幼儿教育、保育一体化的综合机构》的咨询报告,2005 年 1 月,日本中央教育审议会又发表了《关于适合环境变化的今后幼儿教育的应有状态——为了幼儿的最佳利益》的咨询报告。这些法律和法规以及咨询报告既保护了幼儿的权益,又使幼儿园、保育所的各项工作有法可依、有章可循。日本的教育立法一方面促进了学前教育的发展,另一方面也使国家便于管理,使学前教育的目标得以快速、高效地实现,发挥其对社会发展的巨大作用。

当下日本已经进入了老龄化社会,由于人口格局巨变带来了种种复杂社会问题。日本政府力图通过立法扭转超低生育率的问题,为此,日本的国家和地方政府采取了相应的普惠性幼托制度,并对其不断完善。在此背景下,认定幼儿园制度应运而生。日本政府于 2015 年颁布了《儿童及育儿支援新制度》,对其保教内容进行了重新调整,日本政府对以往遇到的学前教育问题采取了有效的应对策略,促使日本学前教育质量的进一步提升。①

2. 提高政府的重视程度,建立多元化的投资体系

日本学前教育经费在国民生产总值中所占比例是较高的,这与其经济实力相关,还与国家的重视分不开,因为他们认为教育投资是最有效的投资。日本鼓励私立学前教育机构的发展,对财团、教会、企业和个人办学均积极支持,日本 60%的幼儿园是私立的,这些幼儿园的经费主要靠自筹和学费收入,这在很大程度上缓解了政府投资的压力。

三、日本学前教育机构的类型

(一) 保育所

保育所主要招收出生至 6 岁的婴幼儿,实行全日制。其主要任务是为缺乏保育条件的家庭的子女进行保育和教育,多数为公立,经费由国家和地方负担。

(二) 幼儿园

幼儿园是日本幼儿教育机构的主要形式,作为学校教育体制的组成部分,实行半日制,其主要任务是对 3—6 岁儿童进行教育。幼儿园的经费由国家、地方当局、私人和公共团体资助,由文部省管辖。幼儿园教育大纲由国家统一制定,幼儿园学费等由国家支付。

(三) 临时收托服务机构

一些幼儿园为方便家庭主妇临时出门购物或就医等开展了临时托儿服务,称为“一时保育”或“紧急保育”。通常收托对象为 3 岁以下儿童,按小时收取少量费用。

---

① 杨梦琪.保教结合的新形式——日本认定幼儿园[J].黑龙江教育(理论与实践),2018(09).

第六节 苏联和俄罗斯的学前教育

苏联的幼儿教育在世界幼儿教育史上占有十分重要的地位，特别是在20世纪，苏联的学前教育发展较快，走在世界各国的前列。

一、十月革命胜利至20世纪30年代的学前教育

十月革命后，苏维埃政府十分重视学前教育，通过颁布法令、制定规程、扩建幼儿园和采取各种有效的措施，促进了学前教育事业的发展。

1917年11月12日，建立了专门负责组织领导幼儿教育工作的机构——教育人民委员部学前教育局。11月20日，以教育人民委员部的名义颁布了《关于学前教育的公告》，明确提出了苏维埃共和国的学前教育制度是整个学校制度中的一个组成部分，必须把它有机地同人民教育的整个制度联在一起，其任务是使儿童的身心得到全面的发展；宣布儿童公共免费教育必须从儿童出生时开始，强调为广大工农子女开办更多、更好的免费托儿所和幼儿园。1918年10月16日颁布了《统一劳动学校规程》和《统一劳动学校基本原则》，其中明确规定：对所有6—8岁儿童实行统一的、免费的幼儿园义务教育，在统一劳动学校中应包括幼儿园的教育。1919年3月举行的第八次苏共代表大会上，专门把学前教育的性质和任务写入了党纲，规定了苏联学前教育的两大任务：第一，按照儿童的年龄特征来实施儿童的全面发展和共产主义教育。第二，解放妇女。

苏联非常重视培养学前教育干部和教师。1918年9月，在彼得堡设立了世界上第一所国立的学前教育专业的高等学府——学前教育学院，其任务是培养学前教育专业的高级干部，还兼有学前教育理论研究中心的功能。第二莫斯科大学也设立了学前教育系，培养学前教育师资。

1930—1934年，随着第一个五年计划的完成，苏联的国民经济得到恢复，工业的发展和农业集体化的实现为公共学前教育的发展创造了有利的条件。此后，苏联学前教育机构不仅数量增多，还新增了夏令班、农忙班、长白班和晚夜班等机构，以满足不同类型家长的需要。

为了保证学前教育的质量，苏联教育人民委员部不断制定和颁布关于幼儿园工作的规程、指南和规则，促进了幼儿园教育的正规化。1932年，教育人民委员部颁布了《幼儿园教学大纲草案》，第一次明文规定了幼儿园工作的任务与内容，其中规定幼儿园工作的内容包括音乐、体育、美术、劳动等方面。1938年，教育人民委员部制定了《幼儿园规程》和《幼儿园教养员工作指南》，这是在克鲁普斯卡娅的直接指导与组织下制定出来的。《幼儿园规程》规定了幼儿园的教育目的、任务、组织、幼儿园的基本类型、对儿童的营养和幼儿园房舍的要求等。这两个重要文件的制定与颁布极大地推动了苏联幼儿教育事业的发展。

二、20世纪40年代至50年代的学前教育

在卫国战争时期，大批妇女上前线、到敌后、进工厂做工，使入园儿童急剧增加，幼儿园的数量已不能满足这种需要。因此，苏联政府拨款建立了许多新的幼儿园或在原有的幼儿园内增加班级数，延长幼儿在园时间或扩大全托班额。由于战争原因，许多工厂、企业、机构撤退到

后方，幼儿园也随之开办到撤退所在地，以满足战时的需要。这一时期幼儿教育的主要任务是保护儿童的生命安全与健康成长，同时还加强对他们进行爱国教育。

1944年，教育人民委员部制定了《幼儿园规则》，规定：第一，幼儿园是3—7岁年龄的儿童受到苏维埃社会教育的国家机构，目的在于保证儿童的全面发展和教育；第二，不论幼儿园由何种团体或机构管理，必须根据幼儿园规则和幼儿园教师工作指南开展其工作；第三，幼儿园应为儿童入学做准备；第四，设立幼儿园的任务属于国民教育科、生产企业、苏维埃机构、合作社和集体经济的组织，不允许私人开设幼儿园。这个规则的制定表明苏联学前教育制度至此已基本确立。

50年代以前，苏联幼儿教育建立了"保教合一"的教育体系。1959年5月21日，苏共中央颁布了《关于进一步发展学前教育机构，改善学前儿童教育和医疗服务的措施》，把两个阶段的学前教育合并为统一的"托幼机构"，并将这种设施的指导和监督权统一于各共和国的教育部，卫生部在儿童的保健方面负主要责任。"托儿所—幼儿园"成为苏联的第三种学前教育机构，招收出生至6岁的儿童。1959年以后苏联新设的学前教育机构基本上都是"托儿所—幼儿园"，成为苏联学前教育机构的主要类型。

三、20世纪60年代至80年代的学前教育

20世纪60年代以来，苏联的学前教育有了新的发展，体现了正规化、科学化、系统化的特点。

（一）托幼一体化的发展

1959年，苏共中央和苏联部长会议公布了关于学前教育制度改革的决定，出现了第三种学前教育机构"托儿所—幼儿园"，这类机构日后逐渐占据多数，成为苏联学前教育机构中的主要类型。为适应新设的教育设施，需要制定一个从出生到入学为止的统一的教育大纲。1962年，苏联公布了世界上第一个综合婴幼儿教育的大纲《幼儿园教育大纲》。该大纲将出生后2个月至6岁的儿童按年龄阶段分为7个班：第一婴儿期班（出生后第1年）、第二婴儿期班（出生后第2年）、婴儿晚期班（出生后第3年）、学前初期班（出生后第4年）、学前中期班（出生后第5年）、学前晚期班（出生后第6年）、入学预备班（出生后第7年）。该大纲将原来婴幼儿（0—3岁）和学前儿童（3—7岁）互为分离的教育内容系统化、一元化了。

1969年，苏联将小学4年改为3年，并对《幼儿园教育大纲》做了相应的修订，在以后的二十多年中，对这个大纲又进行了多次补充和修改。其主要原则有：大纲内容要与共产主义教育的任务相一致；教育与教学应统一；保证儿童从婴儿到入学前这段时间内教育内容和教学过程的完整性和连贯性；在游戏、学习、劳动和日常生活的各种活动中，对儿童进行教育。

（二）20世纪80年代以来学前教育的改革与发展

苏联学前教育的改革受到普通教育改革的很大影响。经过长期的积极而慎重的实验，苏联政府于1984年4月正式决定，把儿童入学年龄从7岁提早到6岁，要求学前教育机构必须相应提前一年为儿童入学做好准备。1985年1月，苏联教育部公布了实施6岁入学决定的章程。章程规定，由6岁儿童组成的一年级设在幼儿园，它既是幼儿园的一个班，又是附近某个普通学校的一年级。章程高度重视6岁儿童的身心特点，重视幼小衔接，要求把学习与游戏结合起来。全部课程安排在上午进行，由教师按照全国统一教学大纲进行教学。下午则按幼儿园的

作息制度活动，使儿童自然地从幼儿园生活过渡到学校生活。

1989 年 6 月 16 日，苏联国家教育委员会通过决议，批准了《学前教育构想》。根据改革原则，苏联学前教育改革的内容有：在学前教育机构的设置和管理方面，实行法律化、民主化和多样化；依据新的科研成果，强调学前期在个性形成中的意义；教育工作的人道主义化，以“个性定向型相互作用模式”取代以往的“教学—训导型相互作用模式”，保证儿童生理和心理的健康，形成创造性个性的萌芽；家庭和幼儿园相互渗透的原则。

四、苏联幼儿教育机构的类型

（一）托儿所—幼儿园

这是苏联最流行的一种教育机构。其收托儿童占所有受公共教育的儿童的 60%，招收 2 个月至 6 岁的儿童。托儿所—幼儿园按幼儿年龄分为 7 个班级：早期第一班（2 个月—1 岁）；早期第二班（1—2 岁）；小班（2—3 岁）；小中班（3—4 岁）；中班（4—5 岁）；大班（5—6 岁）；小学预备班（6—7 岁）。

（二）疗养幼儿园

这是一种专门设在市郊或林区，拥有医疗设备的幼儿教育机构。它有风景优美的花园和广场，可供儿童休息和游戏。这种幼儿园配有特别的医生，专门负责保健工作。幼儿在医生的指导下接受各种身体锻炼，如日光浴、空气浴、冷水浴等。每期疗养时间为 3—4 个月。

（三）幼儿之家和学前儿童之家

这是一种专为 2 个月至 7 岁的孤儿或家庭困难的儿童设置的托幼机构。幼儿之家供 3 岁以下的儿童入托；学前儿童之家招收 3—7 岁的儿童。这种托幼机构旨在使儿童感到亲切温暖，因此，要求教师对儿童全面负责，保证每个儿童获得全面发展，培养各种必要的技能，为他们入小学做好准备。

（四）特殊儿童幼儿园

这是一种专门为聋、哑、盲、智力落后及有缺陷的儿童设立的幼儿教育机构。它根据儿童的各种情况制定特殊教育大纲以改进或补偿这些儿童的教育，为他们进入特殊学校学习做好准备。

（五）体弱儿童幼儿园

这种幼儿园与普通幼儿园基本相似，只是专门招收体弱易生病的幼儿，对他们进行细心的照顾和健身护理，它们的伙食标准比普通幼儿园高，有效地降低了幼儿的发病率。

五、苏联解体后，俄罗斯学前教育面临的困境

苏联国家教育委员会在戈尔巴乔夫主导的“社会人道化”思想指导下，开始进行教育改革，于 1989 年 6 月 16 日批准了《学前教育构想草案》。但在这之后不久，苏联解体，俄罗斯迅速走上私有化的道路。市场经济的全面过渡与推行、经济体制的全面私有化，加剧了社会动荡和混乱。这不仅对整个俄罗斯的社会面貌产生了深刻影响，也给俄罗斯的文化教育事业带来了巨大的冲击，致使教育经费奇缺，教师待遇低下、素质下降等问题日益严重，学前教育改革也迟滞不前。为了适应市场经济的新形势，俄联邦政府于 1992 年 7 月 10 日，颁布了俄罗斯总统叶利钦签署的俄罗斯联邦《教育法》。俄罗斯的学前教育，在《学前教育构想草案》的基础上，根据

《教育法》的规定，遵循教育改革的民主化、人道化及非意识形态化的宗旨，又开始了步履艰难的改革。

六、俄罗斯幼儿入园率的基本状况

由于推行鼓励生育的人口政策和部分学前教育机构设施老化，全俄范围内出现了学前教育需求高峰，入园、入托名额供不应求。2008 年年底时，平均每 100 个名额的申请者为 105 人。2009 年年初，等待入学的儿童达 171.6 万。而到 2010 年 9 月，现有托儿所和幼儿园仅能接收 83.231 2 万儿童。2008 年时的儿童毛入园率为 59%，实际入园率为 56.6%。截至 2010 年 9 月，俄罗斯有学前教育机构 47 213 所，其中 98%为公立。在学儿童 547.375 7 万人，约占适龄儿童总量的 59%。在学儿童中，18%年龄在 1—3 岁之间，41%年龄在 3—5 岁之间，41%在学前大班学习，年龄在 5—7 岁之间。2013 年俄罗斯就读于各种形式的学前教育机构儿童的数量约为 620 万人，0—7 岁儿童的毛入园率是 50.2%。根据俄罗斯教育部的统计数字，至 2014 年 3 月 1 日，接受各种形式的学前教育的 3—7 岁儿童人数为 566 万人，为该年龄段总儿童数的 5.9%。基本实现了俄罗斯联邦 2013—2020 年"教育发展"的政府计划。

七、俄罗斯联邦政府在学前教育投入方面的基本情况

学前教育的发展离不开联邦政府的资金支持，苏联解体后，俄罗斯一度陷入各种危机，无暇顾及学前教育。俄联邦政府在学前教育方面的资金投入缺位，是导致俄罗斯学前教育发展迟滞的核心因素之一。直至 2011 年，俄罗斯首次从联邦预算中拨出 10 亿卢布给 5 年内教育发展计划中的联邦实体，支持其扩大学前教育机构的容量。2012 年，在此基础上又为学前教育机构建筑的新建和重建新增 80 亿卢布的财政贷款。2013 年及 2014 年资助金额也大幅增加，分配 500 亿卢布用于学前教育区域系统的现代化计划的实现。统计数字显示，2013 年至 2015 年，实现学前教育区域系统的现代化计划将共需要 3.003 亿卢布；实施幼儿"补充教育"的一系列办法将需要 740 亿卢布。而俄罗斯教育部估计，实现预定目标的过程中仍需要联邦预算 2.800 亿卢布的额外资助。俄罗斯总理梅德韦杰夫在 2014 年 4 月 3 日举行的政府会议上再次强调，学前教育区域现代化将一直受到重视，今年政府仍将继续为幼儿园的建设提供资金支持，幼儿教师的专业化和工资收入也将得到重视和保障。①

本章小结

20 世纪初尤其是 60 年代以来，世界各国都越来越重视教育的作用，英、法、德、美、日等发达国家都根据本国国情，在学前教育方面进行了一系列的改革和发展措施，具体表现在各国通过颁布法令、制定规程以推动学前教育事业的发展，各国学前机构类型不断丰富，学前教育的国际交流日益频繁。

英国 19 世纪后期学前教育的发展主要是受到福禄贝尔幼儿园的影响，引进和推广福禄贝尔的教育理论和教育经验，对本国的学前教育进行改革。20 世纪前期是英国现代教育制度发

① 王晓燕. 俄罗斯学前教育改革概览[J]. 学前教育研究，1999(01).

展的第一个阶段，逐步形成了比较系统的国民教育体制，学前教育作为国民教育体系中的一部分在这一时期得到较大程度的发展，逐步形成了多种学前教育方式在英国同时并存的局面。19 世纪末法国确立近代学前教育制度，20 世纪 70 年代以来，法国经过一系列学前教育改革，公立学前教育获得巨大发展。公立学前教育幼儿园是德国社会福利制度的一环，德国学前教育机构类型丰富，学前教育迅速发展。20 世纪 50 年代后，“开端计划”的实施和蒙台梭利运动的复兴，在很大程度上推动了美国学前教育的发展。1876 年，日本政府创办了第一所公共学前教育机构，即在东京女子师范学校开办的附属幼儿园，它是日本学前教育史上的第一所国立幼儿园。20 世纪初苏联不断制定和出台关于幼儿园教育的规程、指南和规则，并在 80 年代进行了学前教育改革，可以说苏联的学前教育发展较快，并对当时中国的学前教育有着较大影响。

思考题

1. 简述现代英国学前教育发展的主要表现及发展新趋势。
2. 简述法国学前教育机构的主要类型。
3. 简述德国学前教育的主要特点。
4. 简述美国学前教育的特点及启示。
5. 简述现代日本学前教育发展的主要表现。
6. 简述苏联和俄罗斯学前教育发展的经验。

拓展阅读

1. 王幡. 日本当代学前教育研究[M]. 哈尔滨：黑龙江教育出版社，2017.

该书以日本学前教育中的游戏为研究对象，除了涉及日本学前教育的基本理念、教育方法和内容，还有与教育理念、方法和内容紧密相连的教育课程和教师培养，以及学前教育与小学教育的衔接等问题，设定了独特的研究视角和研究、判断的要点。本书旨在通过研究日本学前教育中的游戏，考察日本学前教育基础理念的价值所在。在充分论证、综合考量的基础上，重点阐述了日本学前教育的基本特征及其现实意义。

2. 朱家雄. 外国学前教育史[M]. 北京：中国人民大学出版社，2019.

该书提纲挈领地将外国学前教育发展的基本脉络、基本问题、重要思想、基本制度和主要事件以清晰的逻辑简明扼要地呈现出来，使学生能够对外国学前教育发展过程中的基本史实、基本问题有一个清晰、明确的认识；该书努力使得学生在获得历史知识的同时获得历史见识，培养其对历史进行思考和评判的能力，正确认识学前教育在实践中存在的现象和问题。

第十三章　外国现当代主要学前教育思想

学习目标

1. 掌握并理解杜威有关教育本质、教育基本原则的主要思想。
2. 掌握蒙台梭利有关儿童发展及感觉教育思想。
3. 掌握瑞吉欧幼教体系的主要特色和生成课程实施的基本要点。
4. 了解马卡连柯有关集体主义教育的思想。
5. 了解华德福教育的主要思想。

关键词

杜威　蒙台梭利　瑞吉欧　马卡连柯　华德福

第一节　杜威的学前教育思想

一、生平及著作

约翰·杜威(1859—1952 年)是美国实用主义教育思想的代表人物。杜威 1859 年生于美国佛蒙特州的柏林顿镇的一个商人家庭。1879 年毕业于佛蒙特州立大学,曾任教于中学和乡村学校。1882 年进入霍普金斯大学做研究生,1884 年获霍普金斯大学哲学博士学位,以后在明尼苏达大学任哲学讲师和哲学系主任,于 1894 年至 1904 年担任芝加哥大学哲学、心理学和教育学系的系主任。这十年是他改革教育的尝试阶段。杜威顺应当时的新教育潮流,围绕两大中心进行探讨:一是使学校和社会发展的需要合拍,二是使学校和儿童青少年的身心发育的规律合拍。

1896—1906 年,他创建了芝加哥实验学校,在 4—13 岁的儿童中试验自己的教育主张,即让儿童在学校的学习生活中养成互助合作的生活习惯和心理。学校采用活动课程以及以活动为中心的教学方法。这个学校仅仅存在了 8 年。但此间,他的实用主义教育理论基本形成,标志性著作有 1897 年的《我的教育信条》、1900 年的《学校与社会》及 1902 年的《儿童与课程》,充分表达了他精心构筑的全新教育思想,他从此声名远扬。他于 1916 年著成《民主主义与教育》这一具有体系的实用主义教育哲学著作。① 此外,1915 年的《明日之学校》、1920 年的《哲学的改造》、1929 年的《经验与自然》及《确定性的寻求》等都是其较有影响的力作。除取得理论成果外,他还先后到日本、中国、土耳其、墨西哥和苏联进行演讲、访问,使他的思想影响遍及世界。退休后,他追求教育理想的热情不减,教育研究仍是他人生的主题,直到 1952 年 6 月 1 日逝世于纽约。

---

① 滕大春.外国教育史和外国教育[M].石家庄:河北大学出版社,1998:490.

二、主要的学前教育思想

(一) 教育本质及目的

杜威在自己的教育理论中从各个不同的角度反复论述了有关教育本质的问题。从实用主义经验论和机能心理学出发,杜威批判了传统的学校教育,并就教育本质提出了他的基本观点,概括起来主要有三个方面,这就是:教育即生长,教育即生活,教育即经验的连续不断的改造。

1. 教育即生长

杜威认为赫尔巴特等传统教育理论的缺点是忽略了生物都有种种主动的与特别的机能,因此,他提出"生长"是生物的根本特征。既然人是一种生物,也应具有生长的特性。他指出:"教育就是各种自然倾向和能力的正常生长。"①而且不仅常态的儿童在生长,就是成人也在不断生长。"生长"是人生的目的,因而也是教育的目的。

"教育即生长"这一论断,要求在教育中要考虑儿童的本能或先天的能力,这就是说,学校教育工作的中心任务就在于促进儿童的生长,一切都从学生的需要出发,以促进儿童的生长为重心。生长是生活的特征,所以教育就是生长;在它自身以外,没有别的目的。杜威的"教育无目的"之说在于强调不应该在教育过程之外强加一个目的,教育的目的和过程本就是一致的。

2. 教育即生活

杜威提出"教育即生活",认为"教育是生活的过程,而不是将来生活的准备"。② 他把教育与生活、生长和发展视为同一意义的概念,家庭生活、学校生活、集体生活、社会生活都是教育,尤其是道德教育。教育既始于社会又将归于社会,因此,在学校生活、家庭生活和社会生活三者之中,社会生活是整合其他两种生活的关键。教育上的许多失败就是由于它忽视了把学校作为社会生活的一种形式这一基本原则,因此,教育丝毫也离不开生活。他甚至认为整个生活的东西就是教育的东西,整个社会的活动都是教育的范围,总之,生活即教育。

3. 教育即经验的连续不断的改造

杜威认为:"所有这种继续不断的经验或活动是有教育作用的,一切教育存在于这种经验之中。"③也就是说教育过程在它自身之外无目的,教育过程是一个不断改组、改造和转化的过程。无论是婴儿、青年,还是成人,他们的经验对教育的作用都处于相同的水平。也就是说,在经验的任何一个阶段,真正学到的东西,都具有同等的价值。任何一个阶段生活的主要任务,就是使生活过得有助于丰富生活自身可以感觉到的意义。杜威由此得出一个关于教育的专门定义:教育就是经验的改造或改组。这种改造或改组,既能增加经验的意义,又能提高后来经验生长的能力。

4. 教育目的

在论述"教育即生长、即生活、即经验的继续不断的改造"这一教育本质观点的基础上,杜

---

① [美]杜威. 学校与社会·明日之学校[M]. 赵祥麟,任钟印,吴志宏,译. 北京:人民教育出版社,1994:216.

② 王天一,等. 外国教育史[M]. 北京:北京师范大学出版社,1993:207.

③ [美]杜威. 学校与社会·明日之学校[M]. 赵祥麟,任钟印,吴志宏,译. 北京:人民教育出版社,1994:343.

威指出："教育的过程，在它自身以外没有目的；它就是它自己的目的。"他还说："教育本身无目的。只是人，即家长和教师等才有目的。"从而鲜明地提出了"教育无目的"理论。杜威的"教育无目的"理论认为：教育目的只存在于"教育过程以内"，不存在有"教育过程以外"的目的；主张儿童的本能、冲动、兴趣所决定的具体教育过程就是教育的目的；将社会、政治需要所决定的教育总目的看作"教育过程以外"的目的，并指斥其为一种外在的、虚构的目的表现。

在杜威看来，这种外在、虚构的目的具有静止的性质，始终是一种固定的、欲达到和占有的东西。它存在于教育活动之外，使教师和学生所从事的活动变成了为获得某个东西而采取的不可避免的手段，活动失去了自身的意义，变得无关紧要。这种外部的目的观将手段和目的进行了分离，"和目的比较起来，活动只是不得不做的苦事"；相反，从活动内部产生的目的作为指导活动的计划，既是目的又是手段，其间的区别只是为了方便。"每一个手段在我们没有做到以前，都是暂时的目的。每一个目的一旦达到，就变成了进一步活动的手段。当它标示我们所从事的活动的未来方向时，我们称它为目的；当它标示活动的现在方向时，我们称它为手段。"在活动的内部目的里，手段和目的实现了有机统一，活动也相应地成为一件令人愉悦之事。

杜威在其"教育目的论"中，指出了教育的外在目的的缺陷，并阐释了其必然带来的危害。他说："如果家长或教师提出他们'自己的'目的作为儿童生长的正当目标，这和农民不顾环境情况提出一个农事理想，同样是荒谬可笑的。"如果教师将这种外在的教育目的强加于儿童，其必然导致：一方面，教师由于受各种外在因素的支配，他的思想不能和学生的思想以及教材紧密相连，同时，他的智慧亦得不到自由运用。另一方面，学生常常会处于两种目的冲突之中，即：符合他们当时自己经验的目的和别人要他们默认的目的，因而会感到无所适从。

在上述有关教育目的理论的基础之上，杜威指出了良好的教育目的应该具备的几个特征：第一是客观性，所确定的目的必须是现有情况的产物；第二是灵活性，目的必须能够随环境条件的改变而随时调整；第三是非完成性，即良好的教育目的必须确保活动的自由开展。杜威认为：教育的外部目的是固定的、呆板的，不能保证活动的继续进行，因而绝非他所赞同的教育目的。

（二）杜威的教学理论及其基本原则——从做中学

在批判传统学校教育的基础上，杜威提出了"从做中学"这个基本原则，这是杜威全部教学理论的基本原则。杜威认为，从做中学也就是从活动中学、从经验中学。如果儿童能从那些真正有教育意义和有兴趣的活动中进行学习，那就有助于儿童的生长和发展。

从做中学固然生动有趣，但很难获得系统的知识。杜威看到了直接经验的局限性，也看到间接经验在个人生长、生活和经验改造中的巨大作用。杜威并不反对间接经验（系统知识）本身，他反对的是传统教育中那种不顾儿童接受能力的直接灌输、生吞活剥地获取间接经验的方式。

（三）关于教师在教学中的作用

尽管杜威并不是"儿童中心"思想的首创者，但是，他是赞同"儿童中心"思想的，其最典型的一段话是："现在，我们教育中将引起的政变是重心的转移。这是一种变革，这是一种革命，这是和哥白尼把天文学的中心从地球转到太阳一样的那种革命。这里，儿童是中心，教育的措施便围绕他们而组织起来。"①从批判传统学校教育的做法出发，杜威认为，在学校生活中，儿童

① 赵祥麟，王承绪编译．杜威教育论著选[M]．上海：华东师范大学出版社，1981：32．

是起点，是中心，而且是目的。杜威强调说，我们必须站在儿童的立场上，并且以儿童为自己的出发点。

在强调“儿童中心”思想的同时，杜威并不同意教师采取“放手”的政策。他认为，教师如果采取对儿童予以放任的态度，实际上就是放弃他们的指导责任。在杜威看来，从外面强加于儿童，或者让儿童完全放任自流，两者都是根本错误的。

由于教育过程是儿童与教师共同参与的过程，是他们双方真正合作的过程，因此，在教育过程中儿童与教师之间的接触更亲密，从而使得儿童更多地受到教师的指导。在他看来，教师不仅应该给儿童提供生长的适当机会和条件，而且应该观察儿童的生长并给予真正的引导。

杜威还特别强调了教师的社会职能。他认为，教师不是简单地从事于训练一个人，而且从事于适当的社会生活的形成。因此，每个教师都应该认识到其所从事的职业的尊严。

三、杜威教育思想的影响与评价

与传统教育观相比，杜威的教育观是一种崭新的教育观。杜威正是立足于现代社会物质文明和精神文明基础之上的现代教育理论，充满着浓厚的现代气息，它的价值是超越国界的。这种教育思想的直接目的是试图通过活动性、经验性的课程和教学方法使学生掌握科学的思维方法。他强调学校教育同社会生活的息息相关，强调经验和实践的价值，强调儿童能力的发展，提倡尊重儿童的兴趣和需要等，这些都为教育理论的发展留下了不可磨灭的影响。

这些理论与现代的“生活教育”“主体教育”“一般发展教育”“终身教育”理论有许多相契合的成分，而后面的这些教育理论更是直接受益于杜威的教育理论。但是，杜威否定文化科学知识的系统传授，否定对儿童进行严格的智力训练，过分侧重儿童的兴趣和自由，这些也导致了学校组织松散，教育质量严重下降。

第二节　蒙台梭利的学前教育思想

一、生平简介

玛利娅·蒙台梭利（1870—1952年）是教育史上一位杰出的幼儿教育思想家和改革家、意大利历史上第一位学医的女性和第一位女医学博士。1870年8月31日玛利娅·蒙台梭利出生在意大利安科纳地区的基亚拉瓦莱小镇。1896年，她以第一名的优异成绩毕业于罗马医学院，成为意大利的第一位女医学博士。大学毕业后从事特殊儿童教育，而后又致力于正常的儿童教育。1907年1月6日，她在罗马的贫民窟桑罗伦多区创办了第一所“儿童之家”，3个月后第二所蒙台梭利“儿童之家”相继设立。她把从特殊儿童教育中总结出的方法应用于正常儿童，并取得成功。1909年，蒙台梭利写成了《运用于儿童之家的科学教育方法》一书，1912年这部著作在美国出版，同时，很快被译成20多种文字在世界各地流传。1912年，她的教育法在旧金山博览会中的展示得到了大会唯一的两面金牌奖。第二次世界大战期间，蒙台梭利虽被迫离开她的祖国到了印度，但她的“儿童之家”和师资训练单位，在战后却迅速传遍了世界各地。

蒙台梭利在实验、观察和研究基础上形成的《蒙台梭利早期教育法》《蒙台梭利儿童教育手册》《童年的秘密》《发现孩子》等著作先后被翻译成37种文字，她所创立的幼儿教育方法深刻地影响着世界各国。

蒙台梭利在晚年依然不顾身体的衰弱不停地工作，于 1952 年 5 月 6 日逝世于荷兰的努特维克，享年 82 岁。

二、蒙台梭利的学前教育思想

（一）儿童存在着与生俱来的“内在的生命力”（或称“内在潜力”）

蒙台梭利指出，“儿童是成人之父，成人所有的力量，均来自儿童时代的潜能。儿童即运用这个潜能，去完成上天赋予他的神秘使命。”① 教育的任务是激发和促进儿童“内在潜力”的发现，并按其自身规律获得自然的和自由的发展。她主张不应该把儿童作为物体来对待，而应作为人来对待，儿童不是成人和教师进行灌注的容器，也不是可以任意塑造的蜡或泥。教育家、教师和父母应该仔细地观察儿童，研究儿童，了解儿童的内心世界，发现“童年的秘密”，热爱儿童，尊重儿童个性，在儿童自由和自发的活动中，帮助儿童实现智力的、精神的和身体的、个性的自然发展。

蒙台梭利在《有吸收力的心理》中系统地阐述了儿童生理和心理的发展进程，揭示了身体活动与心理活动、生理发展与心理发展的关系与联系。她指出，儿童的“心理胚胎”在发展过程中必须在它的周围环境中吸取营养，犹如“生理胚胎”在母体的胚胎内一样。两者不同的是，儿童的生理器官在母体内已开始形成；“心理胚胎”则是婴儿出生时才开始发育，这时儿童的大脑空无所有，但它有一种积极的能动的从周围环境中吸收各种事物的印象的能力。因此，我们必须设置一种适合儿童内在需要和兴趣的、能够诱发儿童自发学习、自动作业的环境。

（二）个体与“有准备的环境”交互作用促使儿童的发展

儿童由于内在生命力的驱使或生理和心理的需要而产生一种自发性活动，这种活动不断地与“有准备的环境”交互作用而获得经验，积累经验，促进儿童生理和心理的发展。“有准备的环境”就是蒙台梭利教育理念的核心与精髓。其中“有准备的环境”是由两大部分构成的：一是物质的环境，二是精神的环境。物质环境主要指各种各样的蒙台梭利教具以及符合儿童发育中的体形尺寸的室内设施，还有教师自己制作的一些教学材料。精神环境主要包含儿童生长过程所处的环境中对儿童身心健康的发展有好处的温馨、舒适、民主的人文环境以及良好的氛围。蒙台梭利一直主张儿童的成长过程中应该充满自由、爱、营养、快乐和便利。

（三）儿童发展的阶段性

她分别论述了各年龄阶段儿童心理、生理发展的特点及其教育的任务、内容和方法。感觉训练和智力发展是蒙台梭利研究的重点，她从生物学在动物实验中发现“敏感期”得到启示，通过观察和研究儿童各年龄阶段的感觉活动及其心理特征，从而发现儿童心理发展和学习过程中也存在着“敏感期”，并指出儿童心理发展过程的“敏感期”的含义是：在不同发展阶段，儿童表现出对于某种事物或活动特别敏感或产生一种特殊兴趣和爱好，学习也特别容易而迅速，是教育的最好时机。但是，这种现象经过一定时间便随之消失。因此，教师和父母必须随时留心观察儿童的实际生活及其表现，发现和把握儿童在各个阶段出现的这种心理现象，并及时地进

① ［意］蒙台梭利. 童年之秘［M］. 李田树，译. 台北：及幼文化出版股份有限公司，2007：315.

行引导、帮助和鼓励，否则将对儿童的发展造成难以弥补的缺陷，从而埋没其某些特殊才能。

（四）感觉教育

感觉教育在蒙台梭利教育体系中占有重要的地位，并成为她的教育实验的主要部分。蒙台梭利基于对感觉的极大重视，使感觉教育在她所提出的运动、感觉、语言和智力操练这一程序教学结构中处于十分重要的地位。

蒙台梭利的感觉教育包括触觉、视觉、听觉、嗅觉和味觉等感官的训练。她认为，由于儿童总是通过触觉来认识周围事物，所以，在各种感觉训练中，触觉练习是其主要方面。视觉训练则在于帮助儿童鉴别形状、颜色、大小、高低、长短及不同的几何形体。听觉训练主要使儿童习惯于辨别和比较声音的差别，使他们在听声训练过程中培养起初步的审美和鉴赏能力。嗅觉和味觉训练注重提高儿童嗅觉和味觉的灵敏度。蒙台梭利希望通过这种感觉训练，使儿童成为更加敏锐的观察者，增进和发展他们的一般感受能力，并且使他们的各种感觉处于更令人满意的准备状态，以完成诸如阅读和书写等复杂的动作。

蒙台梭利的感觉教育遵循着一定的原则和方法。她认为，感觉教育的实施应当遵循循序渐进的原则，应当根据儿童在敏感期的特点，把肌肉练习作为感觉训练的基础，把对各种感觉的发展作为教育的重点，同时，应当根据儿童的个体差异去采取与之相适应的具有连贯性的步骤和方法，使感觉教育同读、写、算等教学活动联系起来，使之形成由简到繁的过渡。蒙台梭利还认为，感觉教育应当遵循自我教育的原则，提倡儿童根据自己的能力和需要进行学习，使儿童在感觉训练中通过自己的兴趣、需要和能力去进行自由选择、独立操作、自我校正，去努力把握自己和环境。所以，在她所设计的教具中设有专门的“错误检验”系统，使儿童在操作过程中能根据教具的暗示进行“自我教育”，同时，她还通过限制感觉教育指导者的活动去增强儿童活动的积极性和主动性。蒙台梭利进行感觉教育主要采取了提供教具的方法，按照由易到难的原则编排教具材料的顺序，并使每种教具分别训练儿童的一种特殊的感觉，通过有针对性的、分步骤的反复练习，去增强儿童对物体的特殊性能的感觉能力，去识别接触到的变换着的物体，去增进各种感知能力。

蒙台梭利认为，必须通过感觉和动作训练对儿童进行教育，她把感觉教育和读、写、算的教学有机联系起来，注意手脑并用，调动各种感官的配合与协调作用，使儿童在没有心理压力的情况下，按自己的发展进度自然地、不知不觉地进入初步的学习读、写、算的阶段，做法精当，有实践意义和借鉴价值。再者，蒙台梭利在感觉训练过程中采取分解的方法，把复杂的整体感觉分解为简易的几部分来训练，使儿童利用按顺序排列的刺激物来认识事物，这也是符合儿童年龄特点和认识规律的。当然，蒙台梭利的感觉教育还存在一些缺点和不足。例如，她在感觉教育中虽然强调儿童的活动自由，但是她所提供的程序化教具、材料和较为机械、呆板的使用方法，以及单纯运用感官教具进行的自我教育，使儿童囿于机械的操作练习，自由活动受到一定的限制，这些不利于儿童的自由创造，也与她的“任儿童自由反应”和“脑体活动相结合”的主张相悖。另外，她那种只强调儿童的“自由性”，忽视指导者在感觉教育中的重要作用，也是较为偏颇的。

（五）纪律教育

蒙台梭利批评旧学校实行强迫的、屈从的、被动的、静止的纪律，扼杀了儿童活泼好动的天性，抑制了儿童的生命潜力，禁锢了儿童的好奇心和求知欲，只能培养出反应迟钝、智力低下、奴性十足的人。蒙台梭利指出，采用种种强迫手段培养的外表纪律完全是虚假的，而且是不能持久的。真正的纪律是积极的、活动的、主动的、内在的和持久的，而不是消极的、静止的、被动的、表面的和暂时的。蒙台梭利指出："我们并不认为当一个像哑巴一样默不作声，或像瘫痪病人那样不能活动时才是守纪律的。他只不过是一个失去了个性的人，而不是一个守纪律的人。有独立自主的精神的人，无论何时何地，当他意识到需要遵从某些生活准则的时候，他能够节制自己的行为。"自发活动和自由活动不仅为人们揭示儿童生命潜力展现和自然发展的规律，也为人们指出了培养儿童良好纪律的自由之路。

她不十分赞成"寓教育于游戏"的儿童教育观。在蒙台梭利的教育体系中出现了"工作"的教育术语。蒙台梭利指出：真正纪律的第一道曙光来自工作。人们不易理解和接受在3—7岁儿童教育中运用"工作"这一相当严肃的概念。蒙台梭利指出，儿童的工作只是与成人工作的目的和要求的程度不同，但其主要特征基本一致。工作是人类的天职和生活的需要，也是儿童的内在需要；儿童喜欢做事，他们常常模仿成人工作。教育为未来生活做准备，儿童的早期教育有可能也有必要使儿童获得一些实际生活的基本技能和养成从事工作的初步行为习惯。

（六）教师

在传统的幼儿学校中，教师是主体，始终处于主动地位；儿童是客体，处于被动地位。蒙台梭利学校则以自我教育为主，在教育活动中，儿童是主体，是中心，儿童全神贯注地从事各自的"工作"，独立操作、自我发现、自我教育和发展；教师是儿童活动的观察者和指导员。这种关于幼儿学校教师作用的指导思想和方式方法的改变是对传统教育的挑战。

首先，幼儿教师应是一位观察者，应以科学家的精神，运用科学的方法去观察和研究儿童，揭示儿童的内心世界，发现童年的秘密。蒙台梭利强调必须在自然条件下，在儿童的自由活动中去观察研究"自由儿童"及其表现，而不是在"实验室"或在特殊控制下的儿童。她还指出，教师不仅要观察研究儿童本身及其表现，而且要了解家庭和周围环境对儿童的影响。最重要的是教师必须与儿童保持亲切友好的合作。蒙台梭利指出：关键是要激发儿童的兴趣，使其整个人格参与活动。因此，教师要关心儿童，热爱儿童，尊重儿童的个性，经常与儿童在一起生活和工作。

其次，幼儿教师必须是一位明察秋毫、反应敏锐、冷静沉着、精明能干、有教育艺术才能的、儿童活动的自觉指导者。教师对儿童学习的指导，首先是准备好环境，把教室布置得美观、大方、整洁，一切陈设（包括教具）秩序井然，符合儿童的心理特点。

再次，儿童操作教具材料，教师的指导大致可分为两种情况：如果儿童开始接触教具但还不会使用时，先鼓励其使用，教师可以做一次示范性操作；如果儿童对某些较复杂的教具材料已做过试用，但还不理解教具的内在结构及相互联系，使用起来产生困难，这时教师可做适当解释，但必须简单、明了、准确。在儿童各自操作过程中，在教室里教师可坐在全体儿童都能看见的地方，也可以在教室里巡回走动听候儿童召唤，以便及时对他们进行帮助、指导、暗示和启发诱导。蒙台梭利特别指出，教师的指导要把握时机，恰如其分，避免做直接纠正，以免抑制和代替儿童独立思考。

最后，教师应注意保持教室的纪律和秩序，制止不良行为。

（七）课程组织结构

蒙台梭利的课程组织结构是按照领域进行的。为3—6岁儿童设计的蒙台梭利学习环境分为4个基本领域:实际生活领域、感觉领域、语言领域、数学领域。此外,音乐、艺术、运动和戏剧等也包括在蒙台梭利课程中。

1. 实际生活

实际生活训练被认为是蒙台梭利课程中的必要内容。儿童若在参与生活实践的过程中获得一些技能,形成一些意愿,则有助于他们在其他活动中专注学习。通过经历熟悉的、类似家庭生活的体验,例如打扫、做针线活、整理花园,儿童开始学会把精力集中在一个活动上,并且学会按顺序从头至尾地做一件事,学会为实现特定的目标协调自己的肌肉运动,接受一项任务后确定并组织工作的步骤,通过自我指导的活动获得独立性。

在实际生活活动中,儿童可从事一些适合其年龄和生理特点的活动,具体活动包括自理(如刷牙、穿衣服、系各种扣子或带子、清洁鼻子、梳头),看护教室环境(如摆放花、擦桌子、整理花园),锻炼生活技能(如做针线活、准备食物),进行精细的肌肉运动(如倒水),参加集体生活(如摆桌子、说"请"或"谢谢")等。

由于没有标准化的实际生活活动,所以在这一领域中教师们创造的活动最多。不同的蒙台梭利教室的实际生活活动存在很大差异,因为每名教师都根据本班的需要、兴趣和文化结构设计活动。随着儿童的成熟,实际生活领域包括了更复杂的活动。

2. 感觉

从出生之日开始,儿童就处于刺激丰富的环境中。儿童用感官无意识地接收各种经验,并纳入有吸收力的心灵中。根据蒙台梭利的观点,满两岁后,儿童可借助手头一些为他们精心准备好的具体材料检验事物,同时开始具有秩序感,能对经验进行分类。

感觉材料包括一系列操作材料,具有美感,而且设计简单,便于儿童记忆和分类。感官经验能改进并迅速增强儿童的感知觉,为进一步的智力发展奠定感觉上的基础。

蒙台梭利设计的感觉材料涉及视觉、触觉、听觉、味觉和嗅觉。每套材料训练一种感觉,突出一个具体的概念或感觉。例如,长柱子突出长度,彩色写字板突出颜色,触摸式写字板突出结实光滑的质地,声筒突出音量,嗅罐突出特别的气味。每套材料都是由简单到复杂。操作感觉材料时,最初要鼓励儿童按教师示范的方法比较或度量事物,但之后应激励儿童尝试各种可能的方法,发现不同的东西,或将活动推广到其他环境中。

3. 语言

在蒙台梭利教室里,所有的环境都会培养语言的发展:需要交际的社会环境和儿童之间的自由交谈;在课堂上由教师提供的准确的专门术语;歌曲、诗歌和小组间谈话;图书馆里值得一看的有趣图书;为促进语言和文学水平发展而制作的专门的教学材料。蒙台梭利课堂为语言发展提供了丰富的背景材料,这些使得儿童最终掌握了书面语言的结构。

蒙台梭利还认为,儿童可以在操作自己的木制字母,或用手触摸贴在石板上的用砂纸剪成的字母的轮廓等活动中,发展写字的机械运动能力。通过把这些运动与视觉、触觉、动觉和听觉(在儿童摆弄字母时教师读出字母的发音)相联系,儿童可逐渐在头脑中形成字母的概念,并记住每一个字母。有了这些符号及它们发音的记忆储备,儿童开始通过"书写"(用声音拼写)词汇和句子来表达自己的意图。蒙台梭利是想让儿童在关键的敏感期里熟悉书写语言的工具,这样,到了后来,儿童"爆发"式地书写语言就成为自发的过程,而不是辛辛苦苦地学习书写规则和机械练习的结果。

4. 数学

数学思考能力起源于许多在学习数学之前就经历过但看起来与数学毫不相干的活动。蒙台梭利认为，秩序、精确、注意细节和顺序感来源于生活，而感觉材料为她所说的"数学头脑"奠定了基础，在获得数学能力之前的这些活动为儿童准备好了获得数学能力所需要的准确性和逻辑秩序。例如，一对一的概念就可以包含在穿衣之中(一个纽扣对一个扣眼)，包含在开锁之中(一把钥匙只能开一把锁)，包含在所有的匹配活动中。

蒙台梭利的数学材料分四种类型：0 到 10 的数字；线性数数材料(系统地由小到大数出连串的数)；小数系统(用经典的金色小球表示数字中不同位置值的意义)；算术运算(加、减等)。蒙台梭利鼓励儿童运用新的和富有想象力的方法把问题想明白，并使用所学的概念。这种在解决问题时理解和使用概念的能力应当是所有教育的目的，而不应只是数学教育的目的。

5. 艺术表现力

蒙台梭利是教育中的环境美学的先锋，她看到了环境中的审美质量和总体平衡对年幼儿童的发展起着重要作用。她喜欢用间接的环境布置法来对年幼儿童实施美育。她感到，在儿童成长的早期环境中，用优美的、精心挑选的艺术作品来布置环境十分重要。通过教室里教学材料和通过自然界而获得的广泛而丰富的感觉经验，会为儿童以后爆发出创造性和自我表达提供丰富的素材。在蒙台梭利教室里，既可以在审美和丰富的感觉经验方面看到对蒙台梭利观点的反映，也可以看到教师们已经意识到在儿童自我表达中的视觉艺术和符号意义的重要性。

6. 音乐感知

蒙台梭利教学具有帮助儿童感知、表达基本音乐成分并训练其音乐欣赏力的传统。像沉默游戏、传声筒、蒙台梭利铃(分辨音高之用)这些为训练耳朵分辨声音的活动，是蒙台梭利儿童早期音乐训练的核心课程。蒙台梭利还描述过一些音乐活动，例如韵律运动(跟着一连串不同的韵律做运动)，听经典音乐和其他类型的音乐，合唱，只用一种乐器演奏等，这些活动在现代蒙台梭利教室里也可以看到。

7. 文化课程——地理和科学

蒙台梭利认为人类的需要是十分广泛的，所以人类要使用不同的方法来与自然相互作用以满足这些需要，而对世界不同文化的学习也是一种对人类所使用的各种方法的学习。

在大多数蒙台梭利教室里，教师都会为儿童提供地形的自然模型(例如，被水环抱的岛屿，绿波荡漾的湖泊)，大陆或地球上其他区域的拼图游戏。

对于学龄前儿童来说，科学探索要涉及直接观察就意味着与自然界的日常接触，它不仅为儿童提供了积累经验、认识事物和把自然现象归类的机会，也为儿童提供了问"什么"和"怎样"的机会以及每天与成人接触的机会。

三、蒙台梭利教育思想简评

蒙台梭利的教育思想对 20 世纪的学前教育产生了巨大影响，当时国际上曾经掀起蒙台梭利运动的热潮，后又一度消沉下去。第二次世界大战以后，由于注重智力开发，强调早期教育，加之不少心理学家以实验证实了蒙台梭利的若干观点，因而蒙台梭利法又流行了起来。苏联在 50 年代还对蒙台梭利大加批判，斥之为反动理论，而现在已给予某些肯定，认为她"实行了独创的教育体系”，并在幼儿教育方面吸取了她的一些有价值的东西。

作为资产阶级教育家和天主教信徒，蒙台梭利的教育理论明显地打上了资产阶级的烙印并具有神秘主义色彩。但是，从教育科学和教育史的角度看，由于蒙台梭利的教育理论主要来自她对儿童的观察和研究，又以当时的心理学、教育学、物理学、生物学、医学等科学的成就为基础，因而又包含着某些合理因素并有所创新。蒙台梭利初步看到儿童的心理发展是遗传与环境、教育协同作用的结果，尊重儿童自身发展的特点以及儿童的主观能动性，提倡及早对儿童进行体育和生活训练，强调从感觉训练开始进行早期智育，要求教员观察儿童、研究儿童、善为人师，这些显然都有可取之处。蒙台梭利教育理论的主要缺陷在于它把遗传作为儿童心理发展的主要因素，夸大儿童自我教育的作用，从而使教师的主要职责变成消极的、被动的。她的感官教育，由于教具机械死板，只注重事物的外部特征，只适用于单一感官的训练，因而未能很好地发展儿童的想象、思维和创造力，也影响了儿童对客观世界的整体认识。

第三节　瑞吉欧幼儿教育法

一、瑞吉欧幼教体系的形成及其发展

瑞吉欧的幼教体系始于从二战后的废墟中建立起来的家长学校。20 世纪 50 年代随着儿童的增多以及日渐明显的城市化带来的妇女的广泛就业，儿童接受学前教育成为一种普遍的要求，瑞吉欧的幼教事业有了一定的发展。至 1967 年，所有的家长学校都接受瑞吉欧・埃米利亚市的统一管理。在瑞吉欧・埃米利亚的幼教事业的发展过程中，社区对教育的支持发挥了非常重要的作用。瑞吉欧・埃米利亚历来就有社区支持家庭教养的传统，他们把对儿童的教育看作政府的集体责任，由此早期教养系统成了社区的一个重要组成部分。有数据显示，在意大利的 20 个地区中，瑞吉欧・埃米利亚所在的埃米利亚・罗曼格纳地区市民责任感最强、对地方政府和官员的信任度最高，还素有社会各阶层通过政党和经济的合作（农业、商业、信贷业、工人、厂家、消费者的联盟和核心）共同解决问题的传统。该城市以 10%的财政预算来支持其早期教育体制，如今，该镇已拥有 13 所托儿所（招收 4 个月到 3 岁的儿童），占该年龄段所有儿童的 47%和 19 所幼儿学校（面对 3—6 岁的儿童），占该年龄段所有儿童的 35%。社区的支持使瑞吉欧的幼教事业得以蓬勃发展，而瑞吉欧幼教体系在发展过程中，也保持着对社区和周围世界的不断联系，形成了向社区宣传、寻求社区支持的传统。

1971 年，瑞吉欧・埃米利亚市召开了名为“新儿童学校之经验”的全国性大会，大会的研讨过程和内容被编撰成书，此书多年来一直是意大利幼教机构发展所需的基本参考书籍。1975 年召开了题为“儿童是家庭与社会中主体和权利的来源”的全国大会，瑞吉欧幼教事业有了进一步的发展。1976 年，在被指控为“反宗教”的背景下，瑞吉欧幼教体系花了整整一年的时间，在各校讨论与教育相关的问题。参加讨论的有家长、教师、学校人员、文化界、政治界人士和宗教人士。这是一次开放性的文化交流，明确了发展的思想和理念，也扩大了该体系的影响。1980 年瑞吉欧・埃米利亚市成立了全国教育托儿所协会，即如今的全国托儿所幼儿园协会。它是一个独立的机构，吸纳了教师、幼教专家、学者、大学教授，目的在于巩固、讨论和研究学前教育机构范围内的问题以及有关儿童现状问题，该机构的形成为推进该市幼教的优质化提供

了一个坚实的基础。20 世纪 80 年代中期瑞吉欧的幼教体系有了极大的发展，幼儿园和托儿所的数量大大增加。

在这一发展历程中，瑞吉欧的人们不断吸纳先进的幼儿教育思想，逐渐发展形成了以方案教学为中心的一整套的幼教理念、原则、方法和体系。1979 年，瑞吉欧教育开始与瑞典的学校有密切的联系，这种联系在 1981 年达到高潮：在斯德哥尔摩市的现代博物馆举办了名为"如果眼睛能越过围墙"的展览，介绍了瑞吉欧前一学年的托幼工作成果，在这次经验的基础上，该展览逐渐向世界扩散。1987 年，该展览更名为"儿童的百种语言"，成为美国、日本、澳大利亚和欧洲幼教界人士的主要参照对象。1994 年，瑞吉欧儿童中心——保护合法儿童权利和潜力的国际中心成立，专门负责对外联络，瑞吉欧的影响越来越走向全世界。

二、瑞吉欧幼教体系的主要特色

（一）社区参与管理

在意大利，社区参与被看作培养市民变革的积极性、促进学校和家长合作的一条途径。如今管理的社会参与有两种形式，公立学校主要是在学校内部成立委员会；而幼儿园托儿所主要采取学校的以社区为本的管理方式，以社区为本的管理是儿童、家庭、社会服务和社会之间相互联系的理论和实践的整合。这两种管理方式能够适应文化和社会的变迁，能够促进教育者、儿童、家庭和社区的互动和交流。在儿童的教育中，多方协作才能发挥教育的一致性和一贯性作用。

社区参与教育的历史传统以及家长在瑞吉欧幼教体系建立中的奠基者的地位，使瑞吉欧的家长和社区参与形成了一定的机制和形式。社区管理采取的主要形式是咨询委员会，如今除了支持城市的需要，他们的作用主要不在管理（如招生、收费等），而是顺应家庭和教育者的需要。每两年家长、教育者、市民都要为每一所托儿所和幼儿园选举代表参加咨询委员会。瑞吉欧·埃米利亚市有 32 个咨询委员会。每个咨询委员会都要选出 1～2 名代表，服务于市托儿所和幼儿园教育部门，和市长、市里的教育主管、早期教育主管、教研员一起合作，负责本市幼教事业的管理和发展。家长还可通过家长会、讲座等机会具体参加到有关学校政策、儿童发展、课程设计和评估的讨论中。在瑞吉欧的幼儿教育中，家长不是消极被动的受动者，而是参与者和领导者，掌握着孩子及其学校的未来。

（二）学校的人员组成和时间安排

瑞吉欧·埃米利亚幼儿园在人员组成上很有特色。学校没有校长，由学校的主要负责人直接对城市的理事会负责，并和各教研员合作。教研员是该市幼儿教育的课程决策者，他们每个人负责 5～6 个学校（或中心），主要任务是确保市区 0—6 岁儿童教育的质量，并整合和协调该幼教体系的行政、技术、教学、社会和政治等影响幼教质量的各种因素。一般一个幼儿园有 3 个班，每个班级有 2 名教师（婴班 12 个孩子，托班 18 个，学前 24 个），另外还有一个总的艺术老师（接受的是艺术教育，和教师一起负责课程的发展和记录）以及几个教辅人员。这里的教师之间也没有等级，彼此都很平等。而且，同一位教师和儿童一起处 3 年，有利于师幼之间、儿童之间形成比较持久和稳定的关系，这为瑞吉欧幼儿教育营造了一种社区的气氛。

在时间的安排上，瑞吉欧幼儿园一般是 9 月 1 日开学，次年 6 月 30 日放假，而教师上班的时间一般是 8 月 23 日到次年 7 月 5 日。从星期一到星期五，教师供职时间是早上 8:00 到下午

4:00,额外服务时间是早上7:30到8:00和下午4:00到6:20。教师的周工作时间是36个小时,其中30个小时和孩子在一起,4.5个小时开会、计划和在职培训,1.5个小时记录和分析。

(三) 会说话的环境——注重环境创设

环境是文化的一部分,是文化的载体,能反映教育的质量。瑞吉欧的环境将他们对儿童的尊重物化在环境中,这种环境不仅能够促进儿童智力和美感的发展,而且传递了对处于该环境中的人们的兴趣、权利、需要以及能力的尊重。瑞吉欧的教师认为环境对于儿童的情感、语言、认知的发展具有深远的影响。他们把学校看作一个促进社会互动、探索、学习的"容器",一个有教育内涵的,包含教育信息,充满各种刺激,能促进交互性体验和建构性学习的环境。除了校内环境,瑞吉欧还非常重视学校周围的环境,其学校一般处于社区中间,因为他们的有些方案需要儿童走出园所去探索。

在具体的环境布置上,瑞吉欧充分体现了学习的社会建构理论。第一,整个环境的设计上洋溢着对美和和谐的关注,对学校文化的基本因素——社会互动的关注。第二,环境反映出儿童所付出的努力和所取得的成果,因为幼儿园到处展示着儿童个体、小组或集体完成的工作,其数量和质量构成了学校环境的一个显著特点,同时它也是教师和儿童改变学校环境、建构校园文化的一种方式。"我们的墙能说话。"环境成了两位教师之外的"第三位教师"。其中所有材料的投放和布置都是精心设计的,以吸引和激发儿童,鼓励儿童对周围环境作出敏锐而积极的反应,同时创造一种交流的环境:人与人的交流、人与物的交流。可以看出,瑞吉欧的环境与他们把儿童看作学习者和研究者的认识是一致的,能够保证儿童与环境的持续联系,让儿童卷入到深入的学习中,有助于儿童开展并完成长期的调查,解决重要的问题。

从建筑角度来看,瑞吉欧幼儿园的每个建筑都是向全校开放的,教室和功能房、教室和教室之间乃至学校内部的各个建筑都是通过"中心"(取名于城市中的一个中心广场,主要功能在于提供一个聚会和交流的场合,实乃学校中央的一个过道,连接学校内部各个不同建筑)相互联系。每间教室里面有不同大小的空间,有适合不同大小的小组开展合作活动的场所,有供儿童独立或开展个别交流的安静而私人的空间。每间教室的隔壁都有一个小艺术实验室,可供开展延伸活动,全校还设立了一个中心艺术工作室,是专门供存放音乐或文档、材料等的房间。

艺术工作室是瑞吉欧幼儿园的建筑中最有特色的一部分,这是一个允许儿童探索各种语言、各种表达方式的场所,也是教师研究儿童及其活动的一个场所。这里的气氛是自由而宽松的,艺术成为儿童建构思维和体验的媒介,成为教师自身专业发展的文化载体。艺术工作室的作用表现为:提供充分的复杂材料和工具,给儿童运用各种表征、在各种表征之间转换提供机会,让儿童发现自己擅长用哪种语言进行沟通。另外,它还是沟通家长与学校的媒介——教师借艺术工作室让家长知道学校为孩子所做的一切,以此来获得家长的支持和认可,这就使家长和学校有了交流的媒介,也有助于成人理解儿童工作的过程。对于教师来说,艺术工作室还有这样的作用:可以对儿童进行深入调查,发现儿童的个体差异以及在选择表达方式上的性别差异,可以回顾和反思儿童的工作历程,为教师的记录提供了机会,帮助教师不断地修正自己观察和记录的方法,是和其他教师以及教研员共同探讨并发展策略的场所,是教师研究和寻求自我发展的场所。

(四) 儿童的一百种语言——儿童学习与表达的手段

瑞吉欧·埃米利亚的学校对创造力和想象力的重视以及在这两方面取得的成就是举世瞩

目的。瑞吉欧的人们为他们的儿童创造了一个优秀的环境，一个能够让儿童自由地建构主客观经验的空间，一个能够使儿童在相互合作和社会化的气氛中不断地获得一百种主客观经验的环境。儿童在其中不但发现了自身的价值，还培养了创造和想象的能力。

儿童的创造和想象最明显地表现在他们结合并跨越各种感官功能，穿越在各种媒介之间的能力。他们能够用文字来表示视觉，也能够用图像来表达声音。他们对各种媒介的运用，构成了儿童的一百种语言。"儿童的百种语言"是在瑞吉欧的学校最经常听到的词汇。它既是该幼教体系在全世界举办展览的题目，也是一本全面介绍该体系的历史、哲学基础、儿童观、教师观以及管理风格等方方面面内容的书籍，它还体现出该幼教体系的特色——儿童的百种语言意味着儿童用100种(多种)不同的方式或者100种(多种)不同的符号系统来表达他们的态度。百种语言强调儿童在不断探索，不断形成假设并不断验证的过程中，可以利用任何一种语言来记录、理解并表现自己在活动过程中经历的记忆、想法、预测、假设、观察和情感以及最终的问题的解决。百种语言强调儿童利用任何媒介、以任何形式来学习、探索和表达，也正是在结合并跨越各种感官功能、穿越于各种媒介之间，儿童的创造和想象得到了最明显的表现，形成了瑞吉欧幼教体系中最明显的特征。

"语言"在其中是指儿童学习和表现的工具，是一种基本的认识、交流和表现手法。在瑞吉欧的教育工作者看来，语言不仅指文字语言，还包括许多非文字语言，包括动作、绘画、建构、雕塑、阴影游戏、拼贴画、戏剧表演、音乐等方式。儿童对各种媒介的运用构成了儿童的百种语言。这里的语言不仅仅是指一套符号，它还包括对符号加以整合以表达一定的含义。如用橡皮泥粘出的一个人是一个符号，但它本身并不是语言，而如果有12个小孩分别粘出了不同样子的人，以此来告诉别的孩子怎么玩"丢手绢"这个游戏，那么这些泥人就是成为语言的组成部分。再比如，把树叶在板上摆成一排并不是语言，因为它什么也说明不了，但如果孩子精心安排这些叶子，以反映风的强和弱，那么各树叶之间的联系就建立起来了，儿童也能够从中体会树叶的语言。所有这些不同的媒介，一旦整合起来说明一个故事，就形成了100种语言。教师鼓励孩子创造语言，从说话的语言到其他多种符号语言：树叶、手势、橡皮泥等。因为符号的本质就在于它能够把媒介转化为一定的信息。而正是这种带有一定目的的信息，鼓励儿童协商并共同建构知识。

瑞吉欧强调儿童的学习和表达不应只是人类特有的语言符号，还应该包括动作、绘画、建构、雕塑、阴影游戏、拼贴画、戏剧表演、音乐等方式；主张在儿童不断探索，不断形成假设并不断验证的过程中，利用任何一种象征语言(如绘画、雕塑、戏剧表演和写作等)来理解并表现自己的认识、来记录和表现自己在活动过程中经历的记忆、想法、预测、假设、观察和情感等并最终解决问题。这种幼教体系强调用艺术的手段来探索、理解和表现，就好比双语教育，外语不是作为一门学科来教，而是一种基本的交流和表现手法一样，他们通过系统地关注象征(符号)的表达方式——富有表现力的、起沟通价值的或认知的语言——探索周围的环境并进行自我表达，强调儿童以任何形式的语言来学习、探索和表达，极大地发展了儿童的想象力和创造力，从而形成了它最反传统、最具有变革性的特色。

(五) 方案教学与生成课程

1. 方案教学和生成课程

瑞吉欧的幼教体制中，被人们讨论最多的是其方案教学，方案教学也正是对瑞吉欧的幼教课程的最精辟的概括。要了解方案教学，必须先认识方案。方案是对某一个来自现实世界的、值得儿童关注的话题进行的深入而广泛的调查，一般是由小组儿童来完成，当然也可以是由儿童集体或个体来完成。方案的一个核心特点是：它是一种研究性的学习，是为了解决一定的问题或发现某个问题的答案而展开的，这个问题可以是儿童发起的，也可以由教师发起，或者由二者共同发起。方案强调发挥儿童的自主性，但也不忽视教师在其中的引导作用。一个成功的方案必须有足够的不确定性和开放性，能够让孩子以多种方式进行探索，能够激发儿童的兴趣，激发孩子的创造性思维和问题解决技能。方案、主题和单元这几个概念相关但却存在着区别。主题一般是一个含义比较广泛的概念或话题，在我国常常是由教师提前计划好的，如四季、动物等，然后由教师收集与该主题相关的各种资料和材料，让儿童从多方面对该主题有更新的了解。显然，主题可以成为方案活动的一个子话题，但方案活动与它的区别主要在于，方案活动相对更开放、更自由。单元是一些针对某些在教师看来对儿童很重要的话题而设计的课或者活动，教师一般有明确的计划，事先设定好目标，对孩子掌握的概念和知识有一定的要求。而方案是以自身的逻辑发展的，没有时间的限制，其结果很难预测。

方案教学是一个教和学互动的过程，是教师和儿童共同展开研究性学习的过程。方案教学与正规的系统教学存在着互补而不是完全替代的关系，二者各有千秋，对儿童的发展都不可或缺。系统的教学是为了帮助儿童获得一定的知识技能，是针对儿童“不能做什么”，强调的是外在的动机，是在教师的直接指导下进行的，是预设的。而方案教学活动则给儿童提供了应用知识技能的机会，是根据儿童“能够做什么”，强调的是儿童内在的动机，教师重在鼓励儿童成为自己学习的主人，准备和安排必要的材料和环境，对儿童进行观察并与儿童协商决定学习的方向，以使儿童持久地参加到活动中来。可以说，方案活动给儿童提供的是一种背景，让儿童在其中主动地学习，自己决定和选择并探索自己感兴趣的东西，它不是一系列的预设，而是一个高度灵活的过程，儿童和教师之间存在很大程度的合作。

瑞吉欧课程的另一个突出的特点是强调生成性、动态性和过程性，通常没有明确规定的课程内容，也没有硬性的课程计划或教学方案，更没有事先设定好的结果①。在这种课程中，儿童作为学习者是积极主动的而不是消极被动的，他们是自己自发学习的主人，但这并不意味着课程的内容都来自儿童，其中不乏教师的引导和启发。瑞吉欧教师在方案教学中与儿童之间是平等的合作、共商、共建关系。教师在保证自己的计划足够开放的基础上，仔细观察儿童的兴趣和问题，然后根据社会的价值观做出反应并对儿童进行实时的评估，再在评估的基础上提供反应性课程，支持个体和小组的发展。这种课程的评估不是为了在儿童之间进行比较，而是为了了解儿童的方案、情感、兴趣、倾向和能力，以计划出有意义同时又富有挑战性的课程。这种评估也不是着眼于儿童的缺陷和不足，而是儿童独立的或者在外界帮助下、在不同情景下能够达到的水平，是一个动态而灵活的过程，是在真实情境下的评估。

在瑞吉欧的幼教工作者看来，方案教学是一种“弹性计划”——有计划，但这种计划只是提供一个弹性而又复杂的基本框架，教师可根据活动中幼儿的反应以及活动的进程来确定活动的发展方向；同时它又是弹性的，课程的设计和实施常常是开放性的，它是借助于一定的需要

---

① 龚楠.瑞吉欧教育观对我国学前教育的启示[J].科教导刊，2019(34).

和条件，在具体的情境中逐步发展而成的，可以说是教师和儿童共同建构、共同协商的结果。这实际上就是一种生成课程。以下就分别从课程的来源与发展、课程的目标和评估来了解方案教学。

2. 课程的来源

方案（生成课程）的来源有很多：① 儿童的兴趣：一旦自己的兴趣得到承认和支持，其探索就不需要有任何外在的刺激了。② 教师的兴趣：教师也拥有一些值得和儿童一起探索的兴趣，开展教师喜欢的工作，不仅让孩子学到了东西，还让儿童感受了教师的热忱。③ 发展的阶段任务：儿童在每个发展阶段，总有一些必须掌握的发展任务，如会单脚跳、会数、会说等以及在社会性发展上的自主、友谊等，因此适合儿童发展的课程就给儿童提供了许多能够发展这些能力的机会。④ 物理环境中的事物：不管材料和工具是天然的或是人工的，都反映着一定的环境，如反映当地的气候，这些需要儿童亲身经历。⑤ 社会环境中的人：儿童对各种各样的人——邻居、售货员等都会感兴趣，他们是干什么的，从哪儿来，儿童需要了解这些人并和他们建立联系。⑥ 课程内容材料：教师手头可能拥有各种课程内容材料，可根据自己的环境、条件、教学风格以及儿童的兴趣酌情采用。⑦ 意外的事件：教室、社区乃至自然界发生的一切意料之外的事情，教师可以考虑采用。⑧ 共同生活中的事情，如冲突的解决、保育以及常规：日常生活中发生的事情都是潜在的课程内容，或者说是课程的基本成分。⑨ 社会文化、社区、学校和家庭的价值观：教育一定要反映并满足一定的社会期望，但价值观的习得不需要直接教学，而需要适合发展的环境。

3. 经验的选择和课程的发展

方案（课程）的发展一般有三个阶段：开始、发展和结束，这三个阶段不是一个线性发展的过程，而是呈螺旋式上升趋势，其中的经验是不断重复的，但又是不断提升的，能使儿童从熟悉的东西入手并提炼新的理解。

开始阶段的主要任务有：确定主题，制定概念图，提出要探索的问题。在这一阶段，教师一般先进行初步计划，根据儿童的兴趣、课程内容、材料是否可得选择研究的主题，如是否与儿童的日常生活密切相关，这是为了保证至少有部分儿童对这个话题足够熟悉，能够提出一些相关的问题；是否相对比较开放，除了包含一定的读写算等基本技能，还要能够融合科学、社会以及语言等多门学科；内涵是否足够丰富，至少能够让儿童探索一个礼拜；是否适合在学校里而不是在家里开展等。具体说来，选择的标准大致有以下几点：是儿童的现实生活中的；大多数儿童对此都有经验；能够进行直接的调查研究，且没有任何危险；材料很方便；可能包含多种表征方式；有可能吸引家长的参与和支持；适宜社区和社会的文化和环境；大多数儿童会感兴趣；与学校或地区的课程目标和标准相关；有充分的机会让儿童应用基本的技能；具体的——不是太窄也不是太泛。总之，一个好的话题应该增强儿童的本来的倾向，能够吸引儿童的兴趣并投入到深入的观察和调查中，并以多种方式表现出自己的认识。主题确定后，教师之间一般要进行“头脑风暴”，围绕某一话题制作一份概念图，提出方案发展的种种可能性，也只有这样才能保证教师有足够的开放性，随时接受来自儿童的观点。概念图还有利于活动的继续并对活动的进展进行评估。在这些准备之后，教师和儿童一起讨论，从中了解儿童已有的经验和知识，并帮助儿童提出有待探索的问题。

第二阶段——发展：对问题进行直接探索，包括实地去调查某场所、物体或事件；提供各种材料，实物、书籍以及各种研究性材料以帮助儿童展开调查；建议展开探索的方法，每个儿童都把自己的认识表现出来，而教师通过全班或小组的讨论使每一名儿童都互相了解各自的工作。这一阶段是方案活动的核心，儿童展开调查、从观察中获得信息并进行记录，建立模型，进行预测、讨论，并把自己的理解表现出来。如“雨中的城市”，儿童就在下雨时实地到雨中去观察，观察雨中的人们匆忙躲雨；去倾听，倾听雨落在不同表面上的不同声音，去体验，体验雨中的兴奋、忧虑和快乐。儿童在雨中观察雷鸣、闪电、乌云，观察光和色的变化，观察城市中的人和物的变化。

第三阶段——整理并展示结果：儿童以多种形式准备各种发现以及作品，然后由教师安排一次供孩子交流和分享学习经验的机会，可以讲述活动开展的过程，其中教师可以帮助儿童精心挑选交流的材料，引导儿童回顾和评价整个活动阶段。教师还允许儿童以想象的方式如艺术、故事或戏剧表演等方式来内化新经验。最后教师还利用儿童的兴趣和想法，在这个完成的方案的基础上衍生出一个新的方案，如在“雨中的城市”中，儿童最后画出了水的循环和下雨前后天空的变化等，最后还延伸出“从一个雨水坑开始”活动，引发儿童探讨污水中光和色的变化，水的透明性以及对倒影、反射的认识。正是在这样的感知、观察和思考中，在这样一种更深更广的活动机会中，孩子的认识越来越接近科学，儿童的探究、想象和表征变得越来越融合。总之，雨、城市和儿童组成了一个巨大而统一的环境，从中可以读取儿童的语言、图像表达和思维发展过程。

总之，瑞吉欧的方案教学是借助于教师对儿童的观察以及就某个话题对儿童的提问开始的，然后教师再根据儿童的回答和反应，引进一些材料，提出一些问题，提供一些机会以激发儿童继续探索。它是在具体的情境中逐步发展而成的，是教师根据活动中儿童的反应以及活动的进程来确定活动的发展方向的，和儿童协商和共同建构的结果。虽然教师在活动之前进行不少的预测，但教师的预测只是初步的计划，可用来确定方案发展的阶段，同时因为活动是教师指导下儿童的主动探索，这种师幼互动的本质决定了方案的发展必然是无法预料的，课程的设计和实施常常是开放性的，其课程的发展过程也是一种研究的过程。

4. 课程的目标与评估

课程的目标：方案教学要求提前制订一般性的教育目标，事实上第一阶段对方案的最初构想就是一种计划和设计，但它并不预先制订每一个方案或单元的具体目标，他们是根据自己对儿童的了解以及在前期的经验上对可能出现的种种情况作出假设，形成弹性的目标，随时根据儿童的需要和兴趣作变动。儿童的需要和兴趣可以是儿童在活动过程中表现出来的，也可以是教师推断出来的或由教师引发的。教师和儿童都将不断讨论和挑战种种假设，教师的计划包括准备学习的空间、材料、想法、情境，给儿童提供充满问题解决情景，让儿童在积极的探索中学习。瑞吉欧的目标是增加儿童创造和发现的可能性，试图促进儿童在认知、情感、象征性(表征)等多方面的发展，扩大儿童的交流的渠道，掌握交流的各种技巧和手段，同时意识到彼此之间是不同的，有不同的想法，由此也认识到自己有自己的想法和独特的视角，认识到世界是多元化的，由此增强每一个儿童的自我认同感(从成人或者其他同伴的认同中)，培养归属感和自信，维持社会学习的过程，帮助儿童学会学习。

课程的评估：方案活动能够让教师看到儿童作为独立的个体和一定群体中的成员在技能上掌握和应用的程度以及儿童的理解程度，但对于这样一种非目标指向的课程，其评估应该如何进行呢？瑞吉欧提倡记录的作用，记录是一种对儿童的学习和教育活动的说明和解释，是以任何一种形式记载能够提供足够信息帮助他人理解所记录内容的活动。记录的不仅是儿童的成果，而且还有儿童工作的过程，能够反映出儿童如何计划、执行和完成所展现的工作，教师可以借此对儿童进行评价。同时因为儿童可以凭借记录和展示回味或学习别人的工作，所以在儿童深入而广泛地学习某个方案的同时，还能够发展儿童的自评和互评的能力。

对儿童进行观察并进行记录实际上早就存在于许多的幼教方案中，但瑞吉欧·埃米利亚的记录更多地重视儿童在活动的过程中反映出来的经验、记忆、想法。从瑞吉欧·埃米利亚的经验中可以看到，记录一般包括：在活动的不同阶段儿童所完成的不同作品，反映活动过程的照片以及誊写的磁带内容，成人的评语，以及儿童在活动中的讨论、评语和解释甚至家长的评语。记录不是一个终结性的报告，而是一种过程性的报告，它是通过建立文件夹和档案（但并不是收集所有的信息）而形成的。在这些丰富而翔实的资料的基础上，教师就能够进行评估并做出判断，提出适宜的改进策略来支持每个儿童的学习和发展。可以说，记录提供了标准化测试所不能提供的信息，反映出了远远超出传统测试范围的内容，有利于更深入和广泛地理解儿童。当然记录不仅是评价的作用，它还是家长参与的又一种方式，能够让家长认识儿童在幼儿园的生活，从而共同参与到子女的教育中。另外对教师而言，这也是一种研究的工具和手段，能够让教师更好地了解和引导儿童，更明确地了解儿童的进步，同时也能够发现自己在儿童发展中的作用：如何帮助和引导儿童。同时也为教师修正和改进自己的教学方法、提出新的教学策略提供基础。

不难看出，瑞吉欧的评估是动态而灵活的，是真实的情境化的，是教师在理解儿童的方案、情感、兴趣、倾向和能力并设计出对儿童有意义同时形成一定挑战的学习经验的基础，是教师设计出对儿童个体或集体起支持作用的反应性课程的基础。这里的评估不是要对儿童进行比较，或者把儿童分类开展不同的特殊教育，给儿童贴标签或者是给他们打分。也不是着眼于儿童的缺陷和不足，而是儿童独立能够完成的事情以及在外界帮助下、在不同情景下能够达到的水平。这是一种在民主和社区般的气氛中进行的评估，不仅面向个体而且还涉及对儿童之间互动、小组。当今社会强调民主、主张学校和班级形成一种社区的气氛、重视合作性学习，这种评估方式就是其中一个很重要的推进力量。

（六）儿童、教师与研究性学习

1. 儿童与教师

从儿童的地位来看，瑞吉欧教育者认为“儿童是主动的有能力的学习者，是自己发展的主人”。① 儿童具有丰富的潜力，很强的可塑性和很强的学习和成长欲望，渴望与别人交流和沟通；同时儿童又是独特的，但儿童的差异，可以在有利的或不利的环境下扩大或缩小。教师提供的机会和可能性越多，儿童探索的动机就越强，由此他们的经验也会更加丰富。这就要求教师成为儿童探索的材料的提供者和环境的创设者。

教师应该成为一个观察者，学会如何去倾听儿童、发现和认识儿童，允许儿童自主、自由地探索，同时教师成为儿童活动的参与者，加强对儿童的反应性。在感觉到儿童的兴趣和想法的

---

① 石丽娟，袁爱玲．瑞吉欧的教育看幼儿教师角色的现代化[J]．幼儿教育：教育导刊，2002(2)．

同时，就此在同事之间展开讨论，然后给予儿童反馈，与儿童对话，提供给儿童工具、材料和空间，引导孩子拓展、综合和改变自己原有的想法。在这里，教师不是一位讲师，而是儿童学习过程中的导师。

此外，儿童是学习者和研究者，教师要成为儿童活动的支持者和研究者，不断发现具有挑战性又适合儿童需要的问题，进而发起和培养一种学习情境，引导儿童自主建构。教师还是个研究者，他们系统地观察、记录，不仅关注儿童的工作和语言，而且还附上自己的解释、说明和评价，由此使教师从对儿童的观察转变为对儿童的研究。教师还在教研员的指导下和其他教师共同讨论如何制定课程并进行评估。可以说，瑞吉欧的幼教体系对教师抱有对儿童一样的期望和信心。

2. 研究性学习

瑞吉欧的教师把自己与儿童的互动称为是在“打乒乓”，教师接过儿童扔过来的球，然后把球扔回给儿童，促使儿童继续玩下去或者开展新的游戏方式。“接过儿童扔过来的球”形象地说明了教师的主要任务就是维持游戏的进行，教师可以回球，也可以在技巧上给予指导，可以在材料上有所调整，进行支持性的干预，以扩展儿童“发球”的技巧和策略，提高注意力和努力，同时又保证儿童充分体验游戏的快乐。这反映成人的作用不仅是满足孩子的要求、回答问题，而且还要帮助儿童发现自己的答案，更重要的是帮助儿童问自己一些好的问题。这一“打乒乓”的过程是教师和儿童共同学习、共同探索、共同研究的过程。

瑞吉欧的教师尊重儿童的独创性、主体性和差异，关注儿童的活动，并在观察和记录的基础上作决策，它强调的是教师追随并进入儿童积极的学习过程，不断地观察、评估、研究儿童以及方案的发展，教师的工作是全面的和循环的，而不是割裂的和线性的。教师的行动不是按照固定的程序，而是不断地重复和循环。这种师幼关系决定了教学是一个非常复杂的同时很难预料结果的过程，需要教师与儿童、儿童之间能够很好地协商，共同对某个问题进行研究，即所谓的研究性学习。

瑞吉欧幼教体系强调儿童的有意义的合作、主动建构、发现学习并不断反思；环境设计上重视提供一个有多种选择的、能够促进互动的、充满美感和变化的环境；教学上聚焦于建立在儿童的兴趣之上，不规定时间，有助于儿童深入理解，综合了艺术、科学、数字和语言等多种学科的方案活动；在教师的角色定位上着重教师系统地研究儿童的学习和知识建构、认真地观察和记录孩子、成为儿童学习的合作者和研究者而不是知识的传递者乃至维持和家长及社区的高水平的双向交流的强调。所有这些无不反映出一个与众不同的成功幼教体系的特征，对记录的重视以及对孩子的多种学习和表达方式尤其是艺术形式的强调为它赢得了很高的声誉，许多国家和地区正在从中汲取有益的成分，如瑞典斯德哥尔摩的实验托幼学校，阿尔巴尼亚的提拉那幼儿园，美国密苏里州圣路易城、俄亥俄州和加利福尼亚州的一些幼儿园以及泰国曼谷的一些私立学校等。可以说，瑞吉欧提供了一种新思路，让我们重新看待儿童作为一个学习者的本质，重新审视课程的设计、教师的作用、教学活动的开展、学校的组织和管理、环境的设计和使用以及家长、教师和儿童的合作等方方面面的因素。

三、对瑞吉欧幼教体系的简要评价

瑞吉欧幼教体系是世界三大幼儿教育体系之一，以其独特的魅力风靡全球。首先，其课程最为突出的特点是其生成性。但我们应清醒地意认识到预设课程与生成课程都有其优点，在儿童发展的过程中都能起到不可替代的作用。预设课程目标明确，方便教师充分思考和组织教学方法和手段，也有利于精确的课程评价，特别适合于间接经验的传授；而生成课程则更加灵活多变，容易激发儿童的兴趣，有利于儿童创造力、思维能力、动手能力、探究能力的发展，更适合使儿童获得直接经验。因此，应该促进预设课程与生成课程的相互结合甚至相互融合。其次，瑞吉欧教育强调师幼共建课程。具体而言，瑞吉欧体系中教师和儿童都有权将所感兴趣的问题生成为主题课程；教师和儿童共同决定课程的发展和走向；教师和儿童都有权对课程以及自身在课程中的表现和所起的作用做出评价。所有这些都是“幼儿为主体”教育理念的体现。但师幼共建课程赋予了儿童更大的权利的同时对教师的要求更高。倘若幼儿教师不具备驾驭师幼共建课程的能力、素养和经验，那么课程实施极易走向混乱和失控。最后，瑞吉欧教育模式中家庭教育、社区教育充分结合，在幼儿教育方面协商、合作、共建、共享的理念和机制成为典范。但要落到实处，我们既要深入思考社区资源在幼儿园课程体系中可能发挥的作用，也要探索幼儿园为社区服务的新途径，双方密切结合方能取得实效。

第四节　马卡连柯的学前教育思想

一、生平简介

安东·谢妙巧维奇·马卡连柯(1888—1939 年)是苏联著名的教育家，出生于乌克兰别洛波里城的一个普通工人家庭里。马卡连柯 17 岁开始当小学教师。十月革命胜利后，马卡连柯主要从事对流浪儿和少年违法者的教育改造工作。

1920 年，他被委派组织一所“少年违法者工学团”。马卡连柯大胆进行教育实践，积极探索新的教育规律，经过艰苦的工作，使数百名犯罪儿童成长为新人。1922 年，工学团改称“高尔基工学团”。

1927 年，他离开了工学团，组织并领导了同一性质的“捷尔任斯基儿童劳动公社”。他进一步发展了工学团的经验，创造了在集体中把教学与现代工业生产相结合的教育形式。他在工学团的教育和公社的实践中，把三千多名走入歧途的青少年改造成为具有共产主义觉悟与一定知识技能的社会主义建设人才和先进人物，引起了国内外广泛的注意。1935 年以后，马卡连柯主要进行教育理论的总结、研究与宣传工作。其主要著作有《教育诗》《塔上旗》《父母必读》等。

二、马卡连柯的主要教育思想

(一) 论集体主义教育

1. 关于“集体”的概念

集体主义教育思想是马卡连柯教育思想体系的基础和核心，如何组织和培养集体是马卡连柯全部教育实践和理论研究的中心问题。他认为，集体是一个社会有机体，集体内部有机构、权能、责任和各部分之间的相互关系和相互依赖。他认为社会主义社会是建立在集体主义原则上的，个人不能脱离集体而存在，个人的创造能力和力量也只有在集体中才能得到充分发挥。社会主义教育的目的就是要培养集体主义者,这样的人只有在集体中、通过集体和为了集体才能培养出来。他在自己的教育实践中创造了一整套集体主义教育的原则和方法。值得注意的是,尽管马卡连柯如此强调集体的重要性,但他从未忽视个人自我发展的重要性。根据他的观点,集体应该具有以下四个特点。

(1) 集体不是乌合之众,而是由共同的目的、通过共同的劳动并在劳动的共同组织中把人们团结在一起。

(2) 每个集体都是整个社会的一部分,与其他集体有着有机的联系;集体首先对社会负责,对整个国家承担义务;集体的每个成员只有通过集体才能参加社会;组织性和纪律性是形成、巩固和发展集体的基本条件之一,在集体中个人的目的和利益必须服从集体的目的和利益。

(3) 集体拥有管理机构和协调机构,这些机构有权代表集体并行使各种职责。

(4) 有正确的集体舆论。

2. 集体主义教育的原则

(1) 对儿童高度尊重与严格要求相结合的原则。马卡连柯认为,对一个人提出要求,就是对他的力量和可能性的尊重,而在这种尊重里表现出对他的要求。如果对人没有要求,就不可能形成集体。从这一基本思想出发,他主张在教育工作中首先必须尊重儿童,即尊重儿童的人格,相信儿童的力量,善于发现儿童的优点,满腔热情地对待他们,把每个儿童都看作发展中的人。因此他在改造少年违法者时从不提他们的历史,不揭人家的疮疤,不伤害其自尊心。

(2) 平行教育影响原则。这一原则反映了马卡连柯高度尊重和相信学生的思想。马卡连柯在实践中发现,不可以把学生当成孤立的个人进行教育,于是提出了平行教育影响原则。这就要求教师在教育过程中把集体作为教育对象,在教育集体的同时通过集体去教育个人;而在教育单独的个人时也应想到对整个集体的教育,通过对个人的教育影响集体。马卡连柯认为,教育只有针对集体中的每一个人,而不是针对个别的个人时,才能培养出真正的集体主义者。

(3) 前景教育原则。马卡连柯认为健康的集体必须不断发展。根据集体运动的规律,他提出了沿近景—中景—远景目标发展的前景教育原则。按照这一原则,首先应该激发生活的乐趣,把欢乐变成现实的东西,然后把较简单的欢乐变为更复杂的、更重要的欢乐,即从简单原始的满足过渡到高尚的责任感。这就要不断地向集体提出新的任务,向集体展示一个又一个前景,引导集体为实现新任务的目标而奋斗,鼓舞集体在追求美好的前景中不断前进。

3. 集体主义教育的方法

(1) 培养集体的优良作风和传统。马卡连柯指出,根据集体继承的原则,优良的作风和传统对于美化集体、巩固集体具有重要意义,培养集体的优良作风和传统是集体主义教育的重要方法。他认为,优良的作风应有三个标志:集体成员朝气蓬勃、积极乐观、充满信心、团结向上;每个成员都知道自己在集体中的地位、责任,自觉维护集体荣誉;每个成员都能自我克制,对他人谦虚、礼貌。

(2) 纪律教育。在马卡连柯的教育思想体系中,纪律教育是与集体主义教育紧密联系的。严格的纪律促使集体变得更完善,使集体的每个成员变得更美好。为了使集体有良好的纪律,必须做许多工作,其中包括建立合理的生活制度、奖惩制度,在纪律教育中教师和家长必须以身作则。

马卡连柯特别阐明了纪律与要求、奖惩的关系。他认为,要求是纪律的基础,没有要求就没有教育,也就不可能建立集体和集体的纪律。他把要求的发展与集体的发展联系起来,根据儿童认识发展程度把要求分为三个阶段:在集体初创阶段,由集体的组织者和领导者提出要求,而且以不许反对的专断方式提出;集体中出现了一些积极分子时,他们以自己的要求来支持领导者的意见;集体已形成和巩固时,应由集体提出要求。达到第三阶段时,集体已有了一定的步调和作风,集体和个人达到了高度纪律化。

(3) 奖惩教育。马卡连柯对奖惩问题做了精辟阐述。他认为适当运用惩罚是必要和有益的。惩罚是集体影响的形式,其出发点是集体,施行惩罚的理由是被惩罚者违反了集体利益。惩罚是一种教育,其本质是让被惩罚者知道自己有错,它不应造成精神和肉体的痛苦,体罚是决不允许的。

(4) 家庭劳动教育。马卡连柯是苏联第一个提出家庭劳动教育理论的教育家。他认为家庭劳动教育是顺利完成学校专门教育的基础,"在教育自己的儿童的工作中父母永远不要忘记劳动的原则"①。马卡连柯忠告家长,家庭劳动教育应及早开始;要根据儿童的年龄特点来安排劳动,刚开始的劳动要在游戏中进行,但随着年龄的增长劳动应日趋复杂并逐渐和游戏区分开来;应让儿童进行有兴趣的、力所能及的、适量的劳动②。

4. 集体的组织结构

(1) 统一的学校集体。马卡连柯一生致力于建立统一的学校集体。他认为,只有建立了统一的学校集体,有了集体的舆论,才能使学生养成使个人的行为有利于社会的习惯,养成儿童的公民荣誉感和责任感,并认识到自己对别人的义务。统一的学校集体的形成要有两个条件:一是统一的教师集体,二是统一的学生集体。

(2) 基层集体和集体中的自治。在马卡连柯的教育实践中,这样的基层集体就是分队,这是由队长负责的一长制的权力机构。基层集体的人数为7~15人。集体中的自治机构是全体大会、队长会议、值日队长制度等。全体大会要解决一切日常生活问题和工作问题,所有学生都参加全体大会,它是主要的自治机构;队长会议是处理一切日常工作的管理机构;值日队长是集体的全权代表,所有的人都必须服从他。这些传统对巩固集体、教育集体成员起了很好的作用。

(二) 论教师集体和家庭中的集体教育

马卡连柯认为,没有一个良好的教师集体是培养不出良好的学生集体的。因此,马卡连柯研究了如何建设教师集体的问题。在他看来,建设教师集体应当注意四个方面。第一,教师集体应当是一个合理的组织。在组织教师集体时,要注意教师的年龄和性别结构以及教师的性格和业务能力等因素。第二,教师集体应当有明确的教育目标和坚定的政治信念。第三,教师集体要团结,行动要一致。第四,教师集体和学生集体要建立密切的联系。

家庭中的集体教育也是马卡连柯探讨的一个重要问题。为了在家庭中进行集体教育,马卡连柯提了以下建议:第一,要尽早地让儿童知道父亲和母亲在什么地方工作,做什么工作,这种工作是如何困难,需要付出多大的努力,取得了什么成就;第二,要让儿童及早明白家庭预

---

① 马卡连柯全集编辑委员会.马卡连柯全集(第4卷)[M].耿济安,等,译.北京:人民教育出版社,1957:448.

② 郭志明,邓冉.苏联人民教育家劳动教育思想研究[J].天津市教科院学报,2021(01).

算，知道父亲和母亲的工资；第三，要使富裕家庭的孩子明白家庭的富裕没有任何值得夸耀的地方，使经济困难家庭的孩子不羡慕其他家庭，并养成坚忍的性格。

（三）论幼儿游戏

马卡连柯认为，尽可能早地诱导儿童丢掉游戏，转向努力学习，关心学习，这样的转向不会带来好处，这是给儿童施加压力，它会引起儿童对学习的厌恶并强化他对游戏的向往。为了指导儿童的游戏并在游戏中教育他们，马卡连柯建议家长应该很好地考虑这样一个问题：游戏的真正目的是什么？如果家长不考虑这个问题，不好好地研究这个问题，他们就不能指导儿童，并将在任何个别场合下不知所措，与其说教育孩子，不如说是毁了孩子。

1. 论游戏的目的

（1）让孩子真正地游戏，进行想象，制作东西，把各种东西组合起来。

（2）不要让孩子第一项任务还没完成就从一项任务转到另一项任务，要让孩子把自己的事情做完。

（3）要让孩子在每个玩具中发现一定的、对将来有用的价值，保存好玩具，爱惜玩具。

2. 论儿童对玩具的态度

儿童不应该破坏玩具，应该爱护玩具，但如果玩具坏了，也不应该没完没了地痛苦。父母的任务是始终能在上述情况下帮助孩子，他建议家长们要经常采取措施去修理损坏了的玩具，任何时候都不要过早地扔掉它。在游戏过程中家长应尽可能给予孩子充分的行动自由，但这仅仅是指当游戏正确进行的时候。如果孩子遇到了某种困难，如果游戏过于简单，没有趣味，就需要帮助孩子：暗示他，提出某个有趣的问题，补充某种新的、有趣的材料，有时甚至可以和孩子一起玩。

3. 论家长和幼儿在游戏中的关系

游戏是儿童最主要的活动，儿童从游戏中获得快乐。但是，马卡连柯注意到家长往往热衷于游戏给儿童带来的快乐，而忽略了对游戏的指导。教育者应当关注儿童的游戏发展水平，适时地帮助而非干预游戏进行。在游戏中孩子们常常争吵、打架、互相抱怨。家长应该心平气和地询问孩子，尽可能搞清事情的真相。要给孩子解释清楚，在游戏中没有必要总是寸步不让，应尽可能寻找和平的办法解决冲突。在处理问题时不应只看见自己的孩子，而应该看到全体孩子，与其他家长一起教育这个孩子的群体。只有在这样的情况下才能给孩子带来最大的利益。没有什么东西比父母对邻居家庭的狂热的攻击态度更有害的了；这样的攻击恰恰将培养儿童性格中的恶毒性、猜疑性，培养野蛮的、盲目的家庭利己主义者。

4. 论游戏的意义

马卡连柯认为，在游戏中应该培养儿童追求更具价值事物的内涵和长远意义，而不是追求简单的满足；要培养儿童克服困难的勇气，发展想象力和开阔思路；应该时刻注意到孩子在游戏中已进入了社会，要求他不仅有进行游戏的能力，还要求他能正确地接物待人。

三、简要评价

无论是在苏联教育史上，还是在世界教育史上，马卡连柯都是一位具有深刻影响的重要人物。他既是教育实践家，又是教育理论家。他热爱儿童，把教育看作一项极崇高的事业，以培养共产主义新人为己任。他以马列主义，尤其是辩证唯物主义为指导，坚持共产主义方向，在十月革命胜利的最初二十几年中对社会主义教育规律进行了开拓性的探索，他的教育实践活动和由此而产生的一整套社会主义教育理论因而具有革新的性质。马卡连柯的教育实践是成功的，3 000多名少年违法者和流浪儿经过他所培育的集体的教育和锻炼，成为一代社会主义新人。马卡连柯的劳动教育与纪律教育与资产阶级的截然不同，特别是他的集体教育更是任何资产阶级教育家所未曾实行与论述过的。由于“工学团”和“公社”的教育对象和教育任务的特殊性，马卡连柯采用了不同于一般学校教育的教育途径与方法，作为实践经验的总结，马卡连柯的教育理论在一定程度上也具有特殊性。但是，由于马卡连柯培养的集体与苏维埃一般学校集体在本质上是一致的，加之马卡连柯以马列主义为指导，对教育实践活动做了高度的科学概括，因此他的教育思想的精华所在又具有普遍指导意义，在一定程度上揭示了社会主义教育规律，这是值得我们深入研究并根据我们自己的传统和条件大力加以发展的。我们虽然高度评价了马卡连柯的教育实践和教育理论，但是应该指出，马卡连柯实际上未能很好解决全部教育问题，这也是我们所不能苛求于他的（例如，不能说他将劳动与教学有机地结合起来）；在他的论述中，尽管他努力以辩证法为指导，但仍存在某些片面性和绝对化的问题。

第五节　华德福学前教育思想

华德福教育，简单地说是一种以人为本，注重身体和心灵整体健康和谐发展的全人教育，体系主张按照人的意识发展规律，针对意识的成长阶段来设置教学内容，以便于人的身体、生命体、灵魂体和精神体都得到恰如其分的发展。

一、华德福学前教育思想的产生背景及发展

一种新的教育思潮的兴起，通常是伴随社会的巨变而来。华德福教育体系的产生即是如此。第一次世界大战结束，德国战败。国内的经济也跟着一败涂地，饥荒遍地，示威、罢工四起，暴动频频。大家都迫切地想找到解决社会、经济及政治上的各种难题的答案。奥地利科学家、教育家鲁道夫·史代纳（1861—1925 年）是华德福教育的创立者，他提倡一种全新的人文精神和教育理念。他认为，工业化社会存在的问题不可能单纯在物质层面上加以解决，应该从改变我们的思维方式、改变教育入手。文明的社会秩序来自人与社会、宇宙的和谐发展，所以教育应当以人为本位，引导人寻找真正的自我，唤醒人与生俱来的智慧，唤醒一个人对生活、对自我的观察和判断，给自己生命以意义和方向。正是在这样一种背景下，华德福教育思想应运而生。

第一所华德福学校于 1919 年创立在德国的斯图伽达。当时，一位德国企业家依米尔·默特邀请鲁道夫·史代纳根据人智学的研究成果，为他的香烟厂工人的子弟办一所学校，并以工厂的名字命名。这所学校办得很成功，被认为是代表未来教育的典范。凡是实践这一教育理念的学校都被称为华德福学校，也被称为鲁道夫·史代纳学校。此后，华德福教育在北美、欧洲、巴西、南非、埃及、以色列、日本、泰国、印度等世界各地都得到发展。华德福教育独树一帜，沿袭传统，以其独特的教育目的和思想在世界教育领域占有了一席之地。目前，全球有 50 个国家和地区设有十二年制的华德福学校，幼儿园更是不计其数。中国的台湾、香港也都有比较成熟的华德福学校。深圳和成都于 2004 年 9 月同时开办了华德福幼儿园。华德福教育在很多

国家的发展也有民间参与，一些热心教育的有识之士希望通过华德福教育来净化功利社会，在教育过程中，帮助成人和孩子在物质社会的大潮中把握自己的精神生活，寻找自己生命的使命和对自己负责。

二、华德福学前教育主要思想

（一）教育目标与理念

教育信条：每一个人都是独特的个体，有其不可剥夺的价值与尊严，功名利禄之类的标准，绝非人之追求所在，在相间于生与死的时间之河上，人要做的是开拓自己生命的意义，达成完善的自我。当一个人懂得自己之为人的尊严和价值时，他也就会尊重他人，尊重自身所在的世界，懂得感恩，懂得爱与分享。

华德福教育认为每名儿童的个性正在形成，并且以非常独特的方式成长，他们是发展的、逐渐成熟的人，充满潜能和希望，拥有天生各不相同的能力和技能。在这个世界上，每名儿童都有独一无二的位置，同时也分享共同的社会关系。华德福倡导和培养灵活的思考，艺术的活动，实践的能力，以及对人类心灵的呵护和理解。

教育目标与理念：华德福教育以学校为纽带，使学校建设参与者、志愿者、教师、家长和儿童一起形成有着共同理念的生活文化社区，成为一个共同学习，开放交流、互相帮助和不断完善自我的平台。通过华德福教育，帮助成人和儿童的身体和心灵健康地和平衡地成长，在学习科学知识和生活技能的同时，丰富心灵情感，不断地探索人生以提升人文精神，成为精神意义上独立和自由的人。

教育是科学的，也是艺术的，教育是基于对人的天性及本质全面观察和认识基础上，充满着生命力和创造性的活动。每个人都是精神、心灵和身体结合的整体，华德福教育遵循人类发展的天性和规律，通过独特的方法和渠道，在深入的体验和审视自我的基础上，深入细致地对每个学生的生命和本质进行全面的观察和研究。并根据学生的发展阶段，以学生的意志、感觉和思考的发展需求为目标，帮助学生的身体、心灵和精神平衡和谐地发展，最终帮助学生成为一个具有创造性、道德感和责任感的独立思维的人。

（二）教育思想

史代纳对人类的智慧和人的意识发展做了深入研究，从而得出关于人的身、心、灵和精神发展的独特认识，他对人的深入研究奠定了华德福教育的理论基础。史代纳发现了人的意识是阶段性的发展，七年为一个周期。

第一个成长阶段（0—7 岁）——身体的成熟

这个阶段儿童主要的任务是发展物质身体，主要用于建设、健全和平衡生理身体的发展，建造灵魂在地球上的载体，在这个年龄阶段身体成长极其迅速。0—7 岁的儿童具有人类与生俱来的模仿能力，这个阶段的儿童是发展身体与意志力的时期。儿童经由对大人言行举止的优美模仿，并在父母所提供的温暖、安全、自然美好的环境和规律生活中，身体得以健康成长，建立起探索世界的基础能力。

第二个成长阶段（7 岁到青春期）——情感的成熟

在这个阶段的儿童需要一个足以产生长久信赖和敬仰的权威，借由艺术化的教学，引发儿童学习的内需求，使儿童具备自信、兴趣和对生命安全感的满足。在这样的心理基础上，儿童能在相互帮助的动手学习过程中，培养同情、容忍、合作与对社会的情感和爱。理性化教育对于这个年龄阶段的儿童来说很多时候是徒劳无功的。

第三个成长阶段(青春期到 21 岁)——精神的成熟

这一阶段的重点在于精神与思想的启发。人的青少年时期是生命力活跃、情感充沛的反叛年代，他们开始形成个人的判断力、独立的思想和抽象的理想，辨别和判断能力增强，甚至会很固执。他执着地追求自然界中的真理，渴望探索这个真实的世界，是个人判断力和独立思考意识发展的时刻。教师通过朋友般的良好师生互动方式，引发青少年对世界与人类生活更进一步的兴趣和探索。此时，专业而成熟的教师，能带引孩子迈向人类知识与精神的成熟发展。

(三) 课程理念

1. 课程目标

华德福课程体系的建构目的在于营造良好的教育教学氛围，幼儿教师在选择、设置课程内容时应考虑儿童各方面的发展需要，并且不仅仅是考虑儿童当前年龄的发展效益，还应从更高的全人教育、生命教育、终身教育的视角下开展教育活动，确保幼儿健康、健全地发展。① 具体来说，华德福幼儿教育注重健康的身心、稳定的情绪、良好的社会适应能力优秀的智的发展，旨在帮助儿童寻找生命的意义，终其一生追求真、善、美。教师把激发每一个儿童的潜能作为神圣使命，鼓励儿童表达个性。全人教育、终身发展的教育理念是华德福教育理论体系的一大特色，全人教育注重培养人格完整的人，终身教育则希望从学前教育阶段起就能够将幼儿一生的发展需求考虑进教育活动。华德福幼儿教育提倡生活式课程与主题式课程，生活式课程考虑将儿童生活中所熟知的现象提炼形成完整的知识体系，主题式课程则注重建立不同类型知识之间的逻辑联系，帮助幼儿获得连贯性知识。教师的教学通常采用直观、实际操作等手段，避免枯燥的讲解，旨在使教学内容形象生动、且使幼儿能体验到探索的快乐情绪，从而达到滋养儿童灵魂和激发幼儿想象的目的。

2. 课程内容

华德福教育内容的选择以是否促使儿童在身体和心灵上与自然协调为基本依据，因此儿童的游戏材料都是自然的。教师和家长引导儿童走进大自然、了解自然、融入自然。幼儿园教育注重将课程内容与自然相联系，这一点处于课程内容非常突出的位置。在华德福幼儿园中，儿童在游戏时不会抱着刻意完成任务的心态，在一个完全自由的环境中，儿童在身心完全放松的状态下游戏和探索。他们的学习以直观的直接经验知识为主，这些直接经验是儿童在日常生活中通过游戏与活动自主获取的。将课程内容与生活实际紧密结合更有助于儿童在幼儿园教育中建构合理的知识体系。华德福理念认为，对于学前教育阶段的儿童来讲，教师言行对其潜移默化的作用会在日常生活中更加显著，所以幼儿园教师会更加注重将幼儿园课程与生活实际紧密结合。

华德福课程力图将事物的生命意义融入幼儿园活动之中，使儿童能体验到全面的、完整的和立体的课程内容，引导儿童在学习知识、探索知识时能感受到鲜活的生命感，培养儿童的好奇心与求知欲。华德福幼儿教育认为，在儿童 12 岁之前不应给他们传授无生命的教育内容，7

---

① 丁向颖，石伟. 华德福幼儿教育的课程启示[J]. 湖北科技学院学报，2018，38(03).

岁之前不应传授抽象的学术性内容(如读、写、算),因为在儿童的大脑没有成熟时,不能有效地利用,如果过多使用,会造成身体、情感和精神的整体发展失去平衡。游戏活动、艺术活动以及节日庆典是华德福教育课程的主要内容;幼儿园生活中有大量的自由学习、游戏、同伴交往的时间;活动内容安排是宽松、愉悦、轻松的,儿童自主获取知识的过程充满了快乐的情绪体验。

3. 课程组织

史代纳强调,教育不是为理想社会预备儿童,而是要按照生命原来的本质预备儿童,促进儿童身体、情感、意志和心灵的发展。[①] 华德福幼儿园一日生活的安排非常注重"韵律"与"节奏",日复一日具有重复性、规律性和可变性的生活学习活动,能够给儿童带来安全感和新鲜感,并逐步培养幼儿良好的生活学习习惯。华德福教育理念认为在主题教育模式的影响下,课程安排需要避免幼儿应付多种类型课程的压力,保护其心理健康发展,引导儿童在宽松、自由、愉悦的氛围中,获得身心的全面发展。7 岁前儿童发展分为三个小阶段,每个阶段均有其发展的主导任务。

1—3 岁儿童学会挺身起坐、走路和说话;

3—5 岁儿童学会展现想象力和创造力;

5—7 岁儿童指尖运动变得灵活,开始会想象有图像和做计划性的游戏。[②]

4. 课程实施

华德福幼儿教育的课程实施十分注重艺术化。艺术化的教育方式有助于儿童的灵性得到滋养,想象力得到丰富,生活态度得到改善,教师引导儿童在艺术活动中感受艺术的创造性,用充满探索与好奇的心态去感受生命的价值与意义。例如,儿童对色彩的感知仅仅局限于三原色,绘画的内容过分注重线条的流畅,抑或过于在意所画的事物是否逼真,所有这些都会破坏儿童对艺术的感受。因此,华德福幼儿园的环境创设充满了艺术性的灵感,教室、走廊以及户外花园等,都极力体现出创造性与想象力,从情绪情感激发幼儿的感知欲,引导儿童从内心深处积极主动地去触摸、聆听和探索一切新知。

华德福幼儿园中,教师不应训练儿童适应社会,而是帮助他发展个性。儿童具有个别差异性,了解儿童的个人特质,才可以深入地帮助每一名儿童。每名儿童的生活和活动都具有鲜明的节奏性、规律性和重复性,因为生活和活动的节奏就像心率一样,周而复始且有序能给儿童带来秩序感和安全感,培养儿童的优良品格,是身心健康发展的基础。同时早期的有序且规律的生活为儿童未来的逻辑思考奠定良好基础。此外,教育中艺术性与情感性的有效发挥,有助于提高儿童参与教育活动和游戏活动的积极性。教师科学合理的教育引导则有益于促进其知识的自我建构,把零碎化的知识得以系统化组织。最终促进儿童发展成为具有健康的体魄、愉悦的情绪、积极的心态和完整的智力的个体。

5. 课程评价

华德福幼儿教育重视在滋养儿童心灵的基础上促进其全面发展,强调当前教育内容对儿童终生的价值,教学内容与生命的有机联系及人与自然的和谐,重视根据个性特点开展教育以

---

① 鲁道夫·斯坦纳.童年的王国[M].霍力岩,李冰伊,译.北京:中国轻工业出版社,2017:161.

② 费广洪,等.华德福幼儿教育的理念与实践[J].生活教育,2006,(3).

及课程的规律性，提示我们要重视培养儿童的感恩之心，加强中国传统道德教育，强化亲近自然的意识和教育的生命意义，形成儿童生活的节奏性与规律性。

华德福教育在儿童的不同发展阶段尽力使意志、感觉和思考得以平衡的发展，如突出想象力的发展同时，不忘责任感和真理感的发展，突出责任感的发展也不忽视想象力和真理感的发展。幼儿园强调物质环境和精神环境的平衡和谐，给儿童创造一个美丽、快乐和健康的环境，因此很多华德福学校都是建在有农场的郊区。

三、对华德福教育的简要评价

华德福教育的基本理念是生命本身理应成为教育的最终旨归。教育不能追求功利，儿童的生命成长，丰富多彩的童年生活，健康的身心，诸如此类的事情应当成为教育优先考虑的。教育要注意儿童的生活规律，不要违背自然法则。同时，在对儿童进行教育时必须考虑到儿童的全面发展和生活经验。应该在尊重儿童身体发育所需的前提之下，丰富儿童的生活，促进其心理的发展。

华德福教育的基本目标是依照儿童的本性在滋养其心灵的基础上促进儿童全面发展。儿童的本性中包含博爱、友谊、诚信和感恩的种子，儿童在接触美好事物的过程中，在人与自然的和谐氛围，这些种子将会生根发芽。儿童的全面和谐发展是指智力、艺术和道德的平衡发展，儿童的想象力、创造力、美感、道德感、理智感以及身体的发育成熟等，都制约着教育，如果过早地对儿童施加超越心智发展水平的训练，只能适得其反。要以长远的眼光来考虑当前的教育内容和方法，关注当前教育对整个人生的意义。

在具体教育方式方面，华德福教育提倡让儿童多接触自然，使用的玩具也是由教师、儿童和家长利用自然物动手创作，这样可以培养儿童的动手能力、创造力和想象力。华德福教育亲近自然的思想对当代儿童无疑具有重要的意义，华德福教育注重人类放在自然的大环境中认识自己，从而学会尊重生态，与自然和谐相处，这样才有利于儿童身心的健康成长。在教育中，应该让儿童更多地走进自然。

本章小结

19 世纪末以来，加强学前教育逐步成为世界未来教育的主要目标之一，正规的社会性幼儿教育机构建立并逐步发展，幼儿教育理论从教育学中分离出来，成为一门独立的学科，与幼儿教育实践日渐同步。在这一时期，涌现出了一批著名的教育家，形成了一系列独具特色的幼教体系：他们从各自的视角系统地论述了儿童发展、教育本质、教师与儿童关系、课程组织与实施等一系列学前教育中的重要问题，许多思想和观点对当代学前教育的发展具有十分重要的意义。

19 世纪的学校陈陈相因，缺乏生气，美国实用主义教育家杜威是当时传统教育的改造者，是新教育的拓荒者，他提倡从儿童的天性出发，促进儿童的个性发展。杜威的理论是现代教育理论的代表，区别于传统教育“课堂中心”“教材中心”“教师中心”的“旧三中心论”，他提出“儿童中心（学生中心）”“活动中心”“经验中心”的“新三中心论”。杜威的教育思想深刻地影响到 20 世纪上半叶美国的教育理论与教学实践。

蒙台梭利以生理学、医学、心理学、人类学等科学为基础，多年不辞辛苦地对儿童进行连续不断的观察、研究及教育实验，划时代地阐述了对儿童自身发展的法则、儿童与环境、儿童与成人、儿童与社会发展关系的认识。她不仅在理论上建立了一套独特的学说，而且根据自己的学说开发了一系列符合儿童发展需要的教具。

瑞吉欧幼教体系为幼教者们提供了一种新思路：如何看待儿童作为一个学习者的本质，重新审视课程的设计、教师的作用、教学活动的开展、学校的组织和管理、环境的设计和使用以及家长、教师和儿童的合作等方方面面的因素。

马卡连柯十分重视集体教育，强调纪律教育和劳动教育的重要性，并提出游戏在儿童发展中的有效作用。

华德福幼教思想强调当前教育内容对儿童终生的价值，教学内容与生命的有机联系及人与自然的和谐，重视根据个性特点开展教育以及课程的规律性，强调物质环境和精神环境的平衡和谐，这些都为我们今天的幼儿教育提供了有效借鉴。

思考题

1. 如何理解杜威的“从做中学”，对现代幼儿教育有何影响？

2. 在幼儿园中如何实施马卡连柯的集体主义教育？

3. 结合目前许多蒙氏早教班的现状，谈谈我们该如何批判地学习和继承蒙台梭利的教育思想。

4. 瑞吉欧方案教学可以给我国的幼教改革特别是幼儿园课程改革提供哪些启示？

5. 根据瑞吉欧的幼教经验，试提出在幼儿园生成课程的基本思路。

拓展阅读

1. 沈伟. 和优秀教师一起读马卡连柯[M]. 北京：中国青年出版社，2011.

集体教育已成为马卡连柯教育思想的标志。它既是马卡连柯教育实践的起点，也是其思想体系的核心。该书分为六部分，开篇从集体教育入手，逐层剖析马卡连柯如何建立、组织学生集体，发挥学生集体的教育主体作用，通过教师集体影响学生集体，并从前景教育、纪律教育、惩罚教育、劳动教育、教育技巧方面，呈现马卡连柯教育思想的体系与核心。该书对其教育思想做了一个梳理、筛选，对其实践做一导读、诠释，帮助教师更加全面地认识马卡连柯，认识他的教育遗产。

2. 潘晓敏. 幼儿园“五动教育”：瑞吉欧理念的本土化实践[M]. 上海：复旦大学出版社，2021.

该书主要探索国际先进学前教育理念有效实现本土化实践的路径与方式，幼儿园设计了“五动教育”作为瑞吉欧教育理念本土实践的载体，主要是指兴趣引动、任务驱动、多向互动、内容灵动和领域联动。它不仅从教学方法论角度，更是从幼儿园课程融合、整体架构的思路出发，具体总结了其实践经验与成果。

3. ［英］洛森. 解放孩子的潜能[M]. 吴蓓，译. 北京：人民文学出版社，2006.

做父母是很不容易的，而如今面临的挑战更加严峻，现代社会的紧张生活也给孩子带来越来越多的压力。该书从孩子的整体成长和所需教育两个方面，帮助父母了解和支持孩子。书中讨论了这样一些问题：如何从错误中学习，走路、说话和游戏，节奏对儿童的重要性，男孩和女孩的差异，该在何时上学，家长和老师的关系，如何面对复杂的社会，青春期问题等。作者告诉我们，父母只有用恰当的方式来滋养、培育与启蒙孩子，创造出最佳的成长环境，才能让孩子的潜能得到充分的发挥。

4.［英］詹妮·尼科尔.华德福教育［M］.张荣伟，张旭亚，译.武汉：湖北教育出版社，2020.

该书全面介绍了华德福教育思想的形成与发展，让读者了解华德福幼儿教育方法、幼儿教育的基本原则、儿童发展观。该书对这种教育方法进行深入地观察与研究，强调教育环境是华德福教育的核心，要注重幼儿模仿能力的培养，发挥榜样作用。此外，该书还对斯坦纳教育学中当前所关注的各种现实问题及其未来发展问题进行了研究与探讨，并在附录中提供了斯坦纳幼儿教育中的一些活动与教学案例。该书可以作为专业发展和实践研究的基础，为相关的理论研究与实践探索提供一个重要的参考价值。

读者意见反馈

为收集对教材的意见建议，进一步完善教材编写并做好服务工作，读者可将对本教材的意见建议通过如下渠道反馈至我社。

咨询电话 400-810-0598

反馈邮箱 zz_dzyj@pub.hep.cn

通信地址 北京市朝阳区惠新东街4号富盛大厦1座
高等教育出版社总编辑办公室

邮政编码 100029

防伪查询说明

用户购书后刮开封底防伪涂层，使用手机微信等软件扫描二维码，会跳转至防伪查询网页，获得所购图书详细信息。

防伪客服电话 （010）58582300

学习卡账号使用说明

一、注册/登录

访问http://abook.hep.com.cn/sve，点击“注册”，在注册页面输入用户名、密码及常用的邮箱进行注册。已注册的用户直接输入用户名和密码登录即可进入“我的课程”页面。

二、课程绑定

点击“我的课程”页面右上方“绑定课程”，在“明码”框中正确输入教材封底防伪标签上的20位数字，点击“确定”完成课程绑定。

三、访问课程

在“正在学习”列表中选择已绑定的课程，点击“进入课程”即可浏览或下载与本书配套的课程资源。刚绑定的课程请在“申请学习”列表中选择相应课程并点击“进入课程”。

如有账号问题，请发邮件至：4a_admin_zz@pub.hep.cn。